中国奶业

新质生产力发展路径研究

国研网《中国奶业新质生产力发展路径》课题组　编著

中国农业出版社

北　京

课题组成员

课题组组长

王永胜　国研科技集团副总裁、国研网副总经理

课题协调人

耿慕溪　北京美约管理顾问有限公司首席顾问

课题指导专家

田杰堂　国务院发展研究中心产业经济研究部部长、研究员

课题顾问

李胜利　国家奶牛产业技术体系首席科学家、中国农业大学教授

毛学英　中国农业大学食品科学与营养工程学院教授、中国奶业协会乳
　　　　品工业委员会主任

课题编写组成员

王　婷　王静丽　李　娇　李　静　刘美婵　蔡培松　徐若璞

前言

PREFACE

　　党的二十大报告提出"高质量发展是全面建设社会主义现代化国家的首要任务"。新时代以来，党中央作出一系列重大决策部署，推动高质量发展成为全党全社会的共识和自觉行动，高质量发展成为主旋律。近年来，我国科技创新成果丰硕，创新驱动发展成效日益显现；城乡区域发展协调性、平衡性明显增强；改革开放全面深化，发展动力活力竞相迸发；绿色低碳转型成效显著，发展方式转变步伐加快，高质量发展取得明显成效。

　　发展新质生产力是推动高质量发展的内在要求和重要着力点。新质生产力是创新起主导作用，摆脱传统经济增长方式、生产力发展路径，具有高科技、高效能、高质量特征，符合新发展理念的先进生产力质态。它由技术革命性突破、生产要素创新性配置、产业深度转型升级而催生，以劳动者、劳动资料、劳动对象及其优化组合的跃升为基本内涵，以全要素生产率大幅提升为核心标志，特点是创新，关键在质优，本质是先进生产力。

　　奶业是健康中国、强壮民族的重要产业，是关系亿万民众的民生产业。奶业既是农业现代化的标志性产业，也是一二三产业融合发展的战略性产业，更是助力健康中国建设不可或缺的基础性产业。要从稳基础、强链条、优结构、提效能多方发力，努力破解供需结构不匹配、利益联结机制不紧密、国际竞争力不强等问题和短板，推进中国奶业高质量发展，确保到 2025 年实现奶业基本现代化和全面振兴目标，建成现代奶业强国。

面对百年变局和世纪疫情，在国家政策、技术创新等多重因素加持下，我国奶产业素质跨上新高度。奶业技术创新不断加强，不仅在遗传改良、精准饲养、疾病防控等方面取得重要进展，还在乳制品研发、智能化、信息化养殖等前沿技术方面进行了探索和应用。据国家奶牛产业技术体系监测数据，2023 年辐射场产能明显提升，单产达到 10.7t，乳脂率 3.93%，乳蛋白率 3.28%。中国奶牛养殖水平已步入全球高产国家行列。

与此同时，中国奶业发展过程中不稳定不和谐的因素也日益凸显，2023 年原料奶供给过剩驱动奶价下行，养殖成本居高不下，同时供给持续增加加剧供需失衡，多重因素作用下导致国内奶牛养殖业面临十多年来最困难局面，奶牛养殖亏损面超过 70%。面对挑战，创新是产业发展的重要动力，更是摆脱当前困境的重要途径。提升全国奶牛遗传评估平台效率，支撑种公牛遗传评估和培育，加快种源自主化进程；应对高成本饲养压力，持续推动饲料资源开发，提高饲料转化效率；不断加快我国奶牛疫病诊断、兽药和疫苗等"卡脖子"技术的研发进程，继续推进"两病"净化，全面提升疫病防控水平；适应产业发展需求，大力发展信息化、数字化、智能化养殖；研发更多差异化产品，更符合国内居民消费习惯的产品，探索更加多元的消费模式和消费场景，充分开发乳制品消费潜力，不仅要关注高附加值产品的开发，更要加强质优价廉乳制品的研发和供给，才能充分发掘奶业的消费增长潜力。

为破解产业发展困境，技术要创新，管理要创新，政策也要创新。伊利集团作为我国奶业龙头代表企业，始终躬身引领中国奶业的发展。此次伊利集团助力开展中国奶业新质生产力发展路径研究，为提升行业竞争力、创新中国奶企发展模式又贡献了一份力量。

本书课题组
2024 年 11 月

目录
CONTENTS

第一章

认知与思考：作答时代课题，践行探索使命任务

人类从原始社会一路走来，经历了农业革命、工业革命、信息革命，但无论生产力如何发展进步，都没有改变一个最根本的现实：地球是人类赖以生存的唯一家园。当今世界正处于百年未有之大变局，各种新旧问题与复杂矛盾叠加碰撞、交织发酵，和平、发展、安全、治理赤字等全球性危机更加严峻，人类社会亟需符合时代特征、顺应历史潮流的新理念。面对"人类向何处去"的世界之问、历史之问、时代之问，习近平主席创造性地提出构建人类命运共同体理念及"三大全球倡议"，倡导全球携手共同应对粮食安全、生物安全、气候变化、能源安全、减贫等突出问题，为解决世界性难题作出中国贡献。

一、树立"大农业观""大食物观"，构建多元化食物供给体系

"悠悠万事，吃饭为大。"粮食安全是事关人类生存的根本性问题。当前，世界百年未有之大变局加速演进，局部冲突和动荡不断、气候灾变频发、大宗商品价格上涨、耕地减少或荒废、不平等和贫富差距加大等因素交织叠加，全球供应链安全稳定面临挑战，粮食安全及短缺问题更加严峻。《2024全球粮食危机报告》显示，2023年全球59个国家和地区约2.816亿人口面临严重的粮食不安全问题，比2022年增加约2 400万人，连续5年出现增长。2030年全球实现消除饥饿的可持续发展目标面临巨大挑战，保障粮食安全受到世界各国普遍重视。

（一）大农业观的科学内涵与基本特征

"食为政首，粮安天下。"我国高度重视粮食和农业生产，始终把解决好吃饭问题作为治国理政的头等大事，用占世界9%的耕地解决了14亿人口的吃饭问题，更实现了由"吃不饱"向"吃得饱"进而追求"吃得好"的历史性转变。党的十八大以来，以习近平同志为核心的党中央提出"确保谷物基本自给、口粮绝对安全"的新粮食安全观，确立"以我为主、立足国内、确保产能、适度进口、科技支撑"的国家粮食安全战略，通过加快推进农业农村现代化，坚持藏粮于地、藏粮于技，实行最严格的耕地保护制度，推动种业科技自立自强、种源自主可控，走出了一条中国特色粮食安全之路。总体来看，我国粮食安全形势较好，综合生产能力不断提高。据国家统计局公布数据，2023年全国粮食总产量为0.695万亿kg，比上年增加88.8亿kg，连续9年粮食产量稳定在0.65万亿kg以上。与此同时，庞大人口规模和消费结构升级使得粮食需求不断提升，中国粮食安全保障压力不容小觑。我国人均耕地面积不足世界平均水平的40%，且耕地质量总体不高，以小农户为主的家庭经营仍占据主导地位。与种植经济作物相比，种粮收益差，农民种粮动力不足，粮食稳产增产难度加大，全链条深加工体系尚不完善，农业科技创新能力不足，粮食储备体制机制有待健全。随着经济社会发展、人民生活水平提高、资源环境支撑能力下降以及国际环境进一步复杂严峻，我国粮食供求"紧平衡"状态长期不会改变。

当前，我国农业正处于提质增效换挡期，亟待由格局更大、系统性更强、方法手段更全的大农业观来引领。2023年中央农村工作会议传达学习了习近平总书记对"三农"工作的重要指示，强调"要树立大农业观、大食物观，农林牧渔并举，构建多元化食物供给体系"。2024年中央1号文件在"大食物观"的基础上再次强调了"树立大农业观、大食物观"，并提出要把农业建成现代化大产业。大农业观是党在领导新时代"三农"工作中形成的重大理论创新成果，作出树立大农业观、大食物观的重要战略部署，为我国应对各种风险挑战、加快建设农业强国提供了遵循、指明了方向。

"大农业观"是一种全新的农业发展理念，即现代化大农业。我国国土广阔，各地自然条件千差万别，农业资源禀赋各不相同，须以全局和战略高度的眼光因地制宜发展农业，构建科学适度有序的农业空间布局体系和空间秩序，加强地域化、特色化的小农业生产者与社会化大市场深度对接。现代化大农业的核心特征主要体现在"大"的丰富内涵上，传统认知中现代农业的"大"更多体现在如欧美国家大规模、大农机、大农场、大企业的农业生产经营方式和特点上，但这只是一种狭义视角下的大农业产业模式；"大农业观"视野下的现代化大农业，不仅包括种植业的"小农业"，而且包括全产业链供应链各环节以及发挥农业多功能的新产业新业态，旨在打破农业发展中的各种壁垒，不断拓宽农业资源的边界，构建粮经饲统筹、农林牧渔结合、植物动物微生物并举的多元化食物供给体系，通过合理优化农业要素配置，实现农业与非农产业之间相互融合、共同发展。具体有以下几点特征。

首先，大农业观具备"大观念""大视野"。习近平总书记曾指出："大农业是朝着多功能、开放式、综合性方向发展的立体农业。它区别于传统的、主要集中在耕地经营的、单一的、平面的小农业。"大农业将与农业有关的生产力和生产关系视为一个整体，统筹兼顾贯穿农业发展方方面面，不局限于农产品生产供给，更重视在促进生态涵养修复、引领农民增收致富、改善宜居宜业环境、建立新型工农城乡关系、提升国家综合国际地位等方面发挥作用，即涵盖了经济、社会、生态、文化全方位的价值体现。

其次，大农业观强调从单一产业单一环节向全产业链拓展延伸。大农业不是仅关注农林牧渔业生产环节，而是涵盖从技术研发、品种繁育、农业生产、农机服务到农产品加工、流通、销售等全过程，形成产前、产中、产后完整的产业链和价值链；强调不同产业间相互渗透和深度融合，以此提升产业协同效率和产业链韧性，达成产业横向拓展和纵向延伸的有机统一。因此，大农业观更能全面反映种养业的附加价值和衍生价值，拓展农业新功能和盈利空间，更好体现农业在国民经济发展中的角色和地位。

再次，大农业观强调促进传统农业向数字化、绿色化改造升级。传统小农经济是具有"小而全"特点的自然经济，"小"主要是指经营规模和农耕半径狭小，生产资料与生产技术落后；"全"主要是指家庭种养相结合的多样化经营方式。"小而全"导致农业供给能力和生产效率低下、农业可持续性差，不能适应时代发展的要求。改造传统小农生产方式，需要以现代化大农业先进模式为着力点，加强大数据、人工智能、生物技术、深海空天开发技术等方面运用，以绿色低碳、可持续发展理念发展生态农业、循环农业，强化农业经营管理模式、资源利用方式、农产品价值挖掘方式等方面现代化改造。

最后，大农业观有助于建立合理高效的多主体合作机制。大企业、大基地、新型经营主体等都是现代化大农业产业体系的有机组成部分，但也不排斥小农户和小规模生产者。大农业观下的多主体合作机制能够充分利用农业的多功能性和开放性，带动分散的小农户和周边农村地区参与现代产业链条和经营体系，通过建立合理的利益联结机制，有效实现小农户增产增收、农村增绿兴业的发展目标。因此，以恰当的组织形式为基础，各类经营主体均可以与现代化大农业有机衔接，成为发展现代化大农业的重要主体，加快推进农业农村现代化进程。

综上所述，大农业观具有丰富内涵和科学思维，牢固树立和切实践行大农业观，对于新时代保障国家粮食安全、推进乡村全面振兴、加快建设农业强国具有重要意义。

（二）大食物观下粮食内涵边界不断拓展

当前，世界经济格局正在发生深刻变化，对我国供应链产业链的安全稳定性提出了挑战。为满足更高层次粮食安全需求，必须充实巩固大国粮仓，有效增加食物供给，促进农业供给体系结构优化、高质高效，筑牢食物安全底线。尽管我国口粮安全有保障，但粮食供给总量仍然不足、结构性矛盾较为突出。为此，要站在"大食物观"高度，拓宽格局、打开思路，打破食物主要来源于耕地的传统农业思维模式，在保护好生态环境的前提下，全方位、多途径开发食物资源，从耕地资源向整个国土资源拓展，充分释放蕴藏于广袤自然资源中的食物产能，全方位保障食物安全供给。食物的本质作用是满足人体能量需要，与传统粮食观相比，大食物观认为人们日常摄入的营养品都是食物，谷物是食物，蔬菜和肉蛋奶也是食物，甚至微生物、合成物质同样可以成为食物，从食物的获取、摄入、转化再到利用整个过程，都属于大食物观的范畴。

大食物观体现了确保谷物基本自给、口粮绝对安全的新粮食安全观，是国家粮食安全战略的重要组成部分。习近平同志早在福建工作期间，就在《摆脱贫困》中提出："现在讲的粮食即食物，大粮食观念替代了以粮为纲的旧观念"，率先提出并探索实践大食物观，即稳住粮食，山海田一起抓，农、林、牧、副、渔全面发展。2017年中央农村工作会议中，习近平总书记指出，"老百姓的食物需求更加多样化了，这就要求我们转变观念，树立大农业观、大食物观，向耕地草原森林海洋、向植物动物微生物要热量、要蛋白，全方位多途径开发食物资源。"2022年两会期间，习近平总书记在看望参加政协会议的农业界、社会福利和社会保障界委员时，全面阐释了大食物观。习近平总书记指出，要树立大食物观，从更好满足人民美好生活需要出发，掌握人民群众食物结构变化趋势，在确保粮食供给的同时，保障肉类、蔬菜、水果、水产品等各类食物有效供给，缺了哪样也不行。要在保护好生态环境的前提下，从耕地资源向整个国土资源拓展，宜粮则粮、宜经则经、宜牧则牧、宜渔则渔、宜林则林，形成同市场需求相适应、同资源环境承载力相匹配的现代农业生产结构和区域布局。要向森林要食物，向江河湖海要食物，向设施农业要食物，同时要从传统农作物和畜禽资源向更丰富的生物资源拓展，发展生物科技、生物产业，向植物动物微生物要热量、要蛋白。要积极推进农业供给侧结构性改革，全方位、多途径开发食物资源，开发丰富多样的食物品种，实现各类食物供求平衡，更好满足人民群众日益多元化的食物消费需求。习近平总书记关于树立大食物观的重要论述，为我们深刻把握现代农业发展规律、指引食业高质量发展，保障国家粮食安全提供了根本遵循。

同时，大食物观是"绿水青山就是金山银山""长江大保护"等新时代生态文明思想的延续。大食物观的本质是农业的可持续发展、生态保护和农业现代化均衡发展。在最初的渔猎时代，老百姓就有朴素的观念，什么时候该狩猎，什么时候该保护，不能捕猎幼兽，不能竭泽而渔。其实，这就是一种与生态观紧密相连的朴素食物观。但随着工业化发展，人们向自然过度索取，导致生态环境严重恶化，人们逐渐认识到以牺牲生态和环境为代价获取食物是不可持续的。大食物观将山水林田湖草作为一个紧密相连的生命共同体，向山水林田湖草要食物，但不是无度索取，而是在有序合理保障生态安全的前提下让它们更有效地为人类提供食物。

大食物观是大资源观、大农业观、大市场观、大安全观的有机统一，践行大食物观是观念的变革、空间的拓展、资源的挖掘，是现代农业产业转型升级、建设农业强国的生动实践，更是指引食业高质量发展的时代要求和历史必然。

（三）奶是保障供给安全的重要农产品之一

奶被誉为"白色的血液"，堪称人类的"全价食物"，富含脂肪、蛋白质、乳糖、氨基酸和矿物质，所含营养物质几乎能全部被人体消化吸收，对人体骨骼健康、肌肉生长和整体生理功能至关重要。从婴幼儿到老年人，几乎所有人群都可以从牛奶这座"营养宝库"中获取所需的各类营养物质，其钙含量可达到100mg/100mL以上，是日常膳食中含钙量最高的食物之一，并含有大量免疫球蛋白、乳铁蛋白、αS-酪蛋白、β-酪蛋白等100多种对人体有益的物质，营养丰富均衡，对维护人体免疫系统正常运转有无可替代的作用。

奶业发展关乎国计民生，是农业现代化的标志性产业，是国民经济的重要组成部分和助力健康中国不可或缺的重要产业，关乎14亿国人营养健康和乡村振兴，对于践行大食物观起着重要作用。同时，奶业也是一二三产业融合发展的战略性产业，涵盖饲草饲料、养殖、乳制品加工、终端销售等多个环节，各环节之间具有很强的联动效应，是跨越畜牧业、食品制造业和服务业的综合性健康产业集合体。改革开放以来，我国奶业由小变大、由弱变强，近年来发展更是突飞猛进，产量、质量、装备水平等各项指标稳步提升，为国民营养健康作出了重要贡献。国家高度重视奶业发展，"十四五"规划纲要明确提出，要"夯实粮食生产能力基础，保障粮、棉、油、糖、肉、奶等重要农产品供给安全"，将"奶"列为需要保障供给安全的重要农产品。随着传统"粮食"边界的拓展，"奶也是粮食"理念逐渐深入人心，奶及各类奶制品对增强国民体质、改善居民营养水平具有十分重要的意义，奶业发展已上升到保障国家粮食安全的战略高度，成为"国之大者"的重要组成部分。2024年中央1号文件提出，"完善液态奶标准，规范复原乳标识，促进鲜奶消费"，这标志着我国在推进乡村振兴战略的同时，正致力于打造更高品质的奶产品，构建更透明的消费市场环境。

健康膳食为健康生活提供所需要的营养，包括多种食物如水果、蔬菜、豆类、坚果、全谷物以及不同数量的动物源性食物，限制高糖、高盐和高脂肪食物的摄入，并提供高浓度的营养素、纤维素和其他保护性元素。中国营养学会发布的《中国居民膳食指南（2023）》建议，每人每天需摄入12种以上食物，每周25种以上，遵行食物多样、搭配合理准则，坚持包含谷薯类、蔬菜水果、畜禽鱼蛋奶和豆类等各种食物类别的平衡膳食模式（表1-1）。其中，奶类摄入的重要性受到关注，在《中国居民膳食指南（2022）》中已经将奶及奶制品的推荐每日摄入量由原来2016版本中的300g/天，增加到300～500g/天，这一调整向全社会再次强调了奶制品的营养价值，有利于促进奶制品消费，对于乳品产业来说，无疑是重要利好（图1-1）。

表1-1 中国居民平衡膳食营养准则

食物类别	平均每天摄入的种类数	每周至少摄入的种类数
谷类、薯类、杂豆类	3	5
蔬菜、水果	4	10
畜、禽、鱼、蛋	3	5
奶、大豆、坚果	2	5
合计	12	25

数据来源：中国居民膳食指南.2023。

图1-1 中国居民平衡膳食宝塔示意图

资料来源：《中国居民膳食指南2023》

从人均消费量看，我国奶类消费仍处于较低水平。据《中国奶业质量报告（2024）》统计，2023年我国人均乳品消费量42.4kg，仅为世界平均水平的三分之一，无论是与居民膳食推荐量相比，还是与美国、日本等发达国家相比，我国人均乳制品消费量仍有较大增长空间。究其原因主要有以下几点：一是消费者对饮奶和营养知识匮乏，认为牛奶是营养品，只有老人和儿童才需要喝；二是饮奶习惯没有养成，部分人认为牛奶只在早晨喝，还有部分人因乳糖不耐受而不习惯饮奶；三是乳制品种类较少，尤其在农村地区无法满足需求，并缺乏奶酪等消费场景；四是对国产乳制品质量担忧。

专栏1-1   实施国家"学生饮用奶计划"

奶是人类重要的膳食来源，且营养素齐全、组成比例适宜、容易消化吸收，是一种营养价值较高的食物，对学龄儿童生长发育尤为重要，其营养价值很早就在世界各地得到了广泛认可。如美国在20世纪30年代就开展"三杯奶运动"，日本在20世纪60年代掀起"让一杯奶强壮一个民族"运动，印度从上世纪70年代开始实施"洪流运动"计划。我国于2006年在全国范围内展开"每天一斤奶，强壮中国人"的饮奶普及宣传活动，但牛奶消费的广泛倡导及乳业市场化发展相比许多国家起步较晚。

"学生饮用奶计划"由联合国粮农组织（FAO）提出，始于2000年，是在世界范围内被广泛认可的一种改善学生营养健康、提高身体素质的重要手段，并将每年9月最后一个星期的星期三定为"世界学生奶日"。国际乳品联合会（IDF）2020年发布数据显示，目前全世界有60多个国家参与学生饮用奶项目，至少有1.6亿名儿童从中受益。

在FAO的支持、鼓励和倡导下，中国开始实施"学生饮用奶计划"，这项计划的开展得到了社会各界广泛支持和赞成，国务院成立专门的国家"学生饮用奶计划"部际协调小组，当时卫生部、教育部、发改委、财政部、农业部等7部委共同参加。2013年政府职能转变时，这项任务整体移交给了中国奶业协会，在承担此项工作之后，奶业协会制定标准、扩大范围、增加品种，使这项计划实现了全新转变和全面升级，工作成效显著，受到高度赞誉。

《国家学生饮用奶与营养改善计划年度报告（2022—2023学年）》指

出，中国实行"学生饮用奶计划"已有20余年，覆盖人数达到3 200万人，2023年全国学生饮用奶在校日均供应量2 775万份以上，与2022年相比增加了约600万份，但与我国经济发展水平及人民对健康的期盼和要求仍不相匹配，参与学生比例与世界平均水平相比也有较大差距。

二、科学理解奶业新质生产力的概念

实现高质量发展是中国式现代化的本质要求之一，发展新质生产力则是推动高质量发展的内在要求和核心着力点。推进中国式农业现代化进程，实现"农业大国"向"农业强国"的历史性跨越，迫切需要加快发展以高质量为目标、以创新引领为导向、以科技赋能为内核的农业新质生产力。奶业是现代农业产业体系中的重要一环，也是农业供给侧结构性改革的重要领域，深刻理解"奶业新质生产力"应有之义，对保障国家粮食安全、推动农业农村现代化发展意义重大。

（一）新质生产力的本质、核心特征与引领作用

历史唯物主义强调，生产力是人类改造自然、征服自然的能力，是推动人类文明不断向前发展的决定力量和动力源泉。马克思在《资本论》中指出："生产力，即生产能力及其要素的发展。"马克思主义认为，生产力是全部社会生活的物质前提，是推动社会进步的最活跃、最革命的因素，生产力标准是衡量社会发展的带有根本性的标准，包含劳动者、劳动资料和劳动对象三大要素（图1-2）。回顾整个人类社会历史进程，其实就是社会生产力从低级到高级、从落后到先进不断发展的过程。原始文明时代，人类主要生存方式是采摘、捕捉、狩猎，受限于知识和技术，对自然界充满不解和畏惧，并未开始对生产要素进行开发和配置；农业文明时代，生产方式有农产品种植、畜牧、养殖、加工等，生活方式主要表现为"依山傍水聚族"，顺应大自然规律，推动生产力提升的要素主要是土地、劳动力以及农业技术；工业文明时代，生产方式以开发利用能源资源为主，依靠劳动力和资本规模实现财富累积，推动生产力提升的要素主要是劳动力、资本以及工业技术。随着多次工业技术革命的推进，资本通过财富积累掌控能源资源以及掌握科技等对生产力发展发挥了决定性作

用，该阶段核心资源是能源资源，关键生产要素是资本。

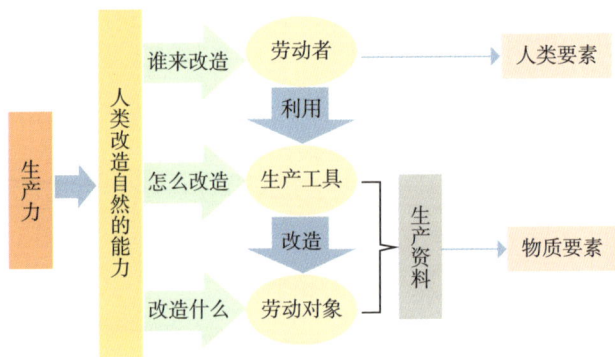

图1-2　生产力内涵要义示意图

从18世纪第一次工业革命的机械化，到19世纪第二次工业革命的电气化，再到20世纪第三次工业革命的信息化，一次次颠覆性的科技革新，带来社会生产力的大解放和生活水平的大跃升，从根本上改变了人类历史的发展轨迹。作为社会制度变迁与人类社会发展的决定力量，生产能力及其要素的发展是一个从量变到质变的波浪式前进、螺旋式上升的过程。无论是第一次、第二次还是第三次工业革命都存在科技革命的"迸发"时期，但生产能力及其要素也都是经过了长期孕育的量变积累阶段，最后发生了质变，生产效率发生了革命性提高，从而形成全球范围的新生产力形态，这种由劳动者、劳动资料、劳动对象的生产力要素优化组合而产生质变的新生产力形态，正是新质生产力所描述的核心要义。当前，以人工智能为代表的智能化技术作为第四次工业革命的核心驱动力，将推动实体经济实现革命性的升级换代，智能化技术加速传统产业转型升级，实现质量变革、效益变革和动力变革，重塑工业基础再造、生产和服务模式创新等各个环节，从而引领新型工业化发展，为智能经济提供全新动能。

2023年9月，习近平总书记在新时代推动东北全面振兴座谈会上强调："积极培育新能源、新材料、先进制造、电子信息等战略性新兴产业，积极培育未来产业，加快形成新质生产力，增强发展新动能。"这是党中央立足于世界科技进步的前沿首次提出"新质生产力"概念；2023年12月中旬，在中央经济工作会议上，习近平总书记提出"科技创新推动产业创新，特别是以颠覆性技术和前沿技术催生新产业、新模式、新动能，发展新质生产力"；2024年1月，习近平总书记在中共中央政治局第十一次集体学习时强调："发展新质生产力是推动高质量发展的内在要求和重要着力点""新质生产力已经在实践中形成并展示出对高质量发展的强劲推动力、支撑力"；2024年3月全国两会期间，习近平总书记在参加江苏代表团审议时强调"因地制宜发展新质生产力"，同时新质生产力首次被写入政府工作报告。关于新质生产力的一系列重要论述、一系列重大部署，深刻回答了"什么是新质生产力、为什么要发展新质生产力、怎样发展新质生产力"的重大理论和实践问题，为发展新质生产力提供了基本遵循、指明了方法路径。概括地说，新质生产力是创新起主导作用，摆脱传统经济增长方式、生产力发展路径，具有高科技、高效能、高质量特征，符合新发展理念的先进生产力质态。它由技术革命性突破、生产要素创新性配置、产业深度转型升级而催生，以劳动者、劳动资料、劳动对象及其优化组合的跃升为基本内涵，以全要素生产率大幅提升为核心标志，特点是创新，关键在质优，本质是先进生产力（图1-3）。

与传统生产力不同，新质生产力不是以依靠大量资源投入、高度消耗资源能源的发展方式为主要增长路径，而是以数字化、网络化、智能化新技术为支撑，以数据为关键生产要素，以科技创新为核心驱动力，以高新技术应用为主要特征而催生的新产业、新业态、新模式。新质生产力是对传统经济增长方式、生产力发展路径的跃迁，对经济社会影响具有广泛性和革命性，为推动高质量发展提供强劲动力。从主体来看，传统生产力大多由传统产业作为承载主体，新质生产力大多由运用新技术的新产业承载。当然，传统产业不一定就是落后产业，经过转型升级后，也能够孕育新产业、形成新质生产力。从成长性来看，传统生产力成长性较低，增长速度较慢；新质生产力则具有较高的成长性，增长速度比较快，呈现加速发展趋势。从劳动生产率来看，传统生产力的劳动生产率相对较低，而新质生产力在劳动者、劳动资料、劳动对象三个方面都呈现出更高水平，劳动生产率比较高，提供的是新产品新服务，或其产品和服务具有更好的新的性能。从竞争环境看，形成传统生产力的产业技术门槛相对较低，竞争比较激烈，利润率也相对较低；形成新质生产力的新兴产业属于新赛道，进入的技术门槛比较高，竞争相对较小，利润率相对较高。从生产力的构成要素看，传统生产力所在的产业对劳动力素质要求不高；而形成新质生产力的新产业对劳动力素质要求更高，能够开发和利用更多的生产要素[1]。

---

[1] 赵振华.新质生产力的形成逻辑与影响[N].经济日报，2023-12-22.

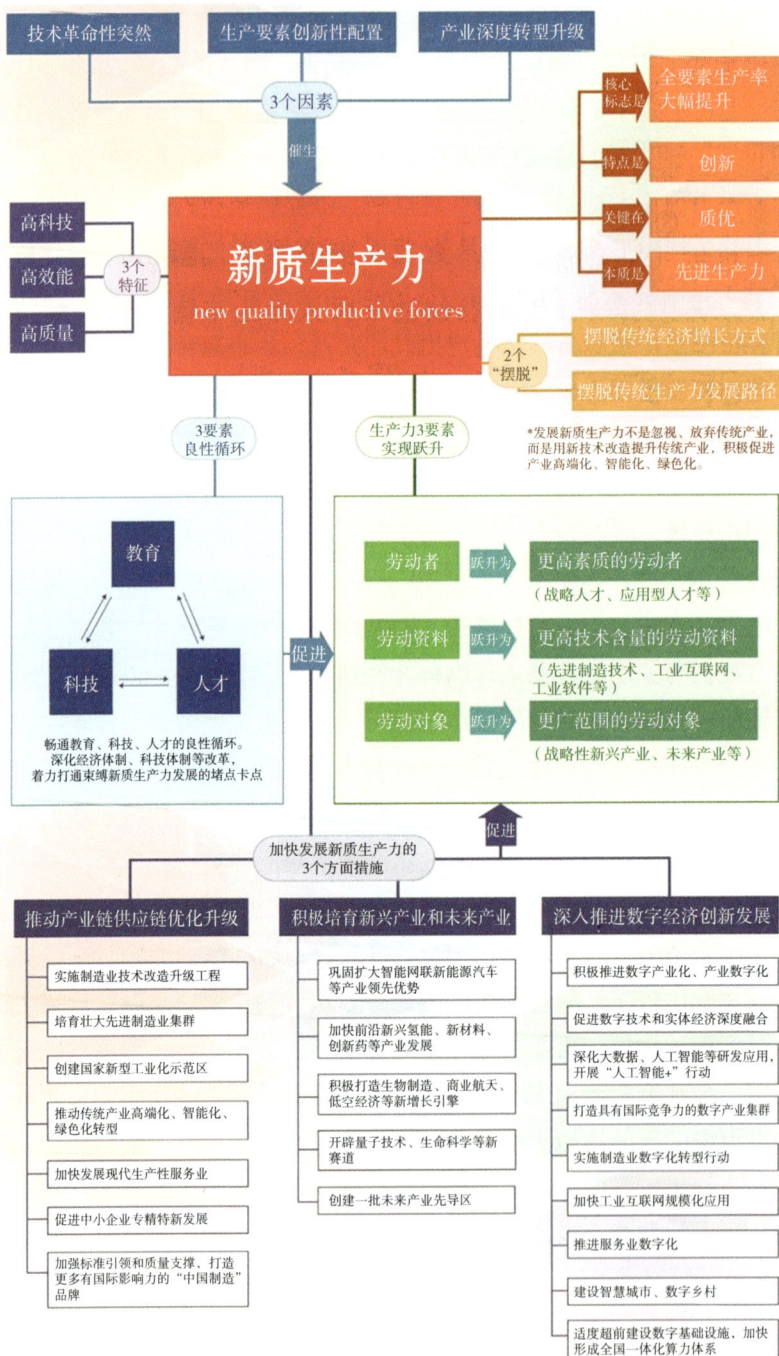

图1-3 "新质生产力"逻辑关系图

技术革命性突然　生产要素创新性配置　产业深度转型升级

3个因素

催生

新质生产力
new quality productive forces

高科技　高效能　高质量　3个特征

核心标志是　全要素生产率大幅提升
特点是　创新
关键在　质优
本质是　先进生产力

2个"摆脱"　摆脱传统经济增长方式　摆脱传统生产力发展路径

*发展新质生产力不是忽视、放弃传统产业，而是用新技术改造提升传统产业，积极促进产业高端化、智能化、绿色化。

3要素良性循环　　生产力3要素实现跃升

教育　科技　人才

畅通教育、科技、人才的良性循环。深化经济体制、科技体制等改革，着力打通束缚新质生产力发展的堵点卡点。

促进

劳动者　跃升为　更高素质的劳动者（战略人才、应用型人才等）
劳动资料　跃升为　更高技术含量的劳动资料（先进制造技术、工业互联网、工业软件等）
劳动对象　跃升为　更广范围的劳动对象（战略性新兴产业、未来产业等）

促进

加快发展新质生产力的3个方面措施

推动产业链供应链优化升级
- 实施制造业技术改造升级工程
- 培育壮大先进制造业集群
- 创建国家新型工业化示范区
- 推动传统产业高端化、智能化、绿色化转型
- 加快发展现代生产性服务业
- 促进中小企业专精特新发展
- 加强标准引领和质量支撑，打造更多有国际影响力的"中国制造"品牌

积极培育新兴产业和未来产业
- 巩固扩大智能网联新能源汽车等产业领先优势
- 加快前沿新氢能、新材料、创新药等产业发展
- 积极打造生物制造、商业航天、低空经济等新增长引擎
- 开辟量子技术、生命科学等新赛道
- 创建一批未来产业先导区

深入推进数字经济创新发展
- 积极推进数字产业化、产业数字化
- 促进数字技术和实体经济深度融合
- 深化大数据、人工智能等研发应用，开展"人工智能+"行动
- 打造具有国际竞争力的数字产业集群
- 实施制造业数字化转型行动
- 加快工业互联网规模化应用
- 推进服务业数字化
- 建设智慧城市、数字乡村
- 适度超前建设数字基础设施，加快形成全国一体化算力体系

加快发展新质生产力是新时代新征程必须回答而且必须答好的时代命题，是推动生产力迭代升级、实现现代化的必然选择，是抢占新一轮科技革命和产业变革制高点、开辟发展新领域新赛道、培育发展新动能、增强竞争新优势的战略要求。从国际社会大背景来看，逆全球化趋势显现，部分西方发达国家持续施加技术封锁，新一轮全球科技进步周期正在启动，加大科技创新投入成为全球各国共识，提升以新质生产力为驱动的硬科技实力迫在眉睫。从国内现实环境来看，我国已走到了民族复兴的关键时间节点，国家实力迈上新的台阶，而同时宏观经济正处于增长动能切换的窗口期，亟需形成新的物质生产力。有鉴于此，科技创新在新质生产力的构建中发挥着至关重要的作用，实现高水平科技自立自强、深化要素市场化配置改革、建设现代化产业体系是加快形成新质生产力的主攻方向，促进科技创新成果广泛应用于具体产业及产业链升级，包括传统产业、战略性新兴产业以及未来产业，同时注重绿色化及新质生产关系的培育与发展。

（二）培育农业新质生产力的重要性与迫切性

农业是立国之本、强国之基，决定着中国高质量发展的成色。党的二十大在擘画全面建成社会主义现代化强国宏伟蓝图时，对农业农村工作作出总体部署，提出要"全面推进乡村振兴"，到2035年基本实现农业现代化。与新型工业化、信息化、城镇化相比，我国农业现代化明显滞后，农业农村依然是我国现代化建设的短板，推动高质量发展最艰巨最繁重的任务在农业，最广泛最深厚的基础在农业。因此，迫切需要以新质生产力为动力，加快推进中国农业现代化进程。

农业新质生产力具有自身的内在逻辑和规律性，其发展需要具备多种现实因素，不仅基于生产方式与工具的更新换代，更基于生产结构与产业模式的根本性转变，以农业全要素生产率大幅提升为标志，涵盖了资源配置、技术创新、市场需求等多方面，成为推动传统种养农业向现代新产业新业态新模式农业变革的核心动力。从劳动者、劳动资料和劳动对象来看，表现在技术形态、农民形态、产业形态和城乡形态等方面的动态演变。一是劳动主体由传统农业的"人"向智慧农业的"机"迈进。当前，以生物技术和信息技术为特征的新一轮农业科技革命正在孕育大的突破，各国都在抢占制高点，农业生产不再局限于传统的种植和养殖方式，正在从机械化农业发展阶段进入以数字化、网络化、智能化装备作业为主的智慧农业发展阶段。新质生产力从根本上颠覆了过去传统农民的劳动形态，这不仅深刻地改变了农民的生产方式和生活方式，更是有效地缓解了农村劳动力供需的结构性矛盾。二是劳动资料形态发生了规模化、数字化的突破性变革。无人机耕作、智能牲畜监测、自主农业机械、智能设施农业等已成为不少地方农业新质生产力的中坚力量，通过智能农机装备精准施肥、播种和喷药，智慧大棚等智慧农业基础设施与传统农业中的土地、动植物、生产工具等生产要素深度融合，促进农业生产便捷、管理高效和产业协调，而生物饲料、生物肥药、农业疫苗、可降解农膜等新农资也能够削减传统农业生产过程对环境带来的负面影响，提高农产品品质和市场竞争力。三是劳动对象形态突破种质与自然资源的有限性约束。一方面，通过现代生物科技力量对传统农业生产和加工对象的改造，在丰产性、抗逆性上取得显著成效，如远缘杂交、理化诱变、杂交重组等传统技术与基因组编辑、生物合成等新型技术相结合，开发具有产业化利用价值、适应极端气候的作物、畜禽、水产以及农业微生物突破性新种质，从根本上提高作物单位面积的产量；另一方面，科技进步将突破土地等自然资源的有限性约束，丰富食物来源与功能服务，拓展农事活动的空间广域和技术边界，如发展设施生态农业、种养循环农业等新模式。

当前，我国智慧农业领域已取得积极进展，物联网、智能装备、遥感监测、人工智能等现代信息技术正在与农业渗透融合、加速迭代，推动我国农业迈向智慧农业时代。2024年中央1号文件指出"加快发展智慧农业，建设一批智慧农业引领区，推动规模化农场（牧场、渔场）数字化升级。深入实施智慧农业建设项目，建设国家智慧农业创新中心。健全智慧农业标准体系，推动建立检验检测、应用效果评价和统计监测制度。建设农业农村大数据平台。"2023年，全国农业生产信息化率达到27.6%，智慧农业已贯穿到农业发展的各领域和各环节。但与发达国家相比，我国智慧农业发展还处于初步阶段，如一些偏远农业生产区域尚未实现网络覆盖，先进适用的信息化产品装备缺乏，支撑生产经营和管理决策的有效数据还不够丰富，既懂"三农"又懂信息技术的复合型人才队伍需求进一步扩大等。此外，我国有关农业数据的立法还未健全，农业数据标准尚未设立，有关农业数据产权界定、农业数据分享机制以及农业数据监管机制还未得到清楚的界定。2019年《数字农业农村发展规划（2019—2025年）》提到，中国农业农村基础数据资源体系处于起步阶段，农业数据资源分散，天空地一体化数据获取能力较弱、覆盖率低，数据未能有效组合，无法进一步挖掘农业数据的价值，这成为数字中国建设的突出短板①。

农业是自然再生产和经济再生产相合一的产业，农业新质生产力的培育与形成既要重视颠覆性、前沿性技术创新突破的新质生产力发展，又要重视农业全要素优化配置、集成创新的新质生产力发展。培育和发展农业新质生产力，不仅是对传统农业生产模式的革新，更是对农业发展的一次重大突破。必须坚持系统观念，坚持以实体经济为根基，以科技创新为核心，以产业升级为方向，着力推动劳动者、劳动资料、劳动对象及其优化组合的跃升，促进农业全面升级、农村全面进步、农民全面发展，加快建设农业强国，筑牢全面建成社会主义现代化强国的基础。

（三）奶业新质生产力的应有之义和主要体现

改革开放以来，我国奶业由小变大、由弱变强，尤其进入21世纪后，奶业呈现出高速增长发展态势。2008年"三聚氰胺事件"发生后的十多年里，国内原奶产量一度陷入"生产陷阱"。自2019年起，受奶业振兴政策支持和奶牛养殖高收益吸引，各地奶源基地建设加快，奶牛存栏量逐渐回升，单产水平稳步提高，多因素共同推动牛奶和乳制品产量不断创新高，为居民营养健康作出了重要贡献，我国也成为全球第四大奶业生产国。进入新发展阶段，我国奶业发展面临新一轮挑战。国家统计局公布数据显示，2023年，我国原料奶产量达到4 197万t，同比增加265万t，增幅为6.7%，已连续四年实现增幅超6%，但受整体消费降级和人口因素双重影响，全年奶类消费下降约1.6%②，养殖企业面临牛奶产量阶段性过剩导致的价格下行和亏损，乳品企业面临消费不振与大规模喷粉的困扰。总体来说，奶业形势不容乐观。从国内看，产业竞争力不强、供需结构不平衡、养殖加工收益不均衡、市场消费培育不充分等诸多问题仍然限制着行业发展；从国际看，国际贸易环境日益恶化，受资源环境承载能力、碳减排压力等因素限制，无论是乳制品还是种牛进口，未来都面临较大不确定性，行业高质量发展路径有待探索。在产

---

① 南京神农智慧农业研究院.欧盟智慧农业发展经验及其借鉴[J].世界农业，2022（5）：27-36.
② 祝文琪，等.2023年牛奶市场形势分析与2024年展望[J].中国畜牧杂志，2024（4）.

业变革的关键时期，中国奶业如何破局？从政府政策引领到产业转型提档，再到企业创新求变，各界达成共识：破局之要，在于创新！需抓住数字经济发展带来的产业跃迁新机遇，激发产业加速升级的新动能，以科技创新为引领，以人才发展为支撑，持续推动全产业链的数智融合和绿色发展，建立和完善覆盖全产业链的创新体系，这成为推动中国奶业发展的关键。新质生产力的提出，为开辟发展新领域新赛道、塑造发展新动能新优势提供了科学指引，也为我国未来奶业高质量发展指明了高端有机化、数智化、绿色化、安全化、稳定化等重要方向。

产品高端有机化。随着生活水平不断提高和健康观念深入普及，国内乳企基于新工艺、新原料等基础，以高端有机化为方向对产品不断迭代升级，更好满足消费者对产品营养健康的新需求。一方面，产品创新向功能化方向迈进，从基础的营养补充拓展到特定的健康功效，如伊利金典纯牛奶蛋白质含量为3.6g/100ml，钙含量为120mg/100ml，在普通纯牛奶相关营养含量的基础上均有进一步跃升。此外，伊利推出了全球首款活性乳铁蛋白有机纯牛奶；首创常温下益生菌鲜活技术，推出安慕希常温活性益生菌酸奶；推出伊利舒化奶，专门针对乳糖不耐受人群量身定制，以及面向失眠群体、营养素缺乏群体等研发的其他功能型乳粉产品。另一方面，天然有机成为新趋势。如在饲料种植环节，不使用化学合成的肥料、农药、生长调节剂和畜禽饲料添加剂，不采用基因工程技术，从源头上杜绝农药、除草剂、重金属残留等问题；牧场需每年进行休耕和轮播，远离城市、交通主干道、污染源、垃圾场等地点，以更好涵养草场土地，减少土壤有机质损失。在养殖环节，以有机饲草料饲养，并限制限量使用常规兽药、抗生素等物质，提倡"快乐养殖"，满足其自然行为和生活习性。在生产加工环节，生产、抽样检查、装箱等均需密封无菌自动化完成，严格把控产品品质安全。目前，DHA（即二十二碳六烯酸，俗称"脑黄金"）、原生钙（即天然存在于食物中的钙元素，易被人体吸收利用）等原生概念在乳制品市场中兴起，越来越多消费者更加注重产品的天然属性和有机认证，高端有机奶市场具有较大发展潜力。

全过程数智化。随着人工智能、数字孪生、工业互联等新技术与传统产业深度结合，数智化也成为乳业实现产业转型升级的关键要素，如生产和管理的智能化和精细化，运用自动化控制技术、智能监测和预警等手段构建生物资产AI识别系统、自动化喂养系统、智能化疾病诊断系统、环境监测系统、遗传评估系统、种源追溯系统等，实现全链条的数字化控制以及计算、数据、算法和模型的有效融通。2019年前后，我国乳业开启了大规模的数智化转型浪潮，整个行业的数智化水平渐次提升，涌现出了像伊利这样率先走在数智化潮头的标杆企业。现阶段，伊利集团已经完成了产业链上、中、下游的数字化布局，作为数字化转型的典型样本——伊利现代智慧健康谷，通过产业驱动全链发展、数字赋能智慧城市、绿色引领产城融合，在牧场自控、奶牛育种、绿色发展、产业链数字化转型等方面做了突出助力，创造了全球奶业多项之最。在上游，伊利建设了全球智能化程度领先的智慧牧场，运用物联网相关技术实现智慧化养殖；在中游，伊利打造了智能工厂，提升生产和管理效率，如"智能制造标杆企业"的伊利奶粉金泽工厂，全过程、全方位实现了对奶粉生产的数智化精益管理；在下游，伊利推动"全域、全场景、全生命周期"的消费者数字化运营，并发了与1.5亿消费者在线协同共创新品的智能洞察系统。伊利在乳制品行业率先全方位推进数字化转型，并入选了工信部颁布的首批"互联网与工业融合创新试点企业""第一批智能制造试点示范企业"和"第一批两化融合贯标企业"。

全链条绿色化。绿色是奶业可持续发展的迫切要求。根据世界资源研究所2020年发布的报告，农业在全球碳排放中占比达18.4%，其中，畜牧生产及粪污排放占农业排放的31.5%，在总排放中占比5.8%，而反刍动物由于其瘤胃发酵作用，产生的温室气体也要比猪、鸡等单胃动物更多。具体来看，在种植和养殖过程中，施肥、种植、能源及饲料运输、奶牛养殖、牛胃发酵等一系列过程都会产生二氧化碳；在牛奶生产及运输中，天然气、石油等运输工具燃料的使用，各类加工技术、灭菌工艺等设备的使用也会产生二氧化碳；零售冷藏需要的能源也是碳排放的来源；在消费过程中，过期商品弃置、包材回收及处理过程同样是碳排放的过程。因此，奶业的高质量发展势必需要实现绿色低碳转型。其中，养殖环节是碳排放主要来源，可以从遗传育种选择入手，筛选瘤胃产生甲烷量低的动物个体或群体，并通过营养调控和饲料加工制造技术实现精准饲喂，提高奶牛单产水平。此外，大力发展优质饲草业，降低奶牛养殖饲料成本；加大奶牛养殖粪污处理利用率，推动"种养一体化"和绿色生态养殖；深化产业链智能制造和数字化水平，节约资源使用与减少污染物排放；引导消费者回归乳制品"鲜活"本质，不追求过度包装，倡导绿色理性的乳品消费理念等方式均可实现碳减排目的。

乳品质量安全化。安全始终是奶业的生命线。"三聚氰胺"事件给我国奶业发展造成了极其恶劣的影响，严重挫伤国产奶消费信心。近年来，随着《关于推进奶业振兴保障乳品质量安全的意见》《关于进一步促进奶业振兴的若干意见》《"十四五"奶业竞争力提升行动方案》等多项政策措施出台，奶业安全防线不断筑牢，质量安全监管获得显著成效。《中国奶业质量报告（2024）》显示，2023年全国生鲜乳抽检合格率100%，乳蛋白含量平均值3.28g/100g，主要营养和卫生指标比肩奶业发达国家。2024年中央1号文件提出，完善液态奶标准，规范复原乳标识，促进鲜奶消费，对我国奶业发展提出新要求。以新质生产力引领奶业振兴，需加大力度保障乳品质量安全，修订完善乳品质量安全标准体系，落实生产经营者安全生产第一责任，加强对生鲜乳收购站和生鲜乳运输车精准化、全时段管理，运用信息化、智能化监管，建立健全养殖、加工、流通等全过程乳品质量安全追溯体系，加强部门协作，全面推行"双随机、一公开"，推进监管信息互查、共享，合力保障乳制品的质量安全。

供应链条稳定化。奶是粮食安全的重要一环，但我国奶源自给率较低，原辅料、饲草料、奶牛等不同程度依赖进口，对核心技术掌握不充分，在国际上话语权不强，尤其是新冠肺炎疫情和国际贸易摩擦拉升了奶牛养殖成本，对整个奶业发展造成较大影响，供给安全韧性面临挑战。在新质生产力引领下，应加快补短板、健全产业链条，合力推动行业高质量强韧发展。一是提升自主研发创新能力，支持以育种为核心的奶牛繁育体系建设，支持本地化良种牧草种植推广，发展标准化规模养殖，提高生产效率。二是支持乳品企业提高自有奶源比例，创新原料储备和调节机制，推动主产省建立健全生鲜乳价格协商机制，形成保供稳价"缓冲器"，保护奶农、种植企业、养殖企业和消费者利益，提高产业链前端原料供应的韧性和稳定性。三是创新乳制品交易机制，建立国家级交易中心，依托龙头企业打造全国交易平台，发挥超大规模市场优势，提升中国奶业在国际上的话语权和影响力，提升产业整体竞争力。四是加快奶酪、乳清等生产工艺和设备创新，支持扩大乳清乳糖等干乳制品生产，降低乳制品加工的单位成本，实现"节本增效"。五是鼓励有条件的奶农拓展自我发展能力，结合休闲观光、乡村文旅发展民族特色乳制品加工，延伸产业链，提升价值链。

↓

专栏1-2 伊利"从一棵草到一杯奶"的创新链路

伊利集团始终将创新作为驱动企业发展的核心战略，在欧洲、大洋洲等地打造了15个创新中心。依托全球领先的创新体系，围绕产业链布局创新链，形成"从一棵草到一杯奶"的创新链路，解决全产业链技术瓶颈，加速推动技术成果转化和应用，增强中国奶业的核心竞争力。

➤ 启动"良种牛品质升级工程"

奶牛种质资源是奶业的"芯片"，"良种牛工程"是落实国家种业振兴战略的重要措施，也是伊利大力攻坚的关键环节。伊利率行业之先启动"良种牛品质升级工程"，在全球建设了3座行业领先的奶牛核心育种场，建立了奶牛育种数据库，在现有中国荷斯坦奶牛遗传评估的基础上，加强奶牛种源关键繁育技术攻关，集成创新了奶牛全基因组检测与奶牛生产性能检测技术，每年培育顶级乳用种牛500头，成功培育出国内排名第一的种公牛。通过技术帮扶、资金补贴等措施帮助牧场优化牛群，建立核心种群，实现单产产量增加、养殖成本下降，牧场收益明显提升。

➤ 加强产业链关键技术攻关

伊利已经建立了三级研发平台，并牵头建设了国家级技术创新中心，联合其他共建单位致力于围绕全产业链进行创新链布局，正在开展高水平协同创新。作为全国唯一的国家级乳业技术创新中心，聚焦国家战略需求和产业发展，以建设具有全球影响力的乳业科技创新中枢为目标，立足"中国牛、中国养殖模式、中国原料、中国装备和中国品质"五大战略目标，围绕"从一棵草到一杯奶、再到一块奶酪"全产业链进行创新链布局。目前已布局27个研究领域、78个研究方向、入库600个研究项目，取得了一系列重大突破性成果。

➤ 推动全产业链数智化升级

伊利率先在行业内推动全产业链数智化升级，不断完善全链条覆盖、全场景渗透、全方位互动、全品类共享的"四全运营体系"，打造"数智伊利",目前已完成了跨越产业链上中下游的全链数智化布局。伊利自主研发的"伊起牛·智慧牧业生态系统"全部免费提供给合作牧场使用,通过应用数字化、智能化技术,帮助牧场打通奶牛养殖各领域数据孤岛,实现牧场业务数据化、数据互联互通集成化、分析应用智慧化,达到业务异常自动识别、数据价值深度挖掘、管理方案精准输出,帮扶上游奶牛养殖业数字化、智能化转型升级,引领产业链迈入高质量、现代化发展新阶段。

> **➤积极部署和发展大健康食品领域**

伊利一直坚持和推动功能性乳品及专业级乳品的创新开发步伐,积极部署和发展大健康食品领域业务,通过遍布全球的15个创新中心,围绕营养健康、产品研发、食品安全、母乳研究等重要领域,开展全产业链创新合作,致力于打造满足全人群、全生命周期、全消费场景的健康产品,解决了乳糖不耐受人群无法饮用牛奶的全球性难题,推出全球首款常温活性乳铁蛋白有机纯牛奶和全国首款控糖牛奶。为更好地服务亚洲消费者,伊利在日本和印度尼西亚建立创新中心。其中,日本创新中心聚焦研发更加适合东亚人群的技术和产品,推动健康食品的产业化落地;印度尼西亚创新中心,则推出更多本地原创新品。

> **➤推动构建全链条的绿色生态**

绿色发展是高质量发展的底色,伊利积极践行绿色发展理念,从一棵草、一头牛到一杯奶,实施全生命周期绿色行动。在上游,推行以养带种、以种促养的"种养一体化"生态农业模式,让饲料种植和奶牛养殖紧密衔接。牧场周边紫花苜蓿、燕麦旺盛生长,不仅是奶牛的优质口粮,还有强大的固碳能力;在中游,伊利启动"碳足迹+水足迹"的"双足迹"核查,并先后打造5家零碳工厂,累计41家分子公司获得国家级"绿色工厂"认证;在下游,伊利推出5款"零碳产品",引领低碳消费的全新风尚。

向"新"而行,以"质"致远。伊利紧抓时代机遇,坚持"以消费者为中心"的理念,加快形成"奶业新质生产力",通过"国际化战略"构建了一张覆盖全球资源体系、全球创新体系、全球市场体系的骨干大网，为中国乳业的高质量发展注入新动能。与此同时，其不断加速数字化转型也为开拓世界"乳业丝路"持续赋能，助力"让世界共享健康"的梦想成为现实。

站在维护国家粮食安全的高度，加快形成"奶业新质生产力"，实现奶业高质量发展，夯实筑牢奶业生产供应链，保证国民营养供应及乳品质量安全，推动中国奶业走向更创新、更高效和更可持续的发展道路，将"奶瓶子"牢牢握在中国人自己手中，既是现实所需，更是未来所向。

三、奉行安全发展文明理念，携手共创人类命运共同体美好愿景

在人类命运共同体发展理念下，中国先后提出构建人类卫生健康共同体、网络空间命运共同体、核安全命运共同体、海洋命运共同体、人与自然生命共同体、地球生命共同体等重要理念，将丰富主张转化为具体行动。全球发展倡议、全球安全倡议、全球文明倡议是推动构建人类命运共同体的重要依托，从发展、安全、文明三个维度廓清了影响当前和未来很长时期内全球生存的重大论题，为解答事关人类和平与发展重大问题提供中国方案，更是我国当前在国计民生重要领域践行发展"大农业观""大粮食观""新质生产力""大健康理念"的重要依循和方向。

（一）筑牢安全理念：建立生存保障稳固基石

安全，作为一种基本的人类需求，是人类本能的欲望，是幸福健康的源泉。古人一向以安心、安身为基本人生观，身有所安，则居仁由义，"安身立命"即"生活有着落，精神有寄托"。通俗来讲，安全是指人没有危险的状态，人类整体与生存环境资源和谐相处，民族种群之间互相不伤害，人类个体得以免除各种损害风险和危险隐患并有尊严地生活在世界中。

国以安为兴，民以安为乐。国家安全是安邦定国的重要基石，维护国家安全是人民的根本利益所在，这是一个不言自明的道理。党的十八大以来，面

对复杂多变的国内外安全形势，习近平总书记创造性提出总体国家安全观，并在实践中不断加以完善，有力维护和塑造了新时代国家安全，成为习近平新时代中国特色社会主义思想的重要组成部分。总体国家安全观涵盖政治安全、国土安全、军事安全、经济安全、文化安全、社会安全、科技安全、网络安全、生态安全、资源安全、核安全、海外利益安全、生物安全、太空安全、深海安全、极地安全等16项安全，涉及国家治理方方面面，而生物安全、生态安全、资源安全等保障水平更是与人民生活息息相关。人类一直在为生存而奋斗，饥饿是人类始终躲不开的话题，从古代的看天吃饭到知天而作，从落后的农业社会到先进的工业社会，人类一直都在解决"吃饱饭"的问题，即便是21世纪的今天，也仍未彻底摆脱过饥饿的威胁，保障粮食安全成为国家安全的重中之重。生物安全在当前环境下的重要性和紧迫性显著上升，随着基因工程、合成生物学等在内的现代生物技术大范围应用，对生态环境和人体健康造成潜在威胁，必须对意外或故意释放生物制剂和生物材料等生物事件采取有效预防和控制措施，我国2021年全面贯彻落实生物安全法，对于筑牢国家生物安全防线具有重要意义。生态安全是人类在生产、生活和健康等方面不受生态破坏与环境污染等影响的保障程度，包括饮用水与食物安全、空气质量与绿色环境等基本要素。其中，农业生态环境保护是维护农业可持续发展的重要保障，加强农业生态环境保护，减少自然灾害和生态危机发生，不仅有利于保障全球粮食安全，还可以带来显著的经济和社会效益。资源安全是一个国家或地区可以持续、稳定、及时、足量和经济地获取所需自然资源的状态，包括水资源、能源资源、土地资源（包括耕地资源）、矿产资源（包括战略性矿产资源）、生物资源（包括基因资源）、海洋资源、环境资源等各类资源安全，是其他领域安全的依托，关系国家经济社会发展的全局性、战略性问题，对国家繁荣发展、人民生活改善、社会长治久安至关重要。

随着生产分工细化，特别是全球分工深化，国际社会日益成为一个你中有我、我中有你的命运共同体，没有哪个国家能够单独实现绝对安全。面对逆全球化倾向凸显、单边主义与贸易保护主义抬头，人类现代化事业正面临着前所未有的曲折困境，中国通过自身现代化的独立自主探索，提出人类命运共同体重要论述，彰显出人类社会不同国家、民族在参与现代化进程中的平等性，即每个国家与民族都有独立选择符合自己实际发展的现代化道路的权利，人类走向现代化的途径是多元的而非单一的，是开放的而非排他的，关键是要找到适合本国国情的发展道路①。2022年4月21日，习近平主席在博鳌亚洲论坛年会开幕式上以视频方式发表题为《携手迎接挑战，合作开创未来》的主旨演讲，首次提出全球安全倡议，系统阐述了中方促进世界安危与共、维护世界和平安宁的立场主张，强调人类是不可分割的安全共同体。中方倡导以共同、综合、合作、可持续的安全观为理念指引，以相互尊重为基本遵循，以安全不可分割为重要原则，以构建安全共同体为长远目标，走出一条对话而不对抗、结伴而不结盟、共赢而非零和的新型安全之路。面对如此复杂的局势环境，各国应践行共商共建共享的全球治理观，共同应对地区争端和恐怖主义、气候变化、粮食安全、信息安全、生物安全等非传统安全领域问题，多管齐下、综合施策，完善规则，携手寻求长远解决之道，推进全球安全治理，防范化解安全困境。

新质生产力发展是体现总体国家安全观的一个重要领域，关系到国家长远发展和安全。只有坚持统筹兼顾，既发挥新质生产力对国家安全事业的支撑作用，又切实防控其带来的安全风险，才能推动新质生产力健康发展。实现世界持久和平，让每一个国家享有和平稳定的外部环境，让每一个国家的人民都能安居乐业，人民权利得到充分保障，是我们的共同愿望。各国需要同舟共济、团结协作，构建人类安全共同体，携手建设一个远离恐惧、普遍安全的世界。

（二）秉承发展理念：构筑健康美好和谐生活

发展，是社会全面的进步，包括物质文明、精神文明与生态文明的进步，人的素质提高与德智体能全面提升以及社会的可持续发展。人类发展史是一个漫长而复杂的历程，历经了数千年时间和各种文化、政治及经济变化，人类进步和发展也由一系列相互关联的因素和事件驱动而成，包括技术发展、文化和艺术的繁荣、政治和社会变革等。在漫长的演变进程中，中国从封闭的农业国家逐渐转变成为现代化国家，走出一条既遵循现代化一般规律、又符合本国实际的中国特色现代化道路，成为全球第二大经济体，在国际舞台占据重要地位并持续发挥影响力。

2015年9月，联合国可持续发展峰会通过了2030年可持续发展议程，包含

---

① 狄英娜.世界共同进步何以可能？[J].红旗文稿，2020（4）.

17项可持续发展目标，涉及社会、经济、环境以及与和平、正义和高效机构相关的重要方面，强调人民处于可持续发展的中心，呼应了1994年在开罗通过的《国际人口与发展会议（ICPD）行动纲领》中提出的理想，为未来世界各国发展和国际发展合作指明了方向，勾画了蓝图（表1-2）。

表1-2 《2030年可持续发展议程》17项目标

目标1	在全世界消除一切形式的贫困
目标2	消除饥饿，实现粮食安全，改善营养状况和促进可持续农业
目标3	确保健康的生活方式，促进各年龄段人群的福祉
目标4	确保包容和公平的优质教育，让全民终身享有学习机会
目标5	实现性别平等，增强所有妇女和女童的权利
目标6	为所有人提供水和环境卫生并对其进行可持续管理
目标7	确保人人能获得负担得起的、可靠和可持续的现代能源
目标8	促进持久、包容和可持续的经济增长，促进充分的生产性就业和人人获得体面工作
目标9	建造具备抵御灾害能力的基础设施，促进具有包容性的可持续工业化，推动创新
目标10	减少国家内部和国家之间的不平等
目标11	建设包容、安全、有抵御灾害能力和可持续的城市和人类居住区
目标12	采用可持续的消费和生产模式
目标13	采取紧急行动应对气候变化及其影响
目标14	保护和可持续利用海洋和海洋资源以促进可持续发展
目标15	保护、恢复和促进可持续利用陆地生态系统，可持续管理森林，防治荒漠化，制止和扭转土地退化，遏制生物多样性的丧失
目标16	创建和平、包容的社会以促进可持续发展，让所有人都能诉诸司法，在各级建立有效、负责和包容的机构
目标17	加强执行手段，重振可持续发展全球伙伴关系

2030年可持续发展议程的目标同中国全面建成小康社会、实现中华民族伟大复兴中国梦的目标契合，同中国推进可持续发展事业、人人享有发展成果的理念相通，同中国发挥负责任大国作用、推动各国实现共同发展的追求一致。党的十八大以来，以习近平同志为核心的党中央深入分析我国发展新的历史条件和阶段、全面认识和把握我国现代化建设实践历程以及各国现代化建设一般规律，创造性提出我国经济已由高速增长阶段转向高质量发展阶段的重大论

断，作出推动高质量发展的重大决策部署。2015年，中共十八届五中全会提出创新、协调、绿色、开放、共享的新发展理念。其中，创新是引领发展的第一动力，协调是持续健康发展的内在要求，绿色是永续发展的必要条件，开放是国家繁荣发展的必由之路，共享是中国特色社会主义本质要求。新发展理念是中国经济发展进入新常态、世界经济复苏低迷情况下的重要战略调整，旨在引领中国现代化发展新征程，这不仅是"十三五"时期我国经济社会发展的主要思路和方向，更是管全局、管根本、管长远的导向。党的二十大报告指出"贯彻新发展理念是新时代我国发展壮大的必由之路"。2021年9月21日，国家主席习近平在第七十六届联合国大会一般性辩论上提出全球发展倡议，一是坚持发展优先；二是坚持以人民为中心；三是坚持普惠包容；四是坚持创新驱动；五是坚持人与自然和谐共生；六是坚持行动导向。习近平主席强调，发展是实现人民幸福的关键，呼吁国际社会重视发展问题，加快落实联合国2030年可持续发展议程。全球发展倡议主张坚持发展优先，加强主要经济体政策协调，构建更加平等均衡的全球发展伙伴关系，充分契合了世界各国人民资源共享、互通有无的共同期待。可以看出，新发展理念与全球发展倡议在内容上珠联璧合、相得益彰，充分体现了中国新时代背景下的开放观、发展观和全球观。

当前，我国已进入高质量发展阶段，社会主要矛盾已经转化为人民日益增长的美好生活需要和不平衡不充分的发展之间的矛盾。发展新质生产力是推动高质量发展的内在要求和重要着力点。习近平总书记指出："新质生产力已经在实践中形成并展示出对高质量发展的强劲推动力、支撑力"。从创新角度来看，新质生产力的形成和发展本质上是一个不断创新、持续迭代的过程，技术革命在多点多领域密集爆发和加速激增，使技术创新驱动着要素创新、产品创新、产业创新，进而为新质生产力形成提供了技术支撑和创新源泉。从协调角度来看，新质生产力作为一种先进生产力质态，要求在空间上实现各区域、各领域协调发展，在时间上形成当前和长远协调发展。从绿色角度来看，新质生产力本身就是绿色生产力，加速绿色科技创新和绿色技术的推广应用，构建绿色低碳循环经济，提升经济发展的"含绿量"，以绿色发展的新成效形塑先进生产力质态。从开放角度来看，新质生产力要求更宽领域、更深层次的对外开放格局作为发展的新环境，用好国内国际两个市场、两种资源，实现内外联动，通过国内外"人才、资本、技术"等创新要素和服务要素的国际流动及全球范围的交换，促进全球共同创新。从共享角度来看，发展新质生产力就是通过技术革新，激活劳动、知识、技术、资本等各种生产要素，增加社会财富总量，使得发展成果能更多更公平地惠及全体人民，体现全民共享、全面共享、共建共享、渐进共享。

发展是人类社会的永恒主题，承载着人民对美好生活的向往。为人民而生，因人民而兴，始终同人民在一起，为人民利益而奋斗，是我们党立党兴党强党的根本出发点和落脚点。健康是人民美好幸福生活的依托和根本，保障人民健康被视为国家发展的重要标志，构建人类卫生健康共同体成为全世界最迫切的命题之一。2023年，《共建全球健康生态圈战略研究》作为国内首份"全球健康生态圈"研究报告在伊利智慧健康谷正式发布，多维探索了"共建全球健康生态圈"的战略目标和中国方案，深度解析了以伊利为代表的行业龙头企业构建"全球健康生态圈"的生动实践，并提出全球共商共建共享健康一致行动倡议，旨在以"共建人类卫生健康共同体"为目标，通过共商共建共享，汇聚全人类推动健康成长与发展的智慧，积极倡导构建新型国际关系，打造全球伙伴关系，推动全球健康产业创新发展。

（三）融汇文明理念：实现人类生命共同价值

文明，是人类社会发展到一定阶段的产物，以文字的发明、单偶制家庭确立和阶级产生为标志，是人类或达到智慧水平之形式的存在形式和存在状态，是指一切具有较高文化水平的存在形式。

2023年3月15日，习近平总书记在中国共产党与世界政党高层对话会上首次提出"全球文明倡议"，主要包括共同倡导尊重世界文明多样性，共同倡导弘扬全人类共同价值，共同倡导重视文明传承和创新，共同倡导加强国际人文交流合作，这是继"全球发展倡议"和"全球安全倡议"后，中国向世界提供的又一国际公共产品，为推动构建人类命运共同体注入了强大正能量。在世界各国前途命运紧密相连的今天，全球文明倡议致力于实现不同文明包容共存、交流互鉴，对推动人类社会现代化进程、共筑人类命运共同体发挥了不可替代的重要作用。

中华文明源远流长、博大精深，作为唯一未曾中断且延续至今的文明，至今已有5 000多年历史，中华文明留下了饱含思想精髓的灿烂遗产，蕴含了全人类共同价值的丰厚资源。中国自古以农立国，长达数千年的农耕文明占据我国经济社会发展的主导地位，并在历史长河实践中，与游牧文明、海洋文明、大河文明等多文明形态水乳交融，构成了各民族共建共享的中华文明。在新时代背景下，习近平总书记指出，把我国农耕文明优秀遗产和现代文明要素结合起来，赋予新的时代内涵。2024年中央1号文件再次强调，"推动农耕文明和现代文明要素有机结合，书写中华民族现代文明的乡村篇。"因此，要推动农耕文明创新性发展，促进"精耕细作"的传统农业展现现代化价值，实现农业经济、社会和生态三者效益的有机统一，是赓续中华农耕文明、全面推进乡村振兴、加快建设农业强国的主旨要义，也是我国实现农业现代化发展的重要标志。

发展生产力的目的在于全方位满足人类的各种需要，而基于当前新质生产力提出的背景，我们需要从人类的根本利益出发，在"天人合一""万物一体"的整体性思维下，深入思考"人类从哪里来、现在在哪里、将到哪里去"的基本问题，通过历史观、真理观与现代观有机结合，提升农耕文明价值国际认同，促进人与自然和谐共生，促进中外文化交流互鉴，尊重世界文明多样性，推动人类命运共同体建设，为世界可持续发展贡献中国力量。

第二章

机遇与挑战：洞察百年变局，锁定风云变幻焦点

　　当前，世界百年未有之大变局加速演进，全球经济增长放缓，发展的不确定性和不稳定性上升，国际科技竞争愈演愈烈，数智化转型与绿色低碳发展成为技术创新的重要方向，人口老龄化与新型城镇化趋势加速社会变革，粮食安全问题依然突出。在风云变幻的时代背景下，奶业发展走到历史的转折路口，只有顺应时代趋势，抓住机遇、迎接挑战，加快发展奶业新质生产力，才能推动中国奶业高质量发展。

一、世界经济增长面临减速风险，奶业消费仍有较大增长空间

　　从全球看，世界经济增长势头明显减弱，地缘政治对全球经济的影响越来越突出，全球经济发展面临诸多不确定、不稳定、不安全因素。从国内看，中国经济增速总体呈下滑趋势，叠加新冠疫情带来的后续冲击效应，国内有效需求不足、社会预期偏弱，居民消费能力和消费水平受到影响，导致奶类消费有所下降、奶业企业效益下滑。但长期来看，我国经济增长的长期趋势未变，中国经济发展仍有较大潜力，且人均奶类消费量远低于世界平均水平，随着居民营养健康意识增强，未来奶业消费仍有较大增长空间。

（一）全球经济增长减速，经济全球化在曲折中发展

1.全球经济增速将大概率放缓，技术进步成为提升经济增速的关键因素

　　全球经济增速将大概率放缓。20世纪80年代以来，世界经济迎来了长达

30年的"大稳健"（Great Moderation）时期，全球经济整体上实现了低通胀的中高速增长。"大稳健"不仅是全球主要经济体在需求侧宏观调控的结果，其内在动力还主要源于供给侧的全球化进展。以中国为代表的新兴经济体融入全球供应链，为世界提供更高性价比的原材料、产品和服务，提高了全球经济潜在增长率，并在世界范围内特别是发达国家中有效抑制了通货膨胀。但2008年爆发的国际金融危机成为"大稳健"渐趋结束的开端。近年来，受贸易保护主义、新冠疫情和地缘政治冲突等多重因素冲击，世界经济增速出现进一步下滑的态势。21世纪以来，世界经济年均增速已从2008年国际金融危机爆发之前10年的3.6%下降到新冠疫情暴发之前10年的3.2%[①]。2023年，全球GDP增速下滑至2.7%。根据联合国数据，2024年预计全球GDP增速将降至2.4%，全球经济增速未来进一步放缓的概率较大。

技术进步成为提升经济增速的关键因素。从生产函数的视角看，在影响全球经济增长的中长期因素中，人口老龄化和物质资本积累放缓将制约经济增速的抬升，提高全球经济潜在增长率的关键在于技术进步带来的创新动能。目前，人口老龄化问题已经从发达国家向发展中国家蔓延。过去50年，全球人口从之前年均增长2%左右下降至目前的不足1%，引发全球潜在经济增速下降。绝大多数发达国家的人口生育率已经下降多年，包括非洲和拉丁美洲在内的不少发展中国家和地区也开始出现出生率下降的趋势。人口增长放缓更深远的影响是人口老龄化，更少的年轻人承担更高比例退休人员的养老成本，拖累了经济增长。此外，物质资本积累对全球经济增长的贡献放缓。除了电子消费品、生物医药、数字科技等个别行业的企业之外，新冠疫情导致全球很多企业的盈利能力下降，进入了资产负债表修复期，企业投资能力和投资意愿不足，对新增投资项目持谨慎态度。同时，从2022年开始的紧缩性货币政策抬高了发达经济体金融市场的融资利率，企业特别是科技企业的融资能力受到影响，不利于创新型项目的投融资活动。在人口增长和物质资本积累放缓的背景下，前沿领域的技术创新及其扩散效应成为提升全球经济增速回升的关键，技术创新及其扩散效应将成为全球经济增长新动能。当前，全球发展正处在新一轮科技革命和产业变革的关键节点，新能源、生成式人工智能、自动驾驶、量子技术、未来生

---

① 中国国际发展知识中心.全球发展报告2023：处在历史十字路口的全球发展[M].北京：中国发展出版社，2023.

物工程等前沿技术正在涌入各行各业，具有扩展商品和服务范围、创新资源要素组合方式、颠覆产业组织模式等特点，技术进步成为全球潜在增长率提升的重要源泉。

2. 经济全球化在曲折中发展，全球发展的不确定性和不稳定性上升

经济全球化在曲折中发展。在上轮全球化中，"效率"是决定全球分工的主导因素，关税及非关税贸易壁垒是全球化的主要障碍。近年来，单边主义和保护主义有上升的趋势，地缘政治成为影响新一轮全球化的重要因素。一些国家以"安全"为名把经贸问题政治化、工具化、武器化，使用投资限制、歧视性补贴、单边制裁等手段破坏市场规则和公平竞争原则。跨国公司在全球布局调整时，不得不增加对地缘政治因素的考量权重，在有些产业领域甚至将其作为决定性因素，这导致全球价值链持续扩张趋势放缓，全球供应链的分工将会出现局部关键环节的分割。相比于贸易数据，对外直接投资是全球化的风向性指标：在全球贸易绝对规模增长尚可的情况下，全球外国直接投资增长明显放缓。根据国际货币基金组织测算，全球外国直接投资占全球GDP的比重从2000年前后的4%～5.5%下降到2018—2022年的1.5%～2%[①]。但是，全球贸易网络仍然富有活力。虽然全球贸易强度（全球贸易额占全球经济总量的比重）有所下降，但从绝对量上看，全球进出口贸易总额仍在波动中呈现上升趋势。在新冠疫情暴发之后的2020—2022年，全球贸易仍保持年均3%的小幅度上涨；2023年，全球贸易增长大幅放缓，增速仅为0.6%，预计2024年将恢复到2.4%。贸易增长放缓主要归因于商品贸易的衰退，货币紧缩、美元走强以及地缘政治紧张局势阻碍了全球贸易。总体来看，新冠疫情屡次冲击全球产业链供应链，但深度分工的全球生产网络仍然表现出较好的抗压性和自我调整能力，经济全球化仍是不可逆转的历史大势。

全球发展的不确定性和不稳定性上升。当今世界形势风云变幻，百年未有之大变局加速演进，全球发展正在经历大调整、大分化、大重组，不确定、不稳定、难预料因素增多。近年来全球地缘政治形势严峻，一些国家仍存在冷战思维，引发了一些具有全球影响力的非预期风险事件。这些非预期尾部风险所合成的"多重危机"已不只是一个个独立的"黑天鹅"事件，在风险概率分

---

① 中国国际发展知识中心.全球发展报告2023：处在历史十字路口的全球发展[M].北京：中国发展出版社，2023.

布图上表现出"肥尾风险"的特征。全球化进程让各个国家和地区通过全球生产、物流、贸易等网络，越来越紧密地联结在一起，这也使非预期风险更容易出现跨领域和跨地区的传播、扩散和放大，成为具有全球影响力的风险，对全球发展造成深远冲击。

近年来，随着国内乳品行业的竞争不断加剧，我国奶业企业纷纷加速国际化布局，逐渐将业务拓展至国际市场，通过出口、并购、投资、战略联盟等方式"走出去"，在产业链一体化布局、消费市场拓展、研发资源整合等方面频频发力，这既是国产乳企整体实力提升的表现，也是满足多样化消费需求的结果。与此同时，在风高浪急的国际环境中，伊利等跨国乳企全球化布局和国际化经营的不确定性也显著增加。

（二）中国经济增长放缓，但经济发展的潜力仍然巨大

1. 中国经济发展的潜力仍然巨大

一个经济体的增长潜力主要取决于其潜在的需求和生产能力（即供给）两个方面。在高质量发展阶段，中国仍然有着巨大的潜在需求和潜在供给。

从需求端来看，城镇化和居民收入提高将持续带动需求释放。根据第七次人口普查数据，中国的常住人口城镇化率为63.89%，户籍人口城镇化率则仅为45.4%，这表明有三分之一以上的人口仍常住农村，另有约2.5亿人虽常住城镇但并未获得城镇户口，未能获得与城镇居民相同的住房、教育、医疗和社会保障等方面的待遇。因此，未来城镇化和农村人口转移至城市仍存在较大空间，这将带来进一步的需求增长。此外，中国居民的整体收入仍处于偏低水平，全国人均可支配月收入中位数不足3 000元，与较高的教育普及水平并不匹配，居民收入的提高也将带来新的潜在需求。

从供给端来看，中国的高储蓄率、科技创新能力和人力资源水平均预示着较高的供给增长潜力。中国居民拥有远高于发达经济体居民的储蓄偏好，国民储蓄率常年保持在40%以上的高位，高储蓄率为化解历史呆账坏账、进行可持续的资本投资提供了坚实基础。同时，中国的科技创新潜力巨大，国际专利申请数量排名全球第一；教育体系培养了大量理工科人才，普通本科及研究生毕业生中理工类占比达到40%，超过美国等发达经济体。尽管一些观点认为中国目前面临着生育率低迷、人口总量见顶的问题，未来的劳动力供给将减少，但事实上，决定劳动力供给的是人力资源总量而非人口总量。目前中国的人均寿

命已达到78岁，拥有1.4亿"健康活跃"的老年人（以年龄60～70岁为标准），受教育年限持续增加，高中阶段和高等教育阶段的毛入学率分别达到91.4%和57.8%。将健康和教育水平综合纳入计算后，可以发现，中国的人口总量虽然见顶，但人力资源总量仍在上升，为未来高素质劳动力供给增长提供了空间。

因此，综合需求和供给两方面的因素，中国经济仍然有着巨大的发展潜力。关于中国经济未来增长潜力的量化测算，一些学者曾给出过不尽相同的结果（表2-1）。总体来说，这些测算结果的算术平均值如下：2021—2025年约为5.81%，2026—2030年约为5.31%，2031—2035年约为4.77%[①]。

表2-1 相关研究对中国经济未来增长潜力的量化测算

研究者	中国潜在GDP增速		
	2021—2025年	2026—2030年	2031—2035年
厉克奥博、李稻葵、吴舒钰（2022）	5.97%	5.80%	5.20%
陆旸和蔡昉（2016）	5.63%	4.98%	4.54%
白重恩和张琼（2017）	5.57%	4.82%	3.94%
刘伟和范欣（2019）	7.29%	6.97%	6.49%
中国社会科学院宏观经济研究中心（2020）	5.51%	4.88%	4.37%
中国社会科学院经济研究所（2020）	5.42%	4.92%	4.48%
张晓晶和汪勇（2023）	5.27%	4.83%	4.35%
平均值	5.81%	5.31%	4.77%

2. 当前中国经济增速低于潜在增速

当前中国经济的增长速度明显低于其潜在增长速度。自2010年起，中国GDP增速总体呈下降趋势。即便不考虑2020—2022年疫情带来的冲击，GDP增速也从2010年的10.6%下滑至2019年的6.0%，平均每年下滑约0.5个百分点。而2020—2022年中国GDP三年复合平均增速仅为4.5%，2023年回升至5.2%。当前，中国GDP增速将有可能持续下降，低于各项研究测算的潜在增长速度。经济增速下滑形成的原因不能简单归咎于房地产、地方债务、民营经济等因素，事实上，这些因素是经济长期下行趋势的表现形式。最近十年来，国家治理的

---

① 清华大学中国经济思想与实践研究院（ACCEPT）宏观预测课题组.稳中求进以进促稳先立后破：当前中国经济形势分析与2024年展望[J].改革，2024（1）：23-39.

思路已经转变为高质量发展，重点是规范有序，通过完善相关制度，在供给侧结构性改革、教育培训、互联网反垄断、房地产市场等领域取得了较大成就。这些经济活动的规范性治理政策产生了一定的收缩效应，叠加三年疫情对经济活动和经济预期带来的巨大冲击，经济社会发展活力和潜力的充分释放受到一定程度制约。受疫情冲击影响，GDP增长出现较大的波动，根据5年移动平均增速数据，经济增速进一步保持下滑的总体趋势，微观经济主体对经济的预期更为保守，消费、投资等信心都受到影响。当前，我国经济发展有效需求不足、社会预期偏弱，衡量消费者景气程度的消费者信心指数、消费者预期指数、消费者满意指数一直在低位徘徊，消费者对经济形势缺失信心，消费意愿不足，难以拉动需求回升；投资减速现象明显，疫情影响下中国全社会固定资产投资完成额名义同比增长率三年平均只有4.19%，企业景气指数也在波动中不断下跌，当下的企业景气指数要明显低于疫情前两年的水平，企业的投资意愿不足；贸易环境日趋恶化，在全球贸易收缩的大背景下，中国外贸出现负增长（图2-1）[①]。

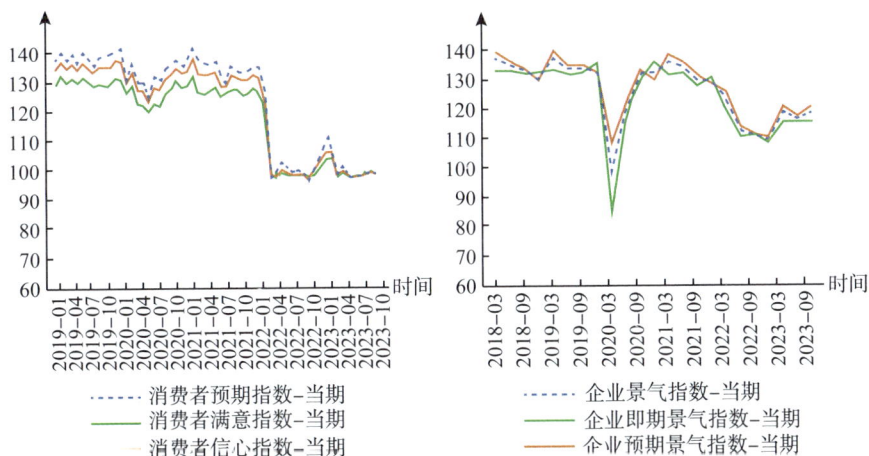

图2-1　消费者信心指数、预期指数和满意指数（左图），中国企业景气指数（右图）

资料来源：中经网统计数据库

（三）奶业供需结构不平衡，未来消费仍有较大增长空间

在全球经济增长减速大背景下，受需求不足、人口因素等影响，我国乳

---

① 清华大学中国经济思想与实践研究院（ACCEPT）宏观预测课题组.稳中求进以进促稳先立后破：当前中国经济形势分析与2024年展望[J].改革，2024（1）：23-39.

品消费市场疲弱，原料奶供应过剩，企业喷粉库存压力大，消费增速下滑叠加奶源快速扩张惯性，带来供需结构不平衡，奶牛养殖和乳品加工企业效益下滑或亏损严重。2023年，我国乳制品市场规模为5 738.6亿元，同比减少1.1%，近十年以来行业增速持续放缓。从2011年19%以上的同比高速增长，持续降速到2020年不到1%的同比增长，自疫情冲击后市场规模略有下降，但近五年来平均规模仍达5 845亿元。预计伴随疫情过后经济复苏带动下的需求恢复，以及乳企供给端的品类升级持续，我国乳制品市场仍有望维持低个位数的增长水平。

供给端： 伴随行业规模化持续进行，奶质和奶量均有提升。中国奶业协会的数据显示，2023年中国原料奶总产量4 197万t，同比增长6.7%，与上年增幅基本持平，这也是中国牛奶产量连续第4年增幅超过6%；乳制品产量3 054.6万t，同比增长3.1%；2022年牧场养殖的规模化程度提升至72%，奶牛单产提升至9.2t，行业全混合日粮（TMR）技术牧场使用率达到95%，规模化挤奶率达到100%。近年来，我国乳制品市场呈现出结构性过剩与短缺现象，即液体乳市场饱和，而干酪、奶油、原料乳粉、乳清制品却基本依赖进口，行业发展速度呈现放缓趋势。

需求端： 我国人均乳制品消费偏低，人均消费提升和结构升级潜力仍存。乳制品消费增速不断出现下滑，2021年、2022年、2023年乳制品全渠道收入增速同比分别为7.9%、−6.5%、−2.4%。长期来看，我国人均乳制品消费保持增长态势，但目前仍处于偏低水平。根据尼尔森IQ数据，2023年全国人均奶类消费量为41.3kg，同比下跌1.5%。对标国外，我国人均奶类年消费量仅为世界平均水平的三分之一、亚洲平均水平的二分之一；对标国内，以《中国居民膳食指南（2022）》"每人每天应摄入300g至500g奶及奶制品"的推荐量为基础，人均乳制品消费应达109.5～182.5kg/年，目前人均年消费量远远不足，国内每日乳制品摄入达标（>300ml）的公众也不足四分之一（图2-2）。

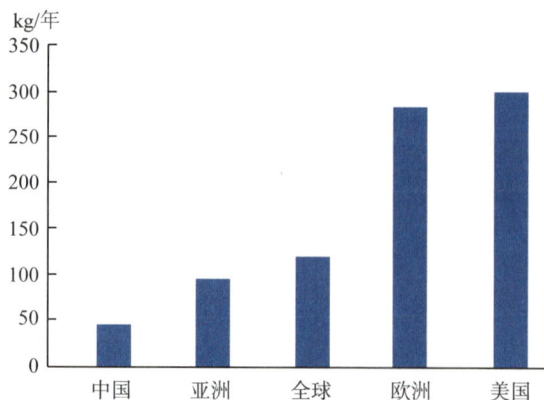

图2-2　各国家或区域人均乳制品年消费量

资料来源：尼尔森IQ

从奶类消费量看，随着人均GDP提高，奶类消费量呈现增长趋势（图2-3）。在人均GDP12 000～21 000美元这一经济阶段，美国、西班牙、日本人均奶类消费变化规律为人均GDP每增长1 000美元，奶类消费平均增加1.7kg，人均GDP21 000美元和人均GDP12 000美元时期相比，人均奶类消费分别增加了17.8kg、19.9kg、5.6kg。当前，我国人均奶类消费为同等经济阶段美国的17.3%、西班牙的25.8%，比日本消费水平低41.5%。2000年以后，我国居民奶类消费进入快速增长时期；2002—2008年，人均GDP每增加1 000美元，人均奶类消费平均增长4.7kg；2009—2022年，人均GDP每增加1 000美元，人均奶类消费平均增长1.7kg。根据在我国不同经济发展水平城市开展的调研显示，在人均GDP12 000～20 000美元这一阶段，明显的规律是随着人均GDP的增加，人均奶类消费逐步提高，人均GDP每增加1 000美元，人均奶类消费量平均增长1.1kg。综合来看，随着人均GDP的提高，未来我国人均奶类消费量仍然会提高，但消费增速将呈现出下降的趋势。

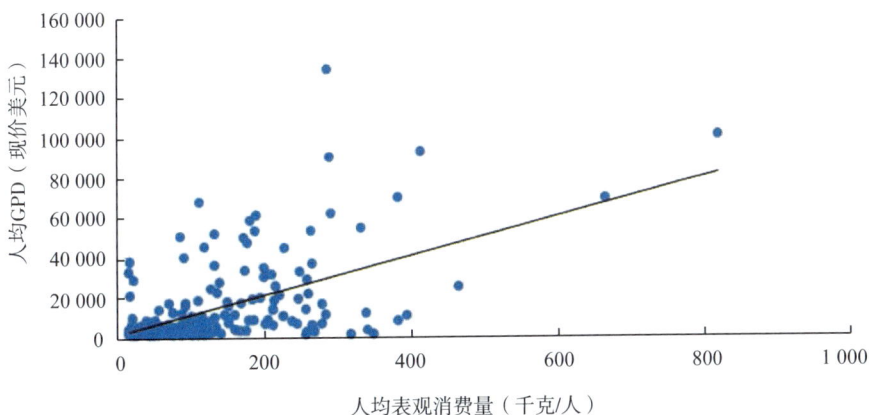

图2-3　全球185个国家居民奶类消费量随人均GDP变化情况

数据来源：FAO、世界银行数据

从奶类消费结构看，我国液态奶消费长期占主导地位，干乳制品消费占比不断提高。随着经济发展和居民收入水平的提高，我国奶类消费结构发生明显变化，虽然液态奶消费仍长期占主导地位，但其比重不断下降。液态奶从1995年的94.9%大幅下降至2022年的77.4%，下降了20.6个百分点；与之相反，干乳制品消费占比提高至22.6%，比1995年提高了21.5个百分点，特别是2008年之后，干乳制品消费占比以年均12.3%的增速保持快速增长（图2-4）。2022年，我国液态奶消费量4 585.2万t，折合人均液态奶消费量32.5kg，与上一年相比提高2.8%；奶酪和黄油属于消费升级型干乳制品，中国人均奶酪、奶油消费量分别为1.0kg、0.8kg，在奶类消费中分别占2.5%、1.9%；奶粉约占消费比重的13.9%。从国际一般规律来看，干乳制品、功能性乳制品、低温乳制品、特色奶产品等细分品类将成为我国奶产品未来发展的重点方向，并呈现出健康化、多元化、高端化等发展趋势，以不断满足人民日益增长的消费需求。

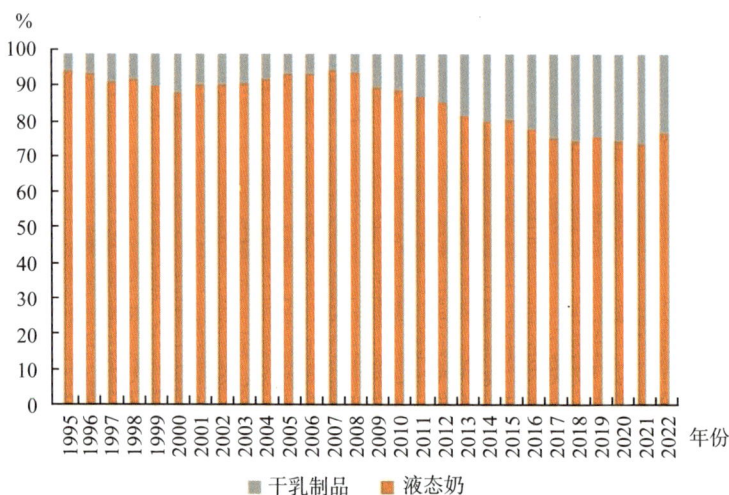

图2-4　1995—2022年奶类中液态奶与干乳制品消费占比变化

数据来源：农业农村部食物与营养发展研究所

进出口：乳制品进口量先升后降，进口依赖减少或为长期趋势。我国自2008年后乳制品进口量增速大幅增长，2008—2018年年均增长率达16.3%，后续因国内奶源建设逐步成熟、原奶供应比较充足、疫情冲击下短期乳制品消费需求减少、国际奶价上涨较快等原因，进口量增长偏缓。2023年我国共进口各类乳制品305.8万t，同比减少10.0%，这是自2015年以来中国乳制品进口总量连续第2年出现下降。未来伴随我国奶源建设的专业化、规模化程度提升，原奶供应质量持续提升，叠加国产品牌在干乳制品市场的快速发展，以及消费者对国产乳制品信心的逐渐恢复，乳制品进口依赖减少或将成为长期趋势。

综上，在我国经济增长的长期趋势未变的背景下，伴随国内经济与消费环境的稳步改善，居民可支配收入将持续修复，消费意愿将稳步提高，且随着居民营养健康意识增强、人均奶类消费提振和奶类结构升级，未来中国奶业消费市场仍有较大增长空间。

二、奶业科技创新亟待自立自强，数智化、绿色化发展方兴未艾

近年来，全球科技发展日新月异，新一轮科技和产业革命加速演进，国际科技和产业竞争日趋激烈，科技创新成为大国博弈焦点，在国际政治经济格局深刻变革背景下，我国必须加快实现高水平科技自立自强。当前，我国奶业发展在优质种源、原料基料、核心设备等环节仍面临着核心技术"卡脖子"的困境，奶业科技创新亟待实现自立自强。同时，应把握数智化、绿色化发展大势，推动奶业在数字技术、绿色技术等领域融合创新，加快孕育奶业数智化发展新动能，形成奶业绿色低碳发展新范式。

（一）国际科技竞争日趋激烈，奶业科技创新亟待实现自立自强

1. 国际科技和产业竞争日趋激烈

新一轮科技革命和产业变革带来重大历史机遇。当前，新一轮科技革命和产业变革加速演进，新质生产力的形成正以指数级速度展开，主要源于多个层面的高度融合为生产力质变赋能。在科技方面，主导技术方向更多、结构更为复杂，新一代信息技术、生物技术和新能源技术等同步取得多点突破，不同学科之间、技术之间交叉融合不断迸发颠覆性创新热点，为新质生产力形成提供更多动力源。在产业方面，新兴技术特别是数字技术驱动的创新打破了传统产业的边界，产业间耦合协同更加紧密，兼具制造和服务性质的新模式和新业态层出不穷，为新质生产力形成提供更丰富的路径。在组织上，具有更强创新要素与产业资源集聚力和整合力的"平台型企业"出现，重新定义了供给与需求、生产者与消费者之间的关系，为生产力要素重新组合提供更高能级载体[①]。同时，新一轮科技革命和产业变革速度更快，在国家间扩散的周期变短，科技和产业竞争与规则竞争同步，技术标准和治理等方面的规则之争成为

---

① 苏楠.抓住新一轮科技革命和产业变革机遇加速形成新质生产力[J].区域经济评论，2024（2）：29-31.

体系化竞争的焦点，谁掌握了规则制定的主动权和主导权，谁就掌握了生产力进步的方向，进而形成塑造新质生产力的竞争优势。加强前沿领域创新的顶层设计和前瞻布局，加快提升基础研究和原始创新能力，有助于我国抢抓新一轮科技革命和产业变革机遇，在新时代的国际合作和竞争中塑造新优势、开辟新赛道。

我国高水平科技自立自强面临挑战。世界大国间科技博弈烈度的上升，导致某些科技领域开始体系分化。美国以"国家安全"等名义，加大对华战略围堵力度，对我国高技术企业和中美科技交流持续予以打压和限制，出台《芯片与科学法案》《出口管理条例》等一系列新的围堵和封锁措施，不断升级高技术出口管制措施，将多家中国实体列入各类制裁清单，竭力将中企高技术产品排除出其市场，对华出口管制措施呈现全面化、基础化、系统化。中国科技产业供应链和核心技术方面实现本土化、国产化以及自主可控已经成为了必然趋势。美国的科技打压在短期内会给中国科技创新增加障碍，但也促进了全社会加快凝聚创新共识，激发了更多企业的自主创新动力，加快了产业转型升级的步伐，在中长期增强中国技术和产品的竞争优势。展望未来，中国科技与经济安全更迫切地需要科学技术的强大支撑，更需要加快以科技创新提升产业链供应链韧性和安全水平。

2. 奶业科技创新亟待实现自立自强

科技创新是奶业新质生产力发展的关键动力，从"一棵草到一杯奶"，科技创新贯穿奶业全产业链。经过多年的发展，我国奶业科技创新已经取得了长足的进步，在数字化、智能化、产品创新、包装、设备等方面成绩斐然。但是对标国际奶业发达国家，我国奶业还存在优质种源依赖进口、原料基料国产化率低、核心设备技术自主率低等短板，仍面临着核心技术"卡脖子"的发展困境。

种业发展基础较弱，奶牛核心种源严重依赖进口。种业振兴是奶业振兴的基础和关键。我国奶业虽溯源历史悠久，但真正作为产业发展历程不长，其种业发展基础比较薄弱。总体而言，目前我国以奶牛冻精为代表的核心种质资源对外依存度超过70%，奶牛优质种源自给率过低，缺乏科技创新能力。具体来说，主要是现代育种体系建设不完善，育种基础性工作相对薄弱，优质种子母牛群体规模小，关键技术和产品缺乏自主创新，良种高效扩繁产业化程度低，遗传物质产品市场竞争力差，种畜健康监测和记录不完整等。

乳制品深加工总体滞后，原料基料研发能力不足。对标奶业发达国家，特别是美国、荷兰等乳制品产业发达国家，都特别注重乳品的深加工，积极研究深加工的技术、品类和配料等，深度开发乳品除基本营养之外的活性功能成分。对标国际发展水平和国内实际需求，目前我国乳品深加工和配料研发明显不足。乳品深加工产品核心配料缺乏，产品同质化严重，缺乏有核心竞争力的拳头产品。干酪、黄油、乳蛋白以及各类功能性蛋白等高附加值产品主要依赖进口，乳品功能特性不能满足企业生产和消费者个性化需求，基础研究不足，缺乏拥有自主知识产权的核心产品和拳头产品。

核心设备技术自主率低，距国际先进水平差距较大。目前我国乳品加工领域设备对外依存度高，核心技术体系尚未形成。国内乳品主要技术设备基本从国外进口，据不完全统计，进口量约占80%，对外依存度极高，国内设备市场份额甚少。国内装备距国际先进水平差距较大，国产设备在这一领域竞争力不足，模仿痕迹重，拿来主义导致创新水平低，难以形成系统的核心技术体系，且国外进口设备价格高，拉高了终端产品的价格，从而降低了国内产品的综合竞争力①。

在全球科技竞争日趋激烈、我国加快推进高水平科技自立自强的背景下，奶业科技创新亟待突破薄弱环节，提升基础研究能力，在育种、深加工、核心设备等环节着力提升科技自主水平，突破核心技术"卡脖子"的困境，保障我国奶业产业链供应链安全。同时，要积极抢抓新一轮科技和产业革命机遇，推动数字技术、生物技术、绿色技术等领域跨界融合，加快构建有助于新质生产力形成的自主研发技术支撑。

（二）数字经济孕育发展新动能，奶业数智化发展是大势所趋

1. 数字技术为全球发展提供了新动力

2019年暴发的新冠疫情阻碍了物理空间中的人员流动和物流运输，但也推动了数字技术为各类要素赋能，加速了各行业的数字化转型。2022年，世界80亿人口中有约53亿人（占世界人口的66%）使用互联网，比2021年增加4亿人，明显高于新冠疫情前的水平，新冠疫情客观上加快了全球数字化进程

---

① 毕美家，刘亚清，王加启，等.中国奶业高质量发展战略研究报告[J].中国奶牛，2023（11）：1-15.

（图 2-5）。首先，数字化提高了生产端的效率和韧性。数字化技术推动了生产流程的自动化和智能化，全球工业自动化和控制系统市场规模预计在 2030 年达到 3 772.5 亿美元，2023—2030 年的复合年增长率预计将达到 10.5%。数字化技术加速了全球产业链分工的深化，产业组织由传统的以链式结构为主演变为多主体协同的开放式分工合作网络。其次，数字化加速催生消费新模式。新冠大流行培育了居民"无接触"消费的习惯，加快了全球零售商和消费品企业的新零售布局。更多企业依托电子商务和数字支付技术精准触达并获取消费者。2017—2021 年，全球网上购物人数从约 13 亿增至 23 亿，占 15 岁及以上人口的 39%。消费互联网和工业互联网平台的对接，还提高了从消费端到生产端的匹配效率。再次，物流数字化提高现实世界的互联互通性。各国企业加快采用数字技术优化物流供应链，形成了更加安全和高效的智能化物流体系。企业以人工智能和云计算等技术为基础，通过无人车、无人机、无人货柜等技术设施，提升配送速度和仓储效能，加快了从供给端到需求端的经济循环速度。当前，新一轮数字技术创新有较大的发展潜力，据有关机构预测，到2026 年全球数字化转型支出将达到 34 万亿美元，未来几年复合年增长率将达16% 以上。2022 年以来，ChatGPT 等通用预训练模型应用工具的问世，使得人工智能技术的发展前景更受世人瞩目。作为一种通用的技术，人工智能将提高既有产业的效率，并有望创设新产业、新赛道，是全球未来增长的重要潜在动力。

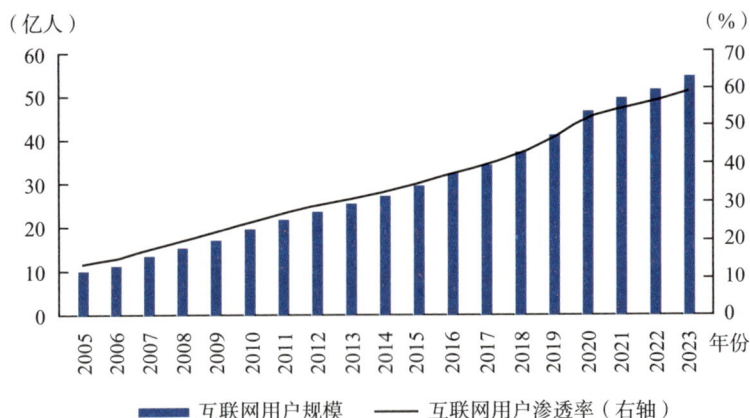

图 2-5　2005—2023 年全球互联网用户情况

资料来源：国际电信联盟

2. 数字经济成为拉动我国经济增长的重要力量

党的十八大以来，我国政府高度重视发展数字经济，推动数字经济逐渐上升为国家战略。党的二十大报告明确指出，加快发展数字经济，促进数字经济和实体经济深度融合，打造具有国际竞争力的数字产业集群。数字经济已成为推进中国式现代化的重要驱动力量，连续6年写入政府工作报告。目前，我国在数字化应用场景、网民规模和数据资源等方面已处于全球领先地位，且不断扩大的内需市场为数字经济的发展提供了强大的支撑。2023年，我国数字经济规模达到56.1万亿元，数字经济占GDP比重达到44.5%，数字经济规模稳居全球第二位，仅次于美国。其中，数字产业化规模与产业数字化规模分别达到11.2万亿元和44.9万亿元，数字经济的二八比例结构较为稳定，产业数字化主导地位持续巩固，成为数字经济发展的主引擎（图2-6）。但是，我国数字经济仍存在大而不强、快而不优等问题，突出表现在传统产业数字化发展相对较慢、关键领域创新能力不足、数字鸿沟亟待弥合、数字经济治理体系还需完善等方面。

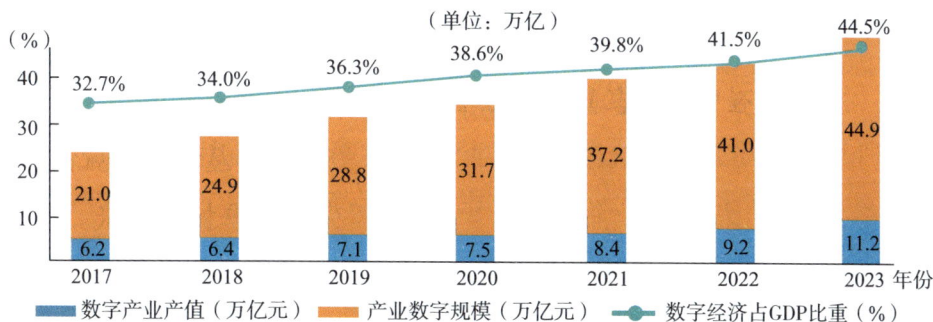

图2-6 2017—2023年中国数字经济规模与占GDP比重

资料来源：中国信息通信研究院，亿欧智库

3. 奶业数智化发展是大势所趋

国家大力推进奶业数字化发展。2018年，《国务院办公厅关于推进奶业振兴保障乳品质量安全的意见》中提出推广应用奶牛场物联网和智能化设施设备，提升奶牛养殖机械化、信息化、智能化水平。2019年，农业农村部和中央网信办发布的《数字农业农村发展规划》中提出，建设数字养殖牧场，推进畜禽圈舍通风温控、空气过滤、环境感知等设备智能化改造。2020年，《国务院办公厅关于促进畜牧业高质量发展的意见》中提出，加强大数据、人工智能、云计算、物联网、移动互联网等技术在畜牧行业的应用。提高圈舍环境、精准饲喂、动物疾病检测、畜禽产品追溯等智能化水平。2022年，农业农村部《"十四五"奶业竞争力提升行动方案》中要求推动物联网、大数据技术的智能统计分析软件终端在奶牛养殖中的应用，实现养殖管理数字化、智能化，建设智慧牧场。

我国奶业全产业链数字化转型成效显著。在国家政策的引导下，在产业需求的牵引下，中国奶业在饲料、育种、养殖、加工、销售等环节加快数字化、智能化转型，通过数字化技术对奶业产业模式进行升级，以数据驱动精细化生产、管理及决策，降低奶业成本，提升核心竞争力。在饲料环节，2020年我国保有青饲料收获机5.63万台，牧草收获机22.85万台，为饲草全程机械化收割奠定基础。除此以外，采用近红外光谱等技术对饲草成分进行快速检测，建立了中国饲料数据库，为饲料营养价值评定提供数据支撑。在繁育环节，2012年就建成了中国奶牛品种登记数据库，已累计登记超过180万头，同年，中国荷斯坦奶牛育种数据网络平台上线，参测奶牛突破100万头。2017年发布的《中国荷斯坦牛体型鉴定技术规程》，累计鉴定奶牛超过40万头。2020年中国荷斯坦牛基因组选择技术平台建立并开始应用，基因组选择参考群体规模超1.4万头。上述信息基础设施为奶牛育种提供了数据支撑。在养殖环节，从奶牛的精准饲喂到环境监控以及奶牛个体的健康监测和疾病诊断方面，数字化技术均发挥了重要的作用。例如利用接触式或者是植入式方式监测奶牛体温来检测奶牛发情，利用项圈来监测奶牛进食的信息，利用近红外设备来完成乳成分的实时检测。在加工环节，龙头乳企单点环节数字化程度较高，但数字信息链接薄弱，全流程数字化仍在建设早期。在营销环节，以线下分销渠道供应为主，直销渠道为辅，线上渠道增长趋势明显，但经销商管理系统、线下直销门店管理系统效率不高，线上电商平台种类众多，数据孤岛现象显著，存在触点分散，数据无法交互，信息不可控等问题。当前，中国奶业数字化发展过程中还存在一系列问题，奶业产业链各环节数字化发展不平衡、数据孤岛问题显著、核心装备自主化程度偏低、关键核心技术受制于人、专业数字化人才队伍缺口大，奶业数字化、智能化发展仍有很长的路要走[1]。

数字化转型是奶业发展的必然趋势。数字化是奶业未来发展的关键，加

---

[1] 中荷奶业发展中心.中国奶业数字化发展现状及未来趋势展望[R]. 2020.

速推进奶业数字化转型，是抢抓新一轮科技革命和产业变革机遇的必然选择，也是发展奶业新质生产力的必由之路。通过数字化转型，奶业企业的生产方式、组织模式和管理方式将被深度重构。传统的乳制品快消行业销量波动频繁、保鲜要求度高、产线供给复杂、物流网络庞大，奶业企业利用数字技术进行升级整合和优化上下游环节，可使全产业链运营更轻便、更智能，实现在技术赋能下由传统快消生产到数字效率型生产流通和新零售的质变。另一方面，通过大数据可以洞察消费者的新需求、新趋势，实时关注来自不同地区、不同年龄、不同圈层人群对产品的反馈评价，进而整理和分析出消费者的需求特征以及产品未来的研发方向，以及品质管控要点、成本控制的关键点等要素，优化产品和服务品质，在生产、流通、服务等环节实现降本增效，让更多的消费者在数字化转型中享受便利。

（三）实现"双碳"目标任重道远，奶业亟待融入绿色低碳话语体系

1. 全球气候变化挑战严峻

全球二氧化碳排放量呈上升态势。全球二氧化碳排放量从2015年的409.4亿t增至2019年的416.4亿t。2020年受新冠疫情影响，全球二氧化碳排放量下降5.6%，为第二次世界大战结束以来最大降幅（图2-7）。2021年全球二氧化碳排放量再次攀升，达到410.6亿t。其中，2015年以来土地利用变更导致的二氧化碳排放量显著下降，而化石燃料产生的二氧化碳排放量却在明显增加，在总排放量中的比重从86.8%增至90.4%。全球层面应对气候变化已成为广泛共识，要实现《巴黎协定》2℃的温控目标仍面临巨大挑战。据测算，如果要将全球平均气温较前工业化时期上升幅度控制在2℃之内，2030年全球二氧化碳排放量比2010年减少约25%。而根据《联合国气候变化框架公约》缔约方通报的国家自主贡献、目标和承诺，从现在至2030年，全球二氧化碳排放量将增加近14%，可见减排任务之艰巨。近年来，气候变化的不利影响日益显现。气候变化引发的极端天气气候事件频率增高、强度增大，包括极端高温、强降水、干旱和火灾等，对生态系统、人类居住区和基础设施产生了广泛的影响。2015—2022年是人类有记录以来温度最高的8年，冰川融化和海平面上升在2022年再次达到了创纪录的水平。2022年，非洲的持续干旱、巴基斯坦的破纪录降雨等影响了发展中国家的数千万人并造成了数十亿美元的损失，推高了粮食安全风险。为避免全球气候变暖对环境产生不可逆的影响，以更大的力

度加快全球发展的绿色低碳转型势在必行。

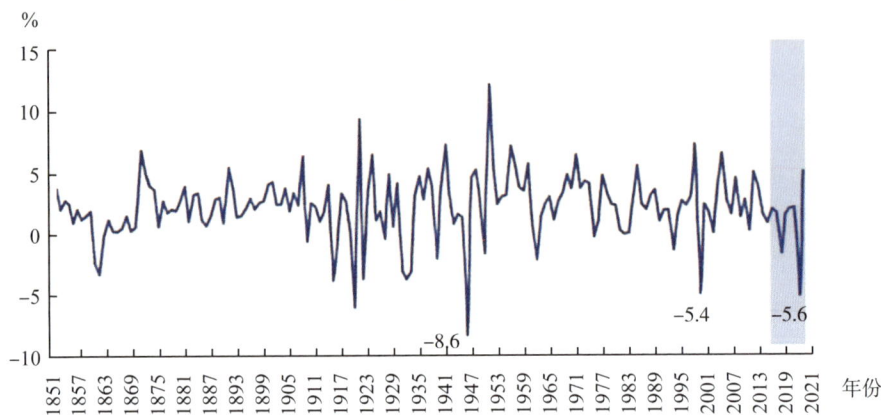

注：色块部分折线走势体现了2030年可持续发展议程通过后全球二氧化碳排放量增速的变化情况。

图2-7　1851—2021年全球二氧化碳排放量增速

资料来源：用数据看世界网站，中国国际发展知识中心

2. 我国实现"双碳"目标任重道远

2020年9月22日，第七十五届联合国大会一般性辩论上，习近平主席郑重宣布："中国二氧化碳排放力争于2030年前达到峰值，努力争取2060年前实现碳中和。"为落实碳达峰和碳中和目标，我国将应对气候变化作为国家战略，纳入生态文明建设整体布局和经济社会发展全局，构建实施碳达峰碳中和"1+N"政策体系，明确了碳达峰碳中和时间表和路线图。欧美国家从碳达峰到碳中和一般有50～70年过渡期，而中国只给自己设定30年的期限。中国在实现现代化的进程中，要同步实现碳达峰碳中和，这在人类历史上前所未有。当前，中国正处于工业化中后期，产业结构偏重、能源结构偏煤、资源效率偏低的结构性局限仍明显，生态环境质量持续改善的基础不牢固，推动减污降碳协同增效触及的矛盾和问题也更深更多。与此同时，虽然中国在降低碳排放方面付出艰苦努力并作出了巨大贡献，但国际社会仍然期待中国承担更多碳减排责任，一些发达国家在全球舆论和国际气候谈判中要求中国提前达峰并加快管控甲烷等温室气体排放，我国实现"双碳"目标任重道远。

3. 奶业亟待融入绿色低碳话语体系

奶业面临绿色低碳发展新挑战。奶业融合了第一、二、三产业，涉及畜

牧业、生产加工、终端消费、回收利用等领域，绿色发展贯穿全链条。在"双碳"目标驱动下，中国奶业在进行产业链升级的同时也面临实现绿色可持续发展的崭新挑战。联合国气候变化大会（COP27）首次设置了"农食系统馆"，COP27还特别呼吁在2030年前减少包括甲烷在内的非二氧化碳温室气体排放。农业是甲烷排放的第二大来源，仅次于能源行业。其中，畜牧业占比约六成，减少农业领域包括甲烷在内的非二氧化碳温室气体排放成为推进应对气候变化进程中不可或缺的环节。根据贝恩公司《探索中国乳业低碳可持续转型之路报告》，从全球的角度，乳业整体排放温室气体仅占全球总排放的2.7%左右，但其在农业的范畴内不容小觑。经测算，中国乳业温室气体年排放量在6千万t到7千万t，约占我国畜牧业总排放的20%，农业总排放的10%，其中乳业约九成的排放来自牧场端（如奶牛养殖、饲料种植）见图2-8。同时，奶业发展面临气候变化、自然资源退化等生态风险的挑战，这些风险将会带来潜在经济损失、扰乱奶业供应链。2023年7月份，联合国世界气象组织（WMO）宣布热带太平洋七年来首次出现厄尔尼诺现象，推动包括我国在内的多地区出现高温、干旱等灾害，上述地区农业生产和水资源受到影响，也影响玉米生产和青贮质量，推动饲料原料价格维持较高点位。近年来，以伊利为代表的中国乳业领军企业表示将积极响应国家2030年碳达峰和2060年碳中和承诺，并在此基础上，结合自身情况，制定全面或阶段性的分步骤碳中和战略或净零路线图。

国家政策对奶业绿色低碳发展提出新要求。结合当前发展趋势，我国政府正在从生产端和消费端对奶业发展提出新要求。生产端方面，我国在过去几年出台了一系列的政策和措施促进农业特别是和奶业息息相关的畜牧业绿色低碳发展。2022年6月，国家发展和改革委员会、农业农村部在《农业农村减排固碳实施方案》中明确提出畜牧业减排降碳等六大重点任务，提出到2025年农业农村减排固碳与粮食安全、乡村振兴、农业农村现代化统筹融合的格局基本形成，农业农村绿色低碳发展取得积极成效。2022年10月，新修订的畜牧法提出从促进畜牧业高质量发展、做好畜禽粪污无害化处理、促进草畜平衡等方面，加强畜牧业绿色发展等一系列具体措施和规定。消费端方面，国家及地方层面正在不断推进绿色低碳消费新发展。2022年1月，国家发展改革委等部门印发《促进绿色消费实施方案》，提出"在消费各领域全周期全链条全体系深度融入绿色理念，全面促进消费绿色低碳转型升级"的目标。党的二十大报告中明确指出，要倡导绿色消费，推动形成绿色低碳的生产方式和生活方式。

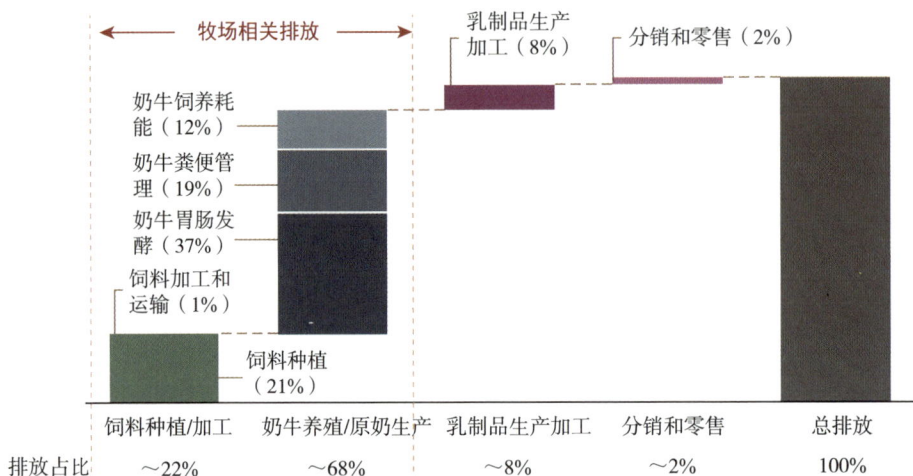

图2-8　奶业产业链各环节温室气体排放占比

资料来源：贝恩公司《探索中国乳业低碳可持续转型之路报告》

三、奶业消费市场和消费空间拓展

当前，人口老龄化和新型城镇化是我国社会发展的重要趋势。一方面，我国正面临着快速的人口老龄化进程，老年人口规模庞大，老龄化社会将不断衍生出新的消费需求。另一方面，我国正加快推进以人为本的新型城镇化，随着城镇化水平的进一步提升、县域人口承载力的增强以及农业转移人口市民化质量的提升，将进一步释放城镇消费潜力、拓展消费空间。人口老龄化和新型城镇化进程为奶业发展带来新的机遇，将推动奶业消费市场的拓展、消费结构的优化、消费区域的延伸。

（一）全球人口老龄化持续加剧，奶业生产消费机遇与挑战并存

1. 全球人口老龄化加剧、人均预期寿命提高

当前，全球人口大爆发期正在临近尾声，人口从高增长转为低增长，部分国家老龄化、少子化、不婚化突出，人口周期正出现大转折，人口因素逐渐从慢变量变成快变量。联合国报告显示，2021年全球65岁及以上人口为7.61

亿，到2050年这一数字将增加到16亿，80岁及以上人口增长速度更快。全球生育率已从20世纪中叶的平均每个妇女生育5个孩子降至2021年的2.3个，预计到2050年将降至2.1的人口世代更替率的临界点。绝大多数发达国家的人口生育率已经下降多年，包括非洲和拉丁美洲在内的不少发展中国家和地区也开始出现出生率下降的趋势。21世纪以来全球在人均预期寿命方面取得显著进展，2022年全球人口平均预期寿命达到71.71岁，比1990年提升7.72岁，预计到2100年有望升至82.06岁。发达国家平均预期寿命整体上明显高于发展中国家和最不发达国家。

2. 中国人口呈总量下降、少子化、老龄化、劳动年龄人口减少趋势

中国人口总量已进入峰值期，在较长时间内将保持下降趋势。2022年末，中国总人口比上年末减少了85万人，是1961年以来首次负增长。近12年内，中国先后出现了劳动年龄人口达峰和人口总量达峰两个重大转折点。总和生育率是影响人口总量趋势的关键变量，近几年中国总和生育率保持在略高于1的水平，2022年为1.075，低于理论上2.1的世代更替水平。多数研究机构预测，未来一段时间中国总和生育率将保持在1～1.5的水平，预计未来较长时间内中国人口总量将保持下降趋势。与此同时，中国人口年龄结构呈现少子化、老龄化、劳动年龄人口减少的趋势。2022年中国0～14岁、15～64岁、65岁及以上三组人口的比例为17∶68∶15，考虑到生育率下降和人均寿命延长，未来少儿和劳动年龄人口的占比可能继续下降（图2-9）。2023年中国65岁及以上老年人口占比为15.4%，按照国际标准已进入中度老龄化社会，预计到2030年将升至20.3%，基本达到重度老龄化社会。由于人口基数大，中国老年人口规模也是前所未有。2023年中国65岁及以上人口规模2.2亿，约占全球老年人口的26.8%。尤其是1962—1975年第二次人口生育高峰期出生的3亿人将陆续变为老年人，中国将出现全球最大的老年人群体。2010—2022年我国15～64岁的劳动年龄人口规模从10亿降至9.6亿，占比从74.5%降至68.1%，预计到2050年降至58%左右。中国劳动年龄人口比例及规模分别在2010、2013年见顶，随后进入快速下滑阶段[1]。

---

① 国务院发展研究中心.中国发展报告2023[M].北京：中国发展出版社，2023，12.

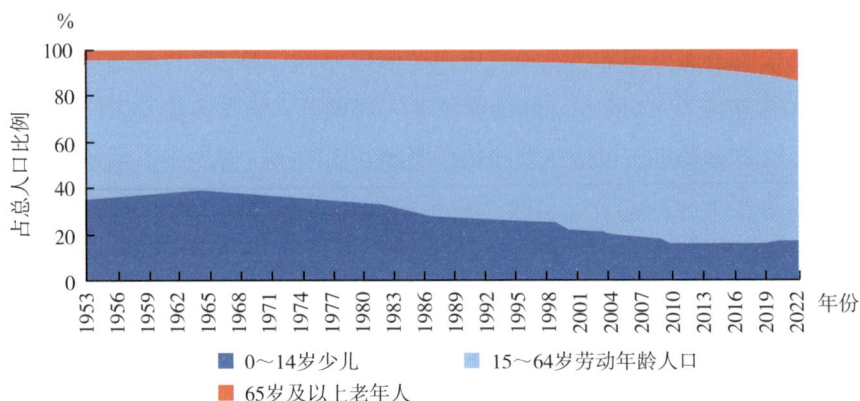

图2-9 中国少儿、劳动年龄人口、老年人占比

资料来源：国家统计局

3. 人口老龄化将为奶业带来新的发展机遇

我国人口总量和结构的变化对奶业生产端和消费端都产生了深远的影响。

生产端：奶业生产面临劳动人口减少的挑战。我国劳动年龄人口数量正逐年减少，随着劳动力供给总量持续下降，人口数量红利将逐步减弱，劳动力成本将大幅上升。这一趋势对劳动密集型行业的影响尤为严重，特别是在制造业中，劳动力短缺已成为普遍现象。奶业整体属于劳动密集型产业，也将面临劳动力短缺和劳动力成本上升的挑战，亟待通过数字化等手段提高生产效率。

消费端：人口老龄化将带来新的发展机遇。从人口数量来看，我国人口正呈现下降趋势，人口减少对中国牛奶消费有一定影响。虽然我国人口数量未来呈现负增长趋势，但是由于我国人口基数庞大，且我国人均乳制品的消费量仅是发达国家和地区的三分之一，我国乳制品仍然存在巨大的消费增长空间。从年龄结构来看，目前我国已进入中度老龄化社会，预计到2030年将进入重度老龄化社会，且老年人口规模将非常庞大，老年人口对牛奶的消费需求增加。《中国居民膳食指南（2022）》中建议，中老年人群每人每天饮300～400g鲜牛奶或相当量蛋白质的乳制品。持续适量的乳制品摄入可以降低成年人代谢综合征、心血管疾病、2型糖尿病等慢性病的发病风险，还可提高认知水平、降低衰弱和肌肉减少症的风险。乳制品对老年人的健康有一定的保健作用，在老龄化人口社会中，奶业将迎来新的发展机遇。

（二）我国新型城镇化潜力较大，将拓展奶业城乡区域消费空间

1. 我国新型城镇化仍有较大潜力

我国城镇化潜力有待进一步释放。一是我国城镇化率将继续提高，但速度放缓。2022年中国常住人口城镇化率达到65.2%，与发达国家80%左右的水平相比（美国为83.1%、日本为92.0%、英国为84.4%、法国为81.5%、德国为77.6%），中国常住人口城镇化率仍然偏低，在农业规模化经营和农民工市民化的推动下，4.9亿乡村常住人口中的部分人口还将继续向城市转移，城镇化进程还未结束，但是城镇化速度将逐步放缓，农民工规模也已接近峰值。二是人口持续向城市群、都市圈和中心城市聚集。2010—2020年，大城市常住人口增加了24.4%，四大城市群增加了14.9%，未来人口将延续向高密度、高生产率地区迁移的趋势。三是不同地区城镇化水平不均衡。东部省份城镇化率明显高于西部，第七次全国人口普查数据显示，城镇化率最高的5个省份依次是上海、北京、天津、广东和江苏，分别是89.3%、87.5%、84.7%、74.1%和73.4%。城镇化率最低的5个省份依次是西藏、云南、甘肃、贵州和广西，分别是35.7%、50.1%、52.2%、53.2%和54.2%。四是户籍人口城镇化率与常住人口城镇化率不匹配，城镇化质量较低。2022年我国户籍人口城镇化率比常住人口城镇化率低17.5个百分点，我国在推动常住人口市民化方面存在很大的发展空间，这将是未来激发内需潜力的重要领域。

我国加快推进以人为本的新型城镇化。各国数据表明，高水平的城镇化与高人均收入是正相关的。提高城镇化率有助于缩小城乡发展差距和提高居民生活水平，从而促进消费和释放内需。中国县域覆盖了近一半人口，占全国城镇常住人口约30%。2022年5月，中共中央办公厅、国务院办公厅印发《关于推进以县城为重要载体的城镇化建设的意见》，明确以县城为重要载体城镇化建设目标，提出以县域为基本单元推进城乡融合发展的工作要求。以县城为重要载体加快新型城镇化建设，将县城打造成为人口和服务的集聚地，将有利于激发县城的消费和投资潜力。以人为本的新型城镇化是提振内需和推动经济发展的重要动力。2022年7月国务院批复同意的《"十四五"新型城镇化实施方案》强调坚持把推进农业转移人口市民化作为新型城镇化首要任务，提高农业转移人口市民化质量。随着深入推进以人为本的新型城镇化，城镇居民增多，尤其是新生代农民的市民化，将带动住房、医疗、教育、交通、娱乐等消费需

求的全面增长，显著提升消费规模。2022年，我国新增城镇人口646万，按城乡人均消费支出差额计算，直接带来889亿元的消费增量。

乡村消费升级具较大潜力。我国大力实施乡村振兴战略，农民收入和生活水平明显提高，城乡居民生活水平和消费水平差距持续缩小，2022年，农村居民人均可支配收入增速比城镇居民高2.3个百分点，城乡居民人均可支配收入比值为2.45，城乡居民人均消费支出比值为1.83（图2-10）。2022年，乡村人均消费性支出5年复合年均增长率为8.71%，近十年来始终高于城镇增速水平（2022年为4.45%），乡村消费升级具有较大潜力。随着乡村消费快速崛起，乡镇和村两级消费市场的容量持续扩大，已占我国消费市场总体的38%。2014年以来，我国乡村消费市场的平均增速快于城镇近1.2个百分点，2021年我国乡村消费品零售额达5.9万亿元，比上年增长12.1%。未来10年乡村社会消费品零售总额有条件保持年均7%左右的增速，在2030年有望达到10万亿元。当前，农村基本实现了公路"村村通"，基本实现具备条件的乡镇和建制村100%通客车，现有行政村已全面实现"村村通宽带"，广大农村接入数字经济时代的"信息大动脉"，为城乡融合提供坚实支撑。

图2-10　城乡居民人均可支配收入和消费支出情况

资料来源：万得

2. 新型城镇化将拓展奶业城乡区域消费空间

新型城镇化建设将缩小城乡发展差距、提升居民消费水平，县乡镇等下沉市场的奶类渗透率提升和结构升级仍有望持续，已有多家奶业销售平台型公司战略重点纷纷转入下沉市场，奶业城乡区域消费市场将不断优化。

一、二线城市奶业消费仍有提升空间。当前，人口持续向城市群、都市圈和中心城市聚集，北上广深等超一线城市常住人口基本饱和，多呈人口净流出态势，一、二线城市有望在新型城镇化建设中承接产业转型、人才回流的发展机遇。伴随着以人为本的新型城镇化建设加快推进，城镇人口增加，农业转移人口市民化质量提高，将有效提升城镇消费规模、带来消费增量，对奶业消费有较好的拉动作用。

县城和乡村有望带来奶业消费的增量空间。随着居民收入水平的逐年提升，以及基础设施的不断完善，县乡镇居民的生活方式与一、二线城市逐步趋同，广大县乡镇市场成为2023年国内快消品市场增长热点。其中，拥有2.5亿人口，占全国城镇常住人口近30%的县城及县级市城区，是目前乳品市场增量的重要贡献者（图2-11）。凯度消费者调研数据显示，报告期内，县城及县级市城区购买常温液态乳品的家庭户数，较上年增长了2.6%。随着乡村振兴战略的大力实施，农民收入和生活水平明显提高，占据我国消费市场38%的乡镇和村两级消费市场持续扩容，且乡村人均奶类消费量远低于城镇水平，奶业乡村消费未来具有较大增长潜力。

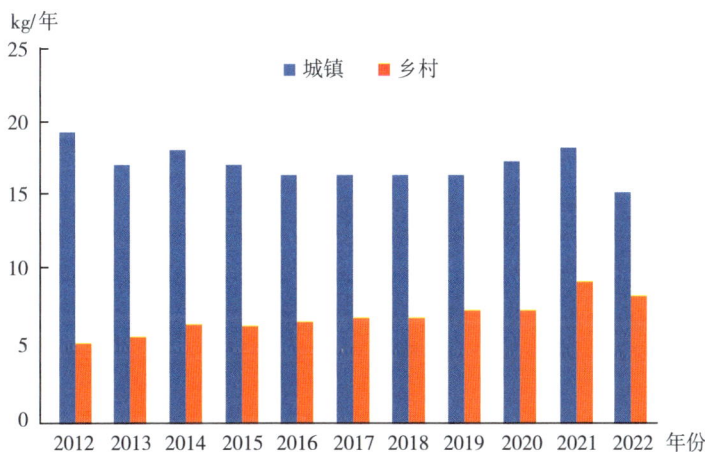

图2-11　城镇和乡村人均奶类年消费量

资料来源：中国农业信息网，联储证券研究院

奶类消费的区域结构存在优化空间。2022年北京人均年奶类消费22kg，是最低海南4.5kg的四倍有余。由于包装工艺与加工技术的进步，奶类消费运输半径和供应范围不断扩大，目前人均差异较大主要是地区经济发展水平和奶类消费习惯培育程度差异所致。具体区域市场来看，潜力省份可分为三梯队。

第一梯队：经济发展水平较高、奶类消费不足的省份，如福建、江苏、天津、浙江、广东，有望在乳企为主导的营销影响下，逐步培养乳制品消费习惯，对应高端白奶和奶酪黄油类市场可能迎来扩容。第二梯队：经济发展与奶类消费水平都相对偏低的省份，如湖南、云南、贵州、广西、海南，有望在双提振基础上实现奶类消费量价双升，对应常温白奶和常温酸奶的渗透率提升。第三梯队：经济发展略欠缺、饮奶习惯较好的省份，有望受区域经济发展提振，乳制品市场持续消费升级，对应低温鲜奶、酸奶市场有较快增速[①]（图2-12）。

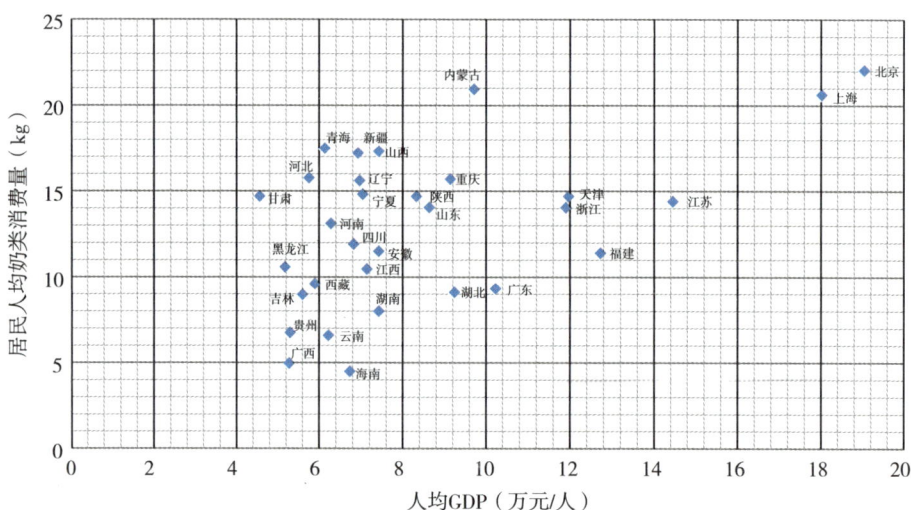

图2-12　各地区人均GDP和人均奶类消费量矩阵图

资料来源：国家统计局，联储证券研究院

四、奶业粮食安全问题有待改善，乳品营养健康功能需求持续增长

当前，供应链受阻、地区冲突、极端天气等多重因素加剧全球粮食不安全状况，中国粮食安全的结构性矛盾突出。奶业作为典型的"粮头食尾"全链条行业，仍面临饲料依赖进口、奶源自给率不高等粮食安全问题。营养是粮食安全重要的组成部分，随着我国居民健康饮食意识提高，营养健康已成为食品饮料赛道最具活力的增长关键词，乳品为消费者提供了健康优质的营养来源，

---

① 联储证券.乳制品行业深度：筑基已成，潜力犹存[R].（2024-05-28）[2024-05-28].

且高品质功能性乳品的需求日趋旺盛，未来奶业营养健康功能创新发展潜力较大。

（一）中国粮食结构性矛盾依然突出，奶业粮食安全面临挑战

1. 全球中度或重度粮食不安全率持续攀升

2015—2022年，全球粮食产量从25.9亿t增至27.9亿t，年均增速超过同期人口增速，但这一积极趋势并未阻止全球特别是部分发展中国家的粮食安全问题恶化。非洲地区中度或重度粮食不安全率尤为高企，2021年近60%的人口处于中度或重度粮食不安全状态。拉美地区和加勒比地区这一比重也高于全球平均水平，2021年有超过40%的人口处于中度或重度粮食不安全状态。就绝对数量而言，处于中度或重度粮食不安全状态的人口主要集中在非洲和亚洲地区，2021年全球处于粮食不安全状态的人口数量超过23亿，其中非洲近8亿人，亚洲超过11.5亿人（图2-13）。供应链受阻等多重因素加剧全球粮食不安全状况。新冠疫情暴发后，粮食供应链先后受到防疫封控、需求下降、价格上升的冲击，同时地区冲突加剧、化肥等农资价格上升、极端天气频发、国际金融市场动荡等因素也给粮食的生产、贸易和消费等带来负面影响，危及粮食安全。全球气候变暖导致农业生产力增速放缓，对人们的生计和粮食安全产生严重负面影响。在全球气候变化风险日益加大的背景下，全球粮食安全问题将更加凸显[1]。

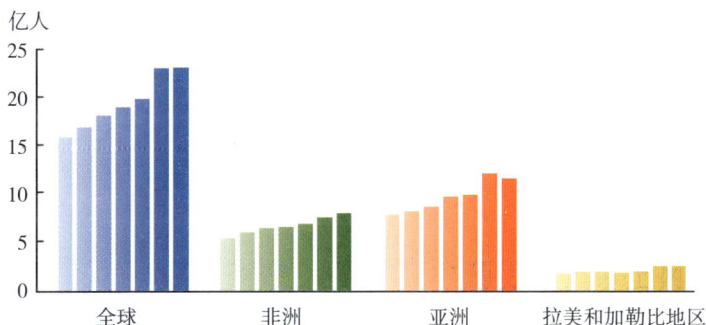

注：同色系条状色块从左至右分别对应2015—2021年。

图2-13　2015—2021年中度或重度粮食不安全人口数量

资料来源：联合国粮食及农业组织统计数据库

---

[1]　中国国际发展知识中心.《全球发展报告2023处在历史十字路口的全球发展》.

2. 中国粮食的结构性矛盾依然突出

截止到2023年，我国粮食生产已经实现了十九连丰，总产量连续8年保持在0.65万亿kg以上；口粮自给率在100%以上，谷物自给率在95%以上，人均粮食占有量大概480kg，高于国际公认的400kg粮食安全线，做到了谷物基本自给、口粮绝对安全。但是从2004年开始，中国农产品对外贸易从此前的净出口国转而成为净进口国，特别是2009年以后，农产品贸易逆差持续扩大，到2020年，农产品贸易逆差扩大到947.7亿美元，"大进小出"已成常态。根据海关总署公布的数据，2022年中国进口粮食14 687万t，出口粮食322万t（其中稻谷及大米219万t），净进口14 365万t。2022年中国进口的粮食品种，单单是大豆就超过了9 000万t；其次是玉米，超过2 000万t；第三是高粱，超过1 000万t。大豆是我国粮食第一大进口品种，2022年占粮食进口比重63.6%，主要用于榨油和提供豆粕饲料。中国进口粮食的原因：一是因为中国粮食的品种结构性矛盾依然突出，谷物虽然保持较高自给水平，稻谷连续多年产大于需，口粮在数量上已经得到保障，但是玉米出现产需缺口，大豆自给率不足20%；二是因为中国城乡居民粮食消费水平大幅度提高，对优质粮食需求持续增加，而国内优质粮食供给不足。

3. 我国奶业饲料依赖进口、奶源自给率仍不高

奶业作为典型的"粮头食尾"全链条行业，关系千家万户的民生，是维护国家粮食安全的重要组成部分。当前奶业发展仍然面临着饲料依赖进口、奶源自给率不高等问题，在保障奶业领域粮食安全方面提升空间较大。

我国奶业面临饲料供给不足和价格居高不下双重因素影响。虽然国家高度强调大食物安全和多元食物供给，我国粮饲结构调整依然缓慢，饲料粮长期供给不足，饲料粮短缺和价格居高不下问题较为严峻，奶牛养殖成本难以下降。近几年，国内饲料成本持续上涨，2020年和2021年玉米均价分别同比上涨了12.0%和26.0%。中国饲用蛋白原料供给更是主要依赖进口，进口依存度超过80%。作为饲用蛋白主要来源的大豆净进口占总需求的比重自2000年开始就不断上升，从40%增长到目前的接近80%。2022年年末，中国玉米和豆粕价格与2019年年末相比分别上涨45.9%和55.0%。2022年，在俄乌冲突的背景下，国内长期供给不足与国际市场不确定性上升叠加进一步加大了中国饲料粮供给不足和价格上涨的风险。2019年以来饲料成本在原料奶生产成本中的占比仍有较大上升。根据国际牧场联盟（IFCN）的国际调查数

据，2021年饲料成本在中国养殖场原料奶生产成本中的占比达到71.5%，与2019年相比上升了8.5个百分点。而且，中国原料奶生产成本中饲料成本占比大幅高于其他奶业发达国家，比美国、德国、新西兰等国的同期占比分别高出约20～40个百分点（图2-14）。这也是造成国内外奶业成本差异的主要原因。

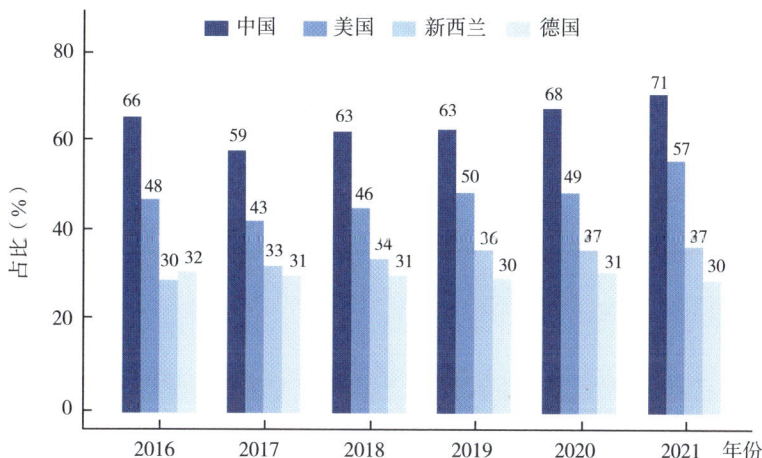

图2-14 中国与主要国家原料奶成本中饲料成本占比

资料来源：中国社会科学院农村发展研究所

我国奶源自给率仍不高，奶源供给不足仍是现实问题。供应稳定、质量优良的奶源是乳企发展的基石，国内乳企都在努力加大对奶源的掌控，在全国乃至全球范围内进行奶源整合。由于产出增长、进口下降，按表观消费量计算的2022年我国奶源自给率实现自2016年以来的首次回升，达到66.5%，同比上升4.9个百分点（图2-15）。2022年奶源自给率上升一方面是由于需求萎缩抑制了进口增长，另一方面是"内松外紧"的市场环境下国内外奶业竞争力差距的缩小，但整体而言，我国奶源自给率仍不高。2021年12月14日，农业农村部印发《"十四五"全国畜牧兽医行业发展规划》，提出到2025年奶源自给率达到70%以上。实际上，这一目标早在2018年就已经提出，但是直到现在也没有达到要求，可见我国奶源供给不足仍是现实问题[1]。

---

[1] 刘长全，张鸣鸣.2022年中国奶业经济形势回顾及2023年展望[J].中国畜牧杂志，2023，59（3）：307-315.

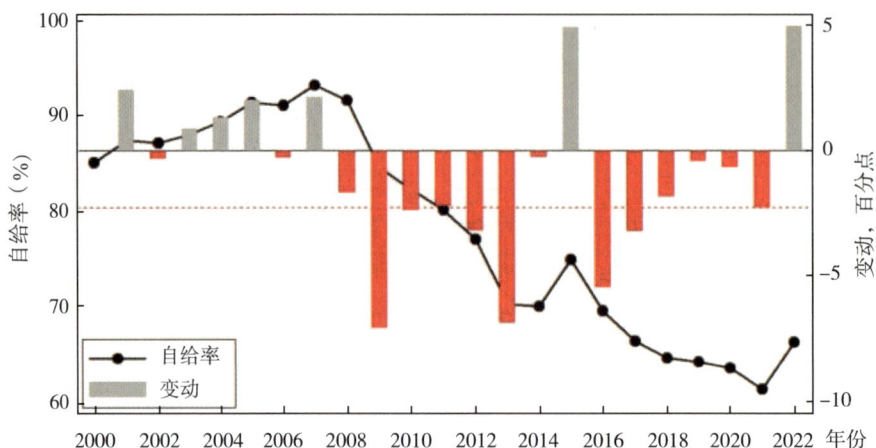

图 2-15　2000—2022 年中国奶源自给率变化

资料来源：中国社会科学院农村发展研究所

（二）营养健康食品发展潜力较大，功能性乳品需求呈增长态势

1. 全球营养不足发生率回升

2030 年可持续发展议程通过后，全球营养不足发生率略有下降，但在新冠疫情暴发后回升至 2020 年的 9.3% 和 2021 年的 9.8%。非洲和亚洲是营养不足最为集中的地区。2015 年以来，非洲营养不足发生率和营养不足人口数量均在持续上升，并且这一态势因新冠疫情的暴发和大流行而进一步恶化。2021 年，非洲营养不足人口达 2.78 亿人，意味着每 5 个人中就有 1 人营养不足。虽然亚洲地区营养不足发生率远低于非洲，但其 2021 年营养不足人口数量却高于非洲达 4.25 亿（图 2-16）。世界卫生组织（WHO）数据显示，全球近三分之一的人患有某种形式的营养不良，包括营养不足、微量营养素缺乏，以及超重和肥胖等。《2023 年世界粮食安全和营养状况》报告显示，世界各地民众获取健康膳食的能力出现减弱，2021 年全球超过 31 亿人无力负担健康膳食，比例高达 42%，总人数较 2019 年增加 1.34 亿。其中，包括相对较多妇女和生活在农村地区的人，新冠疫情大流行带来人们可支配收入减少、健康饮食成本上涨及通货膨胀，使数十亿人无法获得负担得起的健康饮食。

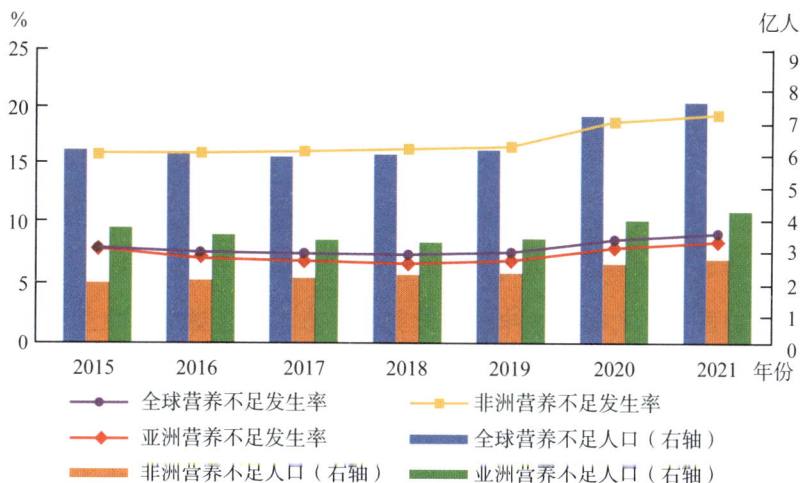

图2-16　2015—2021年营养不足发生率及营养不足人口

资料来源：联合国粮食及农业组织统计数据库

2. 中国营养健康食品赛道具有较大发展潜力

慢病是威胁国民健康的头号危险因素，而膳食不均衡是慢病及健康困扰的首要原因之一。社会压力的剧增、不良的饮食生活方式等，让年轻人群过早面临健康问题成为一种日益普遍的现象，肥胖、糖尿病、心血管疾病等慢性疾病在年轻人群越来越高发。随着人口老龄化的不断加剧，中国老年人口比例不断增加，但老年人膳食与营养问题尚未引起足够重视。老年人群常因口味偏好、咀嚼困难、食欲减退等因素导致饮食单调、营养不良，严重影响身体健康和生活质量。国家卫生健康委《2023年中国居民健康素养监测情况》显示，中国居民健康素养由2016年的11.58%提升至2023年的29.70%，居民健康饮食意识提高，营养与健康食品成为核心健康干预手段，营养健康已成为当下中国食品饮料赛道最具活力的增长关键词，推动营养健康食品市场规模保持持续增长，2022年中国保健功能食品市场规模约为2 221亿元，功能性食品市场规模约为3 664亿元，预计在2027年整体突破8 000亿元（图2-17）。除功能性食品、保健食品之外，以天然有机、低糖、低脂、高蛋白等概念为主的健康食品在近年来也保持高速增长的态势，为营养健康食品赛道带来更多可观的想象空间。

图2-17　中国功能性食品、保健食品行业规模（亿元）

资料来源：抖音商城《2024食品营养健康趋势报告》

3.高品质功能性乳品需求呈增长态势

乳及乳制品营养丰富，含有蛋白质、脂肪、乳糖、钙、维生素 B_2、维生素D等20多种营养素，包含人体所需的大多数营养物质，长期以来被认为是平衡膳食的重要组成部分，并被纳入全球食品膳食指南中。我国传统膳食模式奶的消费少、占比低，严重影响了膳食营养平衡。我国居民钙摄入不足超过95%，18～59岁成年人维生素 B_2 摄入不足的人口比例超过85%，乳制品中含有 β-乳球蛋白、免疫球蛋白、乳铁蛋白等多种活性蛋白成分，以及发酵乳中的益生菌等，多喝奶可以很好缓解这些问题。已有研究表明，乳制品能够降低心血管疾病、肥胖等慢性病的风险，乳铁蛋白具有促成骨活性的作用，母乳低聚糖具有促进肠道健康的作用，多不饱和脂肪酸有益于婴幼儿生长发育，miRNA能够促进器官发育及免疫调节。可见，乳品为消费者提供了健康、优质的营养来源。

长期来看，随着国民健康意识的不断增强，消费者对天然营养、有机、功能性等高品质乳品的需求呈增长态势。根据《2022中国奶商指数报告》调查显示，82.2%的公众认可喝奶能提升免疫力，80.4%的公众认可喝奶有助于预防骨质疏松，73.7%的公众认可喝奶能补充能量。当前，消费者对乳制品的功能需求主要集中在健康方面，其中激活和提升免疫力、促进骨骼和关节健康以及促进肠胃健康位列前三，同时也新增了体重管理、控三高、保护视力、增强记忆力等更多消费需求（图2-18）。尼尔森与星图第三方市场调研数据显示，2023年纯奶品类的市场零售额较上年保持增长态势，其中，有机纯奶市场零售额较上年增长了13.5%；以乳基功能营养品为代表的成人奶粉市场零售额较上年增长约4.7%。可见，营养健康是奶业创新的重要方向，这是顺应居民膳食结构优化的现实需求，更是改善国民营养健康的迫切要求。

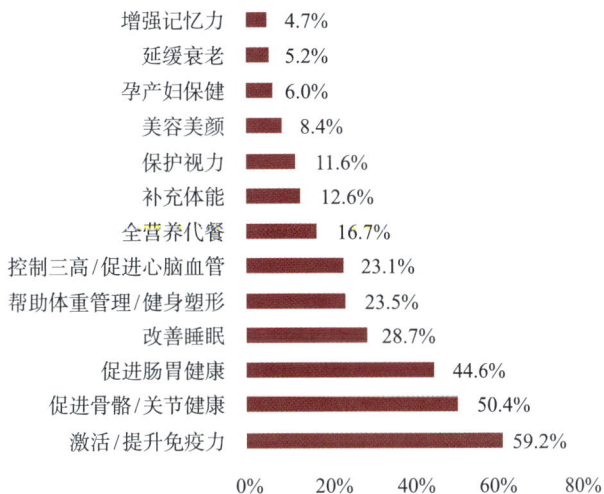

图2-18 2022年消费者对乳制品的功能需求

功能需求	占比
增强记忆力	4.7%
延缓衰老	5.2%
孕产妇保健	6.0%
美容美颜	8.4%
保护视力	11.6%
补充体能	12.6%
全营养代餐	16.7%
控制三高/促进心脑血管	23.1%
帮助体重管理/健身塑形	23.5%
改善睡眠	28.7%
促进肠胃健康	44.6%
促进骨骼/关节健康	50.4%
激活/提升免疫力	59.2%

资料来源：《2022中国奶商指数报告》

第三章

回顾与内省：梳理发展脉络，洞察行业发展境况

中国奶业历史十分悠久，但长期以来仅有少数游牧民族具有奶制品饮食习惯，直到西方殖民者的入侵将奶牛带入国内，我国才在非民族地区开始出现奶牛养殖和奶制品生产。在新中国成立前，我国奶业发展极其缓慢，随着新中国的成立我国奶业才开始步入发展正轨，纵观新中国成立以来我国奶业的不同发展阶段，可以说中国奶业史是一部充满动荡与曲折的发展历史。以史明鉴，方能开创未来，通过梳理我国奶业发展历史脉络，进一步分析我国奶业发展现状及存在的问题，旨在为未来中国奶业发展新质生产力指明方向。

一、中国奶业发展历程

（一）中国奶业缓慢恢复期（1949—1957年）

新中国成立之初，我国面临百业待兴的局面。1949年至1952年是国家国民经济恢复期，也是中国奶业奠基发展期。新中国的奶业基础很薄弱，1949年全国仅产牛奶20万t[①]，仅有12万头奶牛及少量奶山羊，还拥有一些零星散落各地的简陋乳品加工厂和为数不多的奶业专家及畜牧兽医技术人员，在仅有的12万头奶牛中，有纯种荷斯坦牛2万余头和一些杂交改良后的奶牛，这些奶牛主要分布在沿海和沿铁大中城市，剩余大多数为血统复杂的杂种奶牛，主要分

[①]　刘秀娟. 中国奶业竞争力影响因素及提升策略研究[M]. 北京：中国农业科学技术出版社，2022：20.

布在东北、内蒙古、新疆、青海等牧区，当时全国为数不多的奶牛场大部分被个体、私营和少数外商经营，奶牛养殖条件和牛奶加工水平十分落后，此时的中国奶业生产呈现出以散弱小私营经济为主的发展格局①。

⬇

专栏3-1　新中国成立初期中国主要城市的奶牛养殖情况

据《中国奶业史》通史卷记载：

1949年，上海市存栏奶牛有4 880头，其中成年奶牛3 026头，年总产奶量6 050t，全市共有饲养奶牛单位64家；北京市只有私人开办的养牛场和个体奶牛养殖户60多家，仅有大小奶牛1 500头，年产奶2 000t，年人均占有牛奶不到1kg。

重庆市解放前夕，全市有大、小奶牛场102个，奶牛共1 599头，其中公营及机关牛场19个，奶牛360头；私营牛场83个，奶牛1 239头。规模较大的有重庆奶牛场、南岸奶牛场和心心奶牛场等，这三家奶牛场有奶牛100头至395头，均为私营。

新中国成立初期，天津市有奶牛养殖场90个，奶牛811头。

1948年济南市解放时，全市共有奶牛255头，日产牛奶720kg。

西安市解放时，全市只有奶牛220头。

其他如南京拥有531头、武汉525头、大连335头、昆明834头等。

在中国奶业奠基发展期，全国各地政府积极鼓励和扶持个体私营发展畜牧养殖业，其中东北地区作为全国最早解放的地区，也是最早着手奶业发展的地区，东北地区党政机关针对奶牛业发展颁布了一系列保护和促进政策，如在奶牛集中产区设立乳制品厂，根据市场物价动态调整奶价，引入良种公牛，加强兽医防治，这些积极有力的措施促进了东北地区奶业的发展②。到1952年，黑龙江省的奶牛达到12 000多头③，其主要分布在一些大型城镇，如哈尔滨、

---

① 刘成果.中国奶业史.通史卷[M].北京：中国农业出版社，2013：177.
② 刘成果.中国奶业史.通史卷[M].北京：中国农业出版社，2013：177-178.
③ 黑龙江省人委会关于加强牛奶生产和奶粉管理工作的通知.哈尔滨市档案馆.XD208-2-327.

安达、肇东、杜尔伯特、肇源、齐齐哈尔、富裕、讷河、瑷珲、双城、阿城、尚志、牡丹江、鸡西、佳木斯等15个市县[1]。除东北地区外，北京、山东、西安、重庆等地也积极推动奶业发展，如北京市成立了新中国初期最大的牛奶公司——中国福康畜殖股份有限公司，该公司拥有奶牛98头，并配置了较为先进的牛奶消毒、运销设备，1951年该公司向中国人民银行北京分行申请贷款7亿元（时币），前往哈尔滨、海拉尔、齐齐哈尔等地购买奶牛60头，用于扩大奶业生产[2]。山东省政府于1951年由省工业厅投资15万元，用于购买东北奶牛和建设新牛舍[3]。西安市在此时期先后由政府投资从东北、济南、青岛、重庆、陕北等地区购入或拨入奶牛100余头，建立国营和公私合营奶牛场[4]。重庆市在奶牛品种选育工作中，为解决当时最为突出的良种公牛短缺问题，政府投资建立国营奶牛配种站，并从外省市调集或购买优良种公畜，推行人工授精，以扩大种公畜的利用[5]。此时期的中国奶业得到了迅速发展，一方面离不开各地政府对奶业发展的大力支持，另一方面当时社会需求的大量增长和抗美援朝对军需奶产品的大量增加，也刺激了当时中国乳制品行业的发展。

1953年，中国政府颁布《第一个国民经济发展五年计划》，公布《关于发展农业生产合作社的决议》，中国奶业在1953年至1957年开始步入奶业合作化和公私合营发展阶段。1953年2月，随着《关于农业生产互助合作的决议》正式生效，中国奶牛养殖业开始推动建设多种形式的互助合作组织，如根据广州市1949年至1953年农业生产统计资料，1953年广州市饲养奶牛1 696头，郊区农牧业有常年互助组100个，季节互助组152个[6]；又如重庆市的小牛场采取自愿原则下合并经营，组织互助合作生产小组，或进一步组织生产合作社[7]。1954年起，中国农业合作化运动步入快速发展阶段，全国各地掀起合作化运动高潮。北京市有1 081家私营奶牛场、4 098头奶牛、2 548名从业人员参加了合作社，仅有35家奶牛户未参加合作社[8]，北京

① 奶牛生产情况.黑龙江省档案馆.101-01-167.
② 中国福康畜殖股份有限公司调查报告.北京市档案馆.048-001-00031.
③ 济南畜牧公司的发展简史济南市档案馆.169-1-59.
④ 西安市奶牛调查研究报告.西安市档案馆.164-64-3.
⑤ 奶牛管理（部分）.重庆市档案馆.1122-002-00184.
⑥ 1949—1953年农业生产统计资料.广州市档案馆.202-47.
⑦ 重庆市建设局关于私营牛奶场管理意见（征求意见稿）.重庆市档案馆.1019-002-00307.
⑧ 关于北京市牛奶业社会主义改造情况的调查报告.北京市档案馆.033-001-00072.

市在1956年基本完成奶牛生产集体化改造。1955年冬至1956年春，黑龙江省农业合作化运动高涨，全省共组建44个奶牛社，黑龙江省的奶牛所有制在此阶段发生重大变化，当时全省共有奶牛28 505头，其中国营农牧场奶牛6 036头、农业社集体所有奶牛8 060头、国营福利型农牧场奶牛14 409头，比例分别为21.2%、28.3%、50.5%①。1955年底，西安市对于离城较远，靠近郊区的奶畜场分别组织参加到农业社，对于家场不分、资金较少、家属多为辅助劳动的，组织了14个奶业合作社②。1956年，上海郊区农村奶农全部加入合作社，全部成为集体奶牛场，此时全国各地情况与上海市基本一致，按照中央要求部署，到1956年底，全国奶业私营户、单干户实现全行业合作化③。

1954年9月，随着《公私合营工业企业暂行条例》颁布，中国奶业工商领域开始全面推动公私合营改造。北京市作为全国首都成为公私合营的楷模，北京市以1954年成立的全市最大奶牛场"公私合营北京东郊畜牧场"为核心，吸引全市其他中大型养牛户入场，打造成为全市奶业社会主义改造模范企业，到1956年底，该牧场有奶牛2 240头，并配有乳品冷藏设备、自动饮水机、饲料加工粉碎机等生产设备，全年生产牛奶2 250t，其中商品奶1 930t④。上海市改造路径更为便捷，1955年下半年，上海地方工业局将上海牛乳场交给上海市农业局管理，农业局对牛乳场进行撤销，成立地方国营上海牛奶公司，统领全市国营奶业和公私合营奶业，上海市以最快速度、最短时间，完成奶业社会主义改造⑤。1955年，重庆市组建公私合营"重庆市乳品公司"，成立董事会，公私双方共同参加经营管理，并建立工人代表参加公司管理等制度⑥。1956年底，全国奶业工商领域的公私合营改造工作完成。随着对全国奶业全行业的社会主义改造全部完成，国家开始按照《第一个国民经济发展五年计划》中对奶业发展的计划积极推进，其中效果最为显著的是1957年优良种公牛调拨计划，通过该计划对全国的优良种公牛的空间布局进行优化（表3-1）。截至1957年全国奶牛存栏量15.98万头，奶类总产量28.71万t，牛奶产量25.34万t，比新

---

① ⑤ 刘成果.中国奶业史.通史卷[M].北京：中国农业出版社，2013：193.
② 西安市奶畜业是怎样改造的？西安市档案馆.65-84.
③ 刘成果.中国奶业史.通史卷[M].北京：中国农业出版社，2013：193.
④ 北京公私合营东郊畜牧场概况.北京市档案馆.092-001-00076.
⑥ 重庆市乳品公司公私合营工作的请示函.重庆市档案馆.1106-003-00242.

中国成立时分别增长33.17%、32.3%、26.7%。全国有大小乳品企业70余家，乳制品产量1.3万t，是1952年的20.8倍。

表3-1　1957年优良种公牛调拨计划

调给的单位	调拨的种公牛					备考
	品种	头数	月龄	场订单价（元）	调出单位	
江苏省农业厅	荷兰	5	4～12	306～656	本省自产调出	本省共产128头，除自留9头外，其他都调给外省，其中杂种公牛57头介绍给他省按需要洽购，有剩余时本省自行处理
	爱尔夏	1	4～12	306～656	本省自产调出	
	更赛	1	4～12	306～656	本省自产调出	
	娟姗	1	4～12	306～656	本省自产调出	
	短角	1	4～12	306～656	本省自产调出	
内蒙古自治区畜牧厅	滨州	370	12～24	200～400	本区自产自调	本区共产滨州奶公牛1 198头，自留370头，尚余828头，除调给他省152头外，所余676头希在本区内自行推广
	短角	8	—	—	本区自产自调	
	荷兰	4	—	—	本区自产自调	
	荷兰短角杂种	3	—	—	本区自产自调	
	荷兰或雅斯拉夫	55	6～9	460～640	上海市农业局	
北京市农林水利局	荷兰	10	—	—	本市自产自调	本市共产100头，除自留10头外，荷兰牛调出30头。荷兰杂种60头介他省按需要洽购，剩余时自行处理
山西省农业厅	杂种	39	—	—	本省自产自调	
山东省农业厅	杂种	20	—	—	本省自产自调	
	荷兰	6	—	—	本省自产自调	
	娟姗	4	4～12	306～656	江苏省农业厅	
	荷兰	3	4～12	306～656	江苏省农业厅	
辽宁省农业厅	荷兰	40	—	—	本省自产自调	本省共产荷兰牛60头，除自留40头外，据农垦部意见调给盘锦农场20头
	杂种	229	—	—	本省自产自调	
	短角	5	16～18	1 000～3 500	察北牧场	
河南省农业厅	荷兰	2	6～9	460～640	上海市农业局	

（续）

调给的单位	调拨的种公牛					备考
	品种	头数	月龄	场订单价（元）	调出单位	
甘肃省畜牧厅	滨州	20	12～24	200～400	内蒙古畜牧厅	选购时需注意检查牛肺疫
	荷兰或科斯特罗门	20	6～9	460～640	上海市农业局	
青海省畜牧厅	荷兰或科斯特罗门	10	6～9	460～640	上海市农业局	
	杂种	8	—	—	本省自产自调	
陕西省农业厅	滨州	2	12～24	200～400	内蒙古畜牧厅	选购时需注意检查牛肺疫
	科斯特罗门	2	6～9	460～640	上海市农业局	
河北省农业厅	短角	5	16～18	1 000～3 500	察北牧场	如不足可向察北牧场洽购撑短角杂种牛
四川省农业厅	荷兰	10	6～9	460～640	上海市农业局	
江西省农业厅	荷兰	10	6～9	460～640	上海市农业局	如不足需要可向江苏省洽购高产杂种公牛
	荷兰	4	4～12	306～656	江苏省农业厅	
	爱尔夏	7	4～12	306～656	江苏省农业厅	
	更赛	5	4～12	306～656	江苏省农业厅	
广东省农业厅	荷兰与爱尔夏	20	6～9	460～640	上海市农业局	
广西省农业厅	荷兰与爱尔夏	15	6～9	460～640	上海市农业局	
安徽省农业厅	荷兰与爱尔夏	20	6～9	460～640	上海市农业局	选购时需注意检查牛肺疫
	滨州	130	12～24	200～400	内蒙古畜牧厅	
福建省农业厅	荷兰	10	4～12	306～656	江苏省农业厅	如不足需要可向江苏省洽购高产杂种公牛
贵州省农业厅	荷兰	6	6～9	460～640	上海市农业局	如不足可向湖南省购纯种及杂种公牛
云南省农业厅	短角	4	4～12	306～656	江苏省农业厅	如不足需要可向江苏省洽购高产杂种公牛
	荷兰	15	4～12	306～656	江苏省农业厅	
芦台农场	荷兰	2	—	—	北京市农林水利局	

（续）

调给的单位	调拨的种公牛					备考
	品种	头数	月龄	场订单价（元）	调出单位	
辽宁省盘锦地区农垦局	荷兰	10	—	—	辽宁省农业厅	
甘肃黄洋河农场	荷兰	1	16～18	500～3 000	察北牧场	
甘肃灵武农场	荷兰	1	16～18	500～3 000	察北牧场	
甘肃前进机械化第一农场	荷兰	1	16～18	500～3 000	察北牧场	
西藏昌都地区解放委员会	短脚	2	16～18	500～3 000	察北牧场	
西藏筹委会畜牧处	滨州	2	—	—	黑龙江省国营农产管理厅	希由红色草原牧场调出
共计		1 149				

资料来源：1957年优良种公牛调拨计划，上海市档案馆。

（二）中国奶业徘徊前进期（1958—1977年）

1958年，中国政府开始实施国民经济发展的第二个五年计划，这一年中国奶业得到国家领导高度重视，毛泽东主席、周恩来总理对时任农垦部部长王震提出要"抓好牛奶生产、增加奶品供应，解决百姓，特别是孩子的喝奶问题"[1]。在此背景下，当年年初由国家农业部、轻工业部、第一、第二商业部联合在浙江瑞安县召开了"全国耕牛综合利用现场促进会"，本次会议旨在全国范围内推动耕牛挤奶，从会后的广东省、浙江省实践来看，这确实是缓解当时全国缺奶的有效措施，但随着后续三年困难时期到来，导致推行中止。此外，在1958年全国奶牛饲养纳入国家计划管理工作也逐渐开启，与之配套的奶业管理办法和制度也相继在各地实施，其中最完整系统的是北京奶牛管理制度，其涵盖畜牧场奶牛饲养管理制度、奶牛场防疫制度与兽医工作

---

① 刘成果.中国奶业史.通史卷[M].北京：中国农业出版社，2013：396.

制度、配种工作制度、配种操作制度、种公牛饲养管理规则、成年奶牛饲养管理规则、产牛饲养管理规则、犊牛饲养管理规则等[①]。其他地区针对奶业建章立制也做了积极探索，如山东省农业主管机关向多家奶业相关组织提出实现山东省农业发展规划目标[②]，上海市颁布《上海市牛奶公司1956—1957年上海市奶牛事业生产发展规划（草案）》，积极推广人工授精技术，建立牛籍卡制度，成立上海市奶牛科学研究所等。由此可见，在1958年中国奶业仍在正常发展态势中成长[③]。

1959年至1961年，中国经济进入三年困难时期，到1959年底中国农牧业经济指标出现大幅下降，但相较于农牧业的其他行业，奶业衰减程度相对较小。究其原因，一是因为当时牛奶属于一种特殊食品，受到国家一些政策照顾。以北京市为例，1959年北京市农村工作部向市委市政府提出《关于将国营农场组成的人民公社及近郊区人民公社过渡为全民所有制的请示报告》，报告旨在争取在较短时间内实现生产过程的机械化、电气化，迅速提高生产率[④]。并且在此时期国家还从受灾较轻地区调运奶牛支援城市，以保证城市维持基本乳品供应，由此可以看出中国奶业在困难时期不仅受到一些特别关照，还得到了广大农村地区支持，使其在灾害中所受影响相对较小。二是奶业处于经济链条下游，对上游生产要素短缺的反应会有一个滞后性，滞后期大约为1年。奶业制品是在1960年出现短缺，到1961下半年中央政府开始采取积极措施纠正过往决策，1962年开始农牧业经济指标开始恢复，对于奶业来说其困难时期只有2年。在困难时期，奶牛饲养量减少量相对较小，甚至有的地方还出现了增长，从表3-2中可以看出三个城市中除了上海市略有减少，其余并未出现明显降低，反而三年困难时期过去后出现下降，且到1963年仍未恢复到1959年水平。在困难时期，牛奶减产降幅却远大于奶牛降幅，如西安市1962年牛奶产量5.5t，比当年计划产量8t降低了30%，但当年奶牛数量仅减少不到10%[⑤]；上海市情况更甚，1961年牛奶产量为15 460t，比1959年25 440t减产了39%，直到1962年牛奶产量止跌，但产量只为1959年的70%左右，这些均是困难时

---

①③　刘成果.中国奶业史.通史卷[M].北京：中国农业出版社，2013.

②　关于培育纯种公牛的通知（58）农畜字78号.山东省档案馆.A119-02-1084.

④　北京市农村工作部关于将国营农场组成的人民公社及近郊区人民公社过渡为全民所有制，建立副食品生产基地的的请示报告.北京市档案馆.002-001-00105.

⑤　关于鲜奶产销情况和奶牛控制头数的报告.西安市档案馆.65-249.

期奶牛饲料供应和饲养水平下降所致①。在困难时期，乳制品供应受到牛奶产量影响也相应出现大幅下滑，1959年全国乳制品产量为18 360t，国家在制定1960年奶粉生产计划时已考虑灾害影响将产量降低为14 175t，但实际情况比计划生产仍低出很多；1960年1—5月全国仅收购奶粉1 166t，只完成前五个月收购量的30%。

表3-2　1959—1963年重点城市奶牛数量变化

单位：头

年度	哈尔滨市	西安市	上海市	合计
1959	9 175	2 088	19 300	30 563
1960	10 566	2 211	18 850	31 627
1961	10 798	2 036	18 400	31 234
1962	8 312	1 887	16 800	26 999
1963	8 177	2 197	16 600	26 974

资料来源：刘成果.中国奶业史.通史卷[M].北京：中国农业出版社，2013：219.

1962年至1965年，随着三年困难时期结束，中国奶业进入调整恢复阶段，主要从生产要素、经营主体、消费市场等领域开展恢复工作。从生产要素来看，一是增加饲料基地建设。因当时国营奶业占到全国奶业产量的90%，需大量饲料种植基地，但却只有全国10%的耕地，而集体奶业却与此相反，因此全国各地开启奶业饲料基地改革工作。如北京市制定《全市奶牛发展规划》，通过把郊区人民公社改制为国营农场的方式实现规划中所需0.67万公顷的饲料地；上海市采取与北京市相反做法，将国营农场进行迁郊改建并采取"就地下放"，将国营农场转为人民公社集体性质或郊区国营农场②。二是积极优化奶牛饲养技术。北京、上海、天津等地开始自行设计转盘挤奶台，北京市自制管道式挤奶台，并给部分牛场安装进口鱼骨式双列挤奶台③；上海市等制定饲养标准、改进授精技术④；农业部颁布《关于整顿和充实畜牧兽医站的指示》，国务

①　刘成果.中国奶业史.通史卷[M].北京：中国农业出版社，2013：219.
②　刘成果.中国奶业史.通史卷[M].北京：中国农业出版社，2013：222-223.
③　刘成果.中国奶业史.通史卷[M].北京：中国农业出版社，2013：117.
④　刘成果.中国奶业史.通史卷[M].北京：中国农业出版社，2013：223.

院发布《关于民间兽医工作的决定》等整顿畜牧兽医站①。三是建立奶牛育种科研机构。以北京为例，北京市农林局成立国营农场奶牛育种小组，制定选配种计划，并规定农场要有专人负责奶牛育种工作，还向市委请示专项外汇，用于购买优良荷兰种公牛②。

从经营主体来看，一是国营牛场得到快速恢复，全国形成了"国营为主、集体为辅"的奶业格局。从北京市1963年11月上报统计资料得知，当时全市共有奶牛国营农场27家，饲养奶牛总数19 364头，占全市奶牛饲养量的90.9%，当年产奶量3 118万kg，饲养超过100头的农场共有6家，其中南郊农场养殖规模最大，共饲养4 908头奶牛。二是大力支持农村集体、社员参与奶牛饲养工作。当时虽已形成国营为主的奶业格局，但只靠国营难以满足全国几亿人民的乳制品需求，为此1962年国家颁布《关于发展大牲畜的几项规定》，来鼓励和调度社会各层面加入奶牛饲养工作，当时奶牛饲养大区东北地区及广东、浙江等省份所做工作最为突出。如哈尔滨市1963年全市奶牛饲养量为8 177头，其中国营、集体机关、个人饲养量分别为1 317头、5 101头、1 759头（表3-3）③。

表3-3　哈尔滨市1957—1963年奶牛饲养数量

单位：头

年度	奶牛总数	国营	集体、机关	个体
1957	6 173	1 051	3 626	1 496
1958	7 494	1 749	5 622	123
1959	9 175	2 695	6 394	86
1960	10 566	2 451	7 699	416
1961	10 798	1 542	8 964	292
1962	8 312	1 118	6 443	751
1963	8 177	1 317	5 101	1 759

资料来源：关于哈尔滨市奶牛生产和牛奶产销的情况，哈尔滨档案馆。

从消费市场来看，1963年底全国各地牛奶市场出现从短缺到过剩的转变，牛奶过剩并不是因为人民群众不需要牛奶，而主要是因为当时牛奶只有通过奶

---

① 刘成果.中国奶业史.通史卷[M].北京：中国农业出版社，2013：45-46.
② 刘成果.中国奶业史.通史卷[M].北京：中国农业出版社，2013：224.
③ 关于哈尔滨市奶牛生产和牛奶产销的情况.哈尔滨档案馆.XD028-2-294.

票才可购买。以北京市为例，当时奶票仅供给北京户籍2岁以下儿童和拥有医院证明的病人。为此，全国各地开始通过实施降低牛奶价格，增加奶粉、黄油等奶制品种生产，扩大市场推销等措施来消化过剩牛奶。中国牛奶市场仅用两年多时间就从短缺转为过剩，这也一定程度上体现出以国营为主的奶业格局弊端。

1966年至1977年，奶业相关政府职能部门被撤销，如天津市农垦局被撤，农场和乳品公司被切割，奶业产业链条机制被彻底打破，中国奶业受到严重冲击。之后奶业开始缓慢恢复，表现最突出的是育种业。在1972年至1974年间，在农林部组织下全国相继成立了北方奶牛育种协作组、北方4省（自治区）草原红牛育种协作组、南方奶牛育种协作组，跨省育种工作得到大力推动。在1972年农林部召开奶牛育种和推广冷冻精液技术座谈会后，北京、上海相继成立种公牛站，大力推广奶牛冻精人工授精技术，这些工作将中国奶牛群体遗传水平第二次大幅度提高[1]。随着育种工作加强，各地相继注重奶牛养殖工作。以北京市为例，1972年相关部门规定每头成年母牛安排3 000m²专用饲料地，1973年提出到1974年奶牛饲养量提升至16 000头[2]，1974年提出建立机械化奶牛场试点[3]。每头成年奶牛必须有2 667～3 333m²饲料地[4]。通过北京市1976年牛奶生产计划[5]看出，1975年全市奶牛量增加7%，1976年全市奶牛量增加3%，增加幅度明显下降。

长期以来中国奶业以牛奶为主，但在此阶段，中国羊奶开始获得国家关注并得到支持与发展。1972年陕西省尝试进行羊奶加工，引起国务院关注；1973年时任副总理李先念提出要重视羊奶发展，不能让其生产下降；1975年邓小平同志亲自指示农业部、轻工业部、商业部在陕西抓奶羊点；同年底王震要求开展中国奶山羊资源调查研究，并积极探索奶山羊和山羊奶制品发展路径[6]。虽然此时羊奶发展才刚刚起步，但却表明中国奶业的发展版图开始朝着多元化迈进，这也为改革开放后的中国奶业打下一定基础。

---

①③　刘成果.中国奶业史.通史卷[M].北京：中国农业出版社，2013：236.

②　北京市农林局关于下达1974年商品奶和用粮计划的通知.北京市档案馆.092-003-00267.

④　北京市粮食局、农林局关于奶牛饲料地有关规定的通知.北京市档案馆.092-003-00267.

⑤　北京市农林局1976年牛奶生产计划.北京市档案馆.092-00-00421.

⑥　刘成果.中国奶业史.专史卷[M].北京：中国农业出版社，2013：390-391.

（三）中国奶业快速发展期（1978—2007年）

1978年，中国实行"改革开放"政策，中国奶业也随之步入改革后的快速发展和结构调整期。在改革开放初期，我国奶业主要围绕家庭承包饲养责任制进行改革。此时采取了两项重要政策，一是积极支持私人养牛，针对农村集体奶牛场开始实行社员承包饲养；二是允许国营农场实行多种形式的经济承包责任制，有的农场允许职工兴办"家庭牧场"[①]。家庭承包责任制彻底改变由传统"吃大锅饭"导致的效率低下现象，极大激发了人民群众的主观能动性，使全国的奶牛养殖生产积极性大幅提升。

到1984年，我国提出"社会主义经济是公有制基础上的有计划的商品经济"，中国奶业也开始步入改革第二阶段。这一阶段主要执行两项重大经济政策，即"放开"政策和"开放"政策。"放开"政策，第一是指放开乳品和饲料价格。这一政策是基于1984年国务院颁布的《关于进一步扩大国营工业企业自主权的暂行规定》中的相关规定，工业生产资料属于企业自销的和完成国家计划后的超产部分，一般在不高于或低于20%幅度内，企业有权自定价格，或由供需双方在规定幅度内协商定价；1985年国务院颁布的《关于进一步活跃农村经济的十项政策》中规定，除个别品种外，国家不再向农民下达农产品统购派购任务，农产品可自由上市、自由交易、随行就市、按质论价。鉴于此，中国奶业开始实行"调放结合、以放为主"的乳品价格形成机制，主要针对大部分饲料价格和部分乳品价格进行放开，出现一种乳品两种价格的现象，即当时所谓的物价改革过渡期的"双轨价格"。演化出乳制品四种奶价体系，即"平价料、平价奶""平价料、高价奶""高价料、平价奶""高价料、高价奶"，奶价的放开打破了之前统一计划的市场僵局，对奶业生产带来强大刺激作用。第二是指放开乳制品供应。改革开放前中国乳制品种类少，长期实行奶票制度，随着改革开放的推进，我国奶牛养殖业和乳制品加工业发展速度大幅提升，乳制品市场供给状况得到明显缓解，奶票制度也随之取消，1984年开始，北京、上海等城市开始逐步取消牛奶凭票供应制度，到20世纪80年代末，全国乳制品市场全面放开[②]。

"开放"政策，第一是指开放奶业国际合作。主要包括两大项目，分别

---

① 刘成果.中国奶业史.通史卷[M].北京：中国农业出版社，2013：258.

② 刘成果.中国奶业史.通史卷[M].北京：中国农业出版社，2013：261-262.

是世界粮食计划署援助中国六大城市的奶类发展项目（代号2647）、欧洲经济共同体援助中国20个城市奶类发展项目。第二是指开放奶业设备技术引入。中国奶业在此阶段引入多种国际先进设备与成套装备，如奶粉生产设备、甜炼乳生产设备等，且从1986年起农业部按照农牧业商品基地规划，每年安排1 500万元"拨改贷"专项资金，用于北京、上海等地奶牛场基础设施、良种繁育中心建设，并在北京进行计算机管理和机械化挤奶示范。得益于国际奶业合作项目的无偿援助，中国奶业建起奶源收集分发系统，新建34座和改扩建29座乳品加工厂，新建扩建19个饲料厂，建立起市县乡三级技术服务网络，成立"全国奶业发展基金"，这些国际合作项目极大的促进了我国奶业发展[①]。

改革开放的前十年，通过一系列针对性改革举措和国际合作，中国奶业实现跨越式发展，奶牛存栏量从1978年的47.5万头增加到1988年的222.2万头[②]，突破200万大关，存栏量十年间增加近5倍，牛奶产量从1978年的88.3万t增加到1988年的369万t[③]，牛奶产量十年间增加4倍多。

20世纪90年代，中国实行更加开放的发展政策，奶业市场也完全放开。此阶段，中国奶业第一次提出国有奶业要建立现代企业制度，经过改革我国出现了一批行业内具备强大竞争力的大型国有奶业企业，我国当今排名第一的乳品企业——伊利集团，也在此阶段诞生。其起源于1956年成立的呼和浩特回民区养牛合作小组，后更名为"呼市回民区合作奶牛场"，1970年又更名为"呼市国营红旗奶牛场"，1983年国营红旗奶牛场将饲养和加工业务拆分，分别成立呼市回民奶牛场和呼市回民奶食品加工厂，1993年呼市回民奶食品加工厂率先启动股份制改造计划，改名为"内蒙古伊利实业集团股份有限公司"。

在20世纪的最后十年里，中国奶业在奶牛育种、繁殖饲养、乳品加工、市场消费等领域均取得长足发展。在奶牛育种领域，中国牛奶协会（现中国奶业协会）于1996年颁布《全国联合奶牛群改良方案》，由部分奶牛主产区承担执行，执行期限5年，在执行期间又先后颁布《中国荷斯坦牛登记办法（试行）》《奶牛生产性能检测试点实施方案》《中国荷斯坦奶牛外貌线性鉴定规范

（讨论稿）》等技术规程①，这一系列技术文件促使我国奶牛群体生产性能和遗传水平进一步提升。

在繁殖饲养领域，性控冻精技术和胚胎生物技术的研发，为加快低产母牛淘汰，促进良种奶牛快速扩繁打下基础；奶牛饲养小区、规模奶牛场的养殖模式先后出现，国家自然科学基金重点项目和农业部重点项目围绕奶牛饲养标准进行优化研究，并将研究成果纳入新一版《奶牛饲养标准》，奶牛饲养技术围绕饲草、犊牛哺育、机械化挤奶等重点进行优化迭代②。2000年，中国奶牛存栏量达到489万头，奶牛单产达2 605kg，牛奶产量达到827万t③，见表3-4。

表3-4 1991—2000年中国奶牛养殖业发展情况

年份	奶牛头数/万头	奶牛单产/kg	牛奶产量/万t
1991	295	2 426	465
1992	294	2 631	503
1993	945	2 223	499
1994	384	2 117	529
1995	417	2 126	576
1996	447	2 166	629
1997	442	2 090	601
1998	427	2 391	66
1999	424	2 491	718
2000	489	2 605	827

资料来源：历年《中国奶业年鉴》汇总。

在乳品加工领域，新工艺、新技术、新产品层出不穷。从新工艺来看，乳清粉离子交换脱盐技术、二次灭菌工艺等得到应用；从新技术来看，RWKX-1（大连广裕自动化研究中心所研制系统的简称）型乳制品微机控制系统、国内首台联杯成型灌装封切设备和首台无菌软袋成型灌装封切设备问世；从新产品来看，研发出婴儿配方乳方粉3号、婴儿奶粉（一、二阶段）等。开始注重原料

---

① 刘成果.中国奶业史.专史卷[M].北京：中国农业出版社，2013：24.
② 刘成果.中国奶业史.专史卷[M].北京：中国农业出版社，2013：182-193.
③ 刘成果.中国奶业年鉴.2009[M].中国农业出版社，2009.

奶卫生质量，全国多个乳品企业投资自建机械化挤奶站，其中伊利集团所开创的"分散饲养、集中挤奶"模式最具代表性，其从根本上解决了分散饲养与牛奶质量不稳定的矛盾。建立乳品加工行业组织，1995年轻工业部批准成立中国乳制品工业协会，同年中国加入国际乳品联合会[①]。

在市场消费领域，奶业市场从卖方市场向买方市场转变，销售渠道和方式开始转向多元化，奶类价格从国家定价变向市场定价；牛奶专卖店、小商店、便利店等多样化销售渠道不断出现，消费群体日益壮大；消费年龄扩大至各年龄阶段。1990年至1999年中国奶类人均占有量增长54%，奶类人均消费量从1990年4.4kg增加到1999年的6.7kg，增长52%。奶类消费支出在食品消费支出中比重逐渐增高，1995年城镇居民奶类消费支出在食品消费支出中比重为1.78%，2000年奶类消费支出在食品消费支出中比重为3.5%[②]，五年间翻了近一倍（表3-5）。

表3-5　中国城镇居民奶类消费支出在食品消费支出中的比重

年份	奶类支出/元	食品支出/元	比重/%
1995	31.43	1 766.02	1.78
1996	36.59	1 904.71	1.92
1997	41.41	1 942.59	2.13
1998	48.05	1 926.89	2.49
1999	56.15	1 932.10	2.91
2000	68.57	1 958.31	3.50

资料来源：《中国奶业史》专史卷。

2001年随着中国加入国际贸易组织，中国奶业正式加入国际市场竞争，这使得中国奶业面临挑战与机遇并存的发展境况。2001年至2007年间，为积极应对奶业国际竞争，中国政府颁布一系列发展政策，有效推动了行业发展。2000年8月由农业部等七部委倡议实施中国"学生饮用奶计划"，旨在推动全国中小学营养健康水平，也进一步推动国内奶业发展。2001年11月国务院印发《中国食物与营养发展纲要（2001—2010年）》，提到要保障合理的食物摄入

① 刘成果.中国奶业史.专史卷[M].北京：中国农业出版社，2013：309-314.
② 刘成果.中国奶业史.专史卷[M].北京：中国农业出版社，2013：357-359.

量，人均每年奶类摄入量16kg。2003年1月农业部印发《优势农产品区域布局规划（2003—2007年）》，确定3个奶牛优势产区。2003年4月农业部颁发《优势农产品质量安全推进计划》，明确一系列牛奶质量安全推进措施。2003年、2005年农业部分别发布《奶牛优势区域发展规划（2003—2007年）》《全国奶业"十一五"发展规划和2020年远景目标规划》，进一步为全国奶业发展指明方向。2007年9月国务院颁布《国务院关于促进奶业持续健康发展的意见》，对促进中国奶业竞争力提升具有重要意义。

进入21世纪，中国奶牛育种工作持续深入推进。2002年中国奶业协会完成面向全国的《中国荷斯坦奶牛群体遗传改良方案》第一稿，2003年中国奶业协会制定《中国荷斯坦奶牛体型外貌鉴定规程》，2004年中国奶业协会开始建立国家奶牛育种数据处理中心，2005年中国奶业协会制定规范性中国荷斯坦奶牛登记系统，2007年农业部颁布《中国荷斯坦牛生产性能测定技术规范》。在完善制度基础之上，2002年农业部在北京、河北、内蒙古等9个地区实施"万枚高产奶牛胚胎移植富民工程"，全国高产母牛群体进一步扩充；随着流式细胞仪在21世纪初从国外引入，2003年我国第一头自行分离的性控奶牛牛犊诞生，从此我国的性控冻精技术开始走向成熟[1]。此外，中国奶业还围绕高产核心母牛群选育、推广人工授精技术、建立荷斯坦牛育种规划系统、建立荷斯坦牛MOET（胚胎移植技术）育种体系、研究奶牛分子育种关键技术等展开了一系列深入的研究工作[2]。

在21世纪，中国奶牛饲养方式开始朝着饲养方式规模化、增长方式集约化、管理方式标准化、经验方式一体化转变，全株玉米青贮饲料、苜蓿饲料、工业配合饲料等的应用，使奶牛日粮结构日益优化，全混合日粮技术、数字化管理系统等新技术的应用，让饲养水平更加现代化（表3-6）。此外，2005年农业部通过启动奶牛科技入户示范工程，让示范户饲养节本增效10%以上，奶牛养殖水平得到大幅提升[3]。2007年，我国奶牛存栏1 218.9万头，牛奶产量3 525.2万t，奶牛单产水平为4 800kg，奶类人均占有量为27.5kg[4]。

---

① 吕振亚.中国第一头"性控"奶牛牛犊在黑龙江大庆降生[N].中国新闻网，2003-11-15.
② 刘成果.中国奶业史.专史卷[M].北京：中国农业出版社，2013：35-40.
③ 刘成果.中国奶业史.专史卷[M].北京：中国农业出版社，2013：196-213.
④ 中国奶业协会.奶香飘万家—中国奶业改革开放30年[J].中国乳业，2008（12）.

表3-6　2002—2007年全国奶牛规模化统计情况

年存栏量	2002年	2003年	2004年	2005年	2006年	2007年
1～4头	44.8%	46.7%	47.1%	45.6%	42.8%	41.1%
5头以上	55.3%	53.3%	53.0%	54.4%	57.2%	58.9%
20头以上	25.9%	27.4%	25.2%	27.7%	28.8%	31.5%
100头以上	11.9%	12.5%	11.2%	11.2%	13.1%	15.8%
200头以上	8.3%	8.8%	7.7%	7.9%	9.3%	12.0%
500头以上	5.5%	5.6%	4.6%	4.8%	5.6%	7.6%
1 000头以上	2.9%	2.7%	2.7%	2.3%	3.0%	4.0%

资料来源：历年《中国奶业年鉴》汇总。

进入21世纪后，我国乳制品产业结构发生较大变化，之前我国乳制品以乳粉为主，2000年后液体乳所占份额日益扩大。2007年我国乳制品产量达1 787.44万t，其中液体乳产量1 441万t，占比为80.6%，乳粉产量135万t，占比为7.6%。行业集中度持续提高，2007年销售收入前10位的企业销售收入869.6亿元，占全国规模以上企业总销售收入66.4%；利税总额前10位的企业利税总额96.1亿元，占全国规模以上企业利税总额72.5%，乳粉产量前10位企业总产量68.3万t，占全行业的50.7%；液体乳产量前10位企业总产量达809.8万t，占全国规模以上企业液体乳总产量56.2%；婴幼儿乳粉产量前10位企业总产量41.7万t，占全行业69.5%[1]。新技术新产品持续迸发，随着2004年2月膜微滤技术生产线投入使用，中国巴氏杀菌奶加工技术进入新阶段；2007年1月伊利集团的高水解率低乳糖牛奶（营养舒化奶）研发上市[2]，该技术有效解决了乳糖不耐受人群的饮奶问题。奶业开始步入品牌化发展阶段，2002年乳粉、液体乳被列入"中国名牌产品"推荐范围，有8个乳品类产品和5个液体乳产品被授予"中国名牌产品"称号，其中"伊利"品牌同时获得乳品类和液体乳两项品牌。

随着21世纪中国经济发展和城乡居民收入水平提升，中国奶类消费总体水平也呈上升趋势。从图3-1可以看出，城镇居民人均奶类消费量从2000年的14.49kg上升到2007年的26.23kg，增长81%；农村居民人均奶类消费量从

① 刘成果.中国奶业史.专史卷[M].北京：中国农业出版社，2013：335.
② 新浪财经.专为中国人群打造的健康乳品伊利营养舒化奶上市[EB].（2007-01-24）[2007-01-24].

2000年的1.06kg上升到2007年的3.52kg，增长230%[①]。从消费结构来看，城镇居民以液体乳为主，农村居民以奶粉为主。从营销方式来看，销售方式以批发、零售和团体销售等为主，宣传方式更加多元化。2005年伊利创新性地将生产车间开发为工业旅游景点，通过游客切身感受提升伊利品牌的影响力和消费者对产品质量的信任。从消费市场来看，改变以往集中在一线中心城市的局面，众多乳品制造企业开始面向二三线城市建立销售网点。

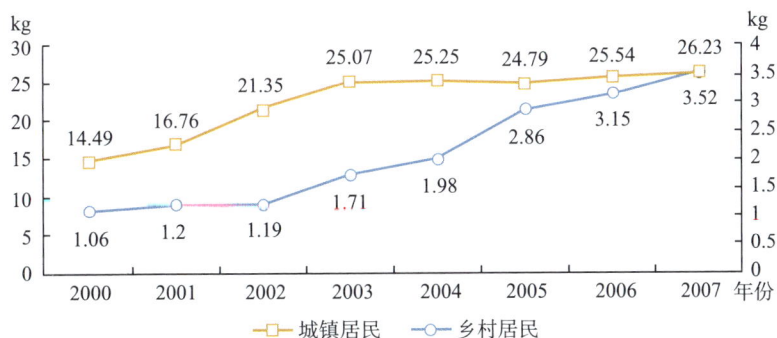

图3-1 中国城乡居民人均奶类消费量

资料来源：公开资料整理

加入国际贸易组织后，中国市场成为全球乳业先发地区的重点开发市场，乳制品进口量和进口额持续上升；2007年进口乳制品29.9万t，进口额74 463万美元，主要进口品种为奶粉、乳清粉、黄油等，主要进口来源地为新西兰、澳大利亚、美国，主要进口目的地为广东、上海、天津。中国奶粉出口相对较少，2007年出口量7.2万t，出口额17 391万美元，主要出口目的地为缅甸、委内瑞拉、尼日利亚，主要出口来源地为黑龙江、山东、云南等地。

改革开放以来，中国特色奶业也获得一定发展。奶山羊在2005年颁布的《全国奶业"十一五"发展规划和2020年远景目标规划》中被列入中原奶产业区发展布局，并提出西部产区要培育以奶粉、奶酪和特色奶制品为重点，兼顾发展山羊奶制品的乳品加工企业。2007年全国奶山羊存栏量530万只，羊奶总产量约100万t[②]。水牛奶逐渐获得国家重视，水牛奶在《全国奶业"十一五"发展规划和2020年远景目标规划》中第一次被提及，规划确定福建、广东、

---

① 中华人民共和国国家统计局.中国统计年鉴2008[M].北京：中国统计出版社，2008.

② 田万强、林清、李林强，等.中国奶山羊产业发展现状和趋势[J].家畜生态学报.2014.35（10）：5.

广西、浙江、云南、四川、江苏七省区为南方奶水牛产区,要求该区充分发挥区域内水牛资源优势,大力发展奶水牛。2005年,全国奶水牛存栏量达到2 216.7万头。在2007年《关于促进奶业持续健康发展的意见》中提出,南方地区要重视奶水牛发展,逐步扩大加工能力,缓解奶业发展"北多南少"矛盾。

(四)中国奶业破而后立期(2008—2020年)

2008年,因婴幼儿奶粉事件发生,中国奶业一度陷入发展的寒冬,随后中国政府围绕奶业发展部署一系列深度调整措施,行业步入发展转型期。婴幼儿奶粉事件对中国奶业带来的负面影响相当深远,一方面消费者信心严重受挫,行业形象被损害,事件发生后约有一半消费者停止或减少购买国产乳制品,事件发生后五周进口产品市场占有率从70.6%上升到86.8%,国产产品市场占有率由29.4%降至13.2%,成人奶粉、液体乳、冰淇淋销量只有事件发生前的41%、64%、21%;另一方面乳制品加工企业开工不足,事件发生后两个月对全国631家乳制品企业调查发现停工率为18%,且企业因销售下滑和赔偿退货,资金出现严重困难,到2009年一季度国产奶粉企业库存积压至30万t,因国产奶市场萎缩,奶农出现卖奶难,大部分农户被迫倒奶,一部分散养户开始卖牛杀牛,奶牛存栏量快速下滑[1]。

在此背景下,中国奶业开始进行深度调整。一是开展顶层设计,加强奶业管理。2008年10月《乳品质量安全监督管理条例》颁布,中国奶业制度优化的序幕拉开,随后又出台《奶业整顿和振兴规划纲要》《乳制品工业产业政策(2009年修订)》《全国奶业发展规划(2009—2013年)》《生乳》等66项新乳品安全国家标准等,对奶站、生鲜乳、乳制品加工、婴幼儿奶粉等多领域进行强有力的整顿和规范,确保中国奶业迈过发展低谷,逐渐步入恢复和振兴发展。

二是开展奶业扶持、奶站整顿、饲料整治。婴幼儿奶粉事件后,农业部成立应急响应工作组,并确立奶业扶持、奶站整顿、饲料整治三大重点工作。针对奶业扶持,提出要重点扶持奶农。2008年9月农业部出台《关于进一步加

---

① 程广燕、彭华、陈兵. 奶业振兴 中国奶业发展启示经济理论,法规[M]. 北京:研究出版社,2021:35-37.

强生鲜牛奶生产和质量安全管理的紧急通知》《关于稳定原料奶生产销售相关工作的紧急通知》等文件，并紧急制定特别救助奶农预案，重点扶持内蒙古、河北、山东、山西、辽宁、河南等6个省份特别困难的奶农；中央财政按照每头泌乳牛每天10元的标准先期补助1个月，补助资金共3亿元，农业部还积极推动14个省（区、市）先后落实扶持资金7.92亿元[1]。针对奶站整顿，2008年9月农业部发布《关于开展全国奶站专项整治行动的通知》《关于开展奶站清理整顿工作督导的紧急通知》等文件，在全国范围内组织开展奶站整顿清理工作，通过迅速摸清底数、坚决查处违法行为、加强生鲜奶质量抽查、实施驻站监督、强化奶站市场主体责任、建立健全管理制度六大关键工作[1]，规范生鲜乳生产运营。截至2009年4月，全国奶站整顿工作全面完成，全国13 503个奶站全部纳入监管，比整顿前减少6 890个，所有奶站全部由乳制品生产企业、奶畜养殖场、奶农合作社三类合法主体开办，全部持证收购[2]。针对饲料整治，2008年9月农业部颁布《饲料质量安全专项整治工作实施方案》《关于采取果断措施加强蛋白饲料生产企业监控的通知》等文件，并确定专项整治要实现"四个百分之百"目标，即蛋白原料生产企业现场检查率达到百分之百，奶牛饲料生产企业产品抽检率达到百分之百，生产使用自配料的规模化奶牛养殖场入户检查率达到百分之百，饲料和饲料添加剂生产企业百分之百持证生产，截至2008年12月，全国"四个百分之百"目标已基本实现[3]。

经过一系列深度调整，中国奶业开始恢复发展。2008年至2020年十余年间，中国奶业开始步入产好奶时期。自2008年实施《全国奶牛群体遗传改良计划（2008—2020年）》以来，奶业育种领域发展取得明显成效。制度性基础工作不断完善，制修订《中国荷斯坦牛公牛后裔测定技术规程》等国家及行业标准规范，累计品种登记195.4万头、体型鉴定45.3万头，2020年生产性能测定规模达到129.9万头（表3-7）。中国奶牛繁育体系不断健全，遴选国家奶牛核心育种场10家，核心群规模达到6 400余头，建成奶牛种公牛站24家、生产性能测定中心38个、标准物质制备实验室1个、全国奶牛数据中心1个，生产性能测定能力显著提升。遗传评估日趋规范，建立奶牛遗传评估技术平台，制

---

[1][3]　何叶.打好整顿硬仗促进奶业发展.[J].紫光阁，2008，12.

[2]　程广燕、彭华、陈兵.奶业振兴　中国奶业发展启示经济理论，法规[M].北京：研究出版社.2021：46-47.

定中国奶牛性能指数（CPI）和中国奶牛基因组选择性能指数（GCPI），构建奶牛基因组选择参考群体，2012启动荷斯坦青年公牛基因组遗传评定，实现青年公牛基因组检测全覆盖。良种推广水平稳步提升，奶牛人工授精技术得到普及，人工授精比例达到95%以上，国产冻精质量合格率达99.4%[①]。

表3-7　生产性能测定中心项目实施效果

年份	参测头数（万头）	日产奶量（kg）	乳脂率（%）	乳蛋白率（%）	体细胞数（万/ml）
2008	24.5	22.1	3.64	3.19	61
2009	35.2	22.6	3.63	3.19	60.4
2010	41.4	23	3.64	3.21	46.7
2011	46.4	24.1	3.64	3.24	43.5
2012	52.6	24.8	3.7	3.21	39.7
2013	54.2	24.9	3.75	3.28	41.4
2014	72.4	25.7	3.74	3.24	35.4
2015	79.5	27.4	3.74	3.21	33.3
2016	100.5	28.1	3.83	3.30	29.6
2017	122.8	29.0	3.79	3.32	26.8
2018	125.8	29.9	3.96	3.36	26.2
2019	126.0	31.0	1.05	3.39	25.3
2020	129.5	32.4	3.92	3.36	23.9

资料来源：《张胜利：奶牛群体遗传改良与育种技术进展》。

　　奶业养殖通过先整顿后转型，取得显著振兴效果。2008年至2013年是奶业养殖整顿期，国家通过颁布《乳品质量安全监督管理条例》《奶业整顿和振兴规划纲要》等政策，引导奶农进行规模化养殖，要求乳制品加工企业建设自有牧场，并以加大中央预算内投资的方式，加快养殖场和养殖小区标准化建设与改造，在此阶段大规模现代化养殖企业开始出现。2014年至2020年是奶业养殖转型升级期（图3-2），由于国际大包粉到岸价在2014年开始下跌，以乳制品加工企业为主导的规模化乳制品加工厂通过乳品收购价格工具，倒逼奶牛养殖户向规模化养殖场转型；在这一时期大量中小养殖户退出，以乳企为主导

---

① 农业农村部.全国奶牛遗传改良计划（2021—2035年）[EB/OL].（2022-01-10）[2022-01-10]. https://www.crnews.net/zt/2021nzpd/bg/943665__20220110101500.html.

的奶牛养殖场转型升级拉开序幕[①]。加强养殖饲草料建设，2015年农业农村部启动"粮改饲"试点，在"镰刀弯"地区和黄淮海玉米主产区17个省份和黑龙江省农垦总局，启动实施粮改饲政策；选择牛羊养殖基础好、玉米种植面积较大的县实施全株青贮玉米等优质饲草料收贮的粮改饲补贴，并在主推青贮玉米基础上，因地制宜推广苜蓿、燕麦、甜高粱等优质饲草料品种[②]。2020年全国奶牛存栏量1 043.3万头，牛奶产量3 440万t，百头以上奶牛规模养殖比重达67.2%，奶牛年均单产达到8.3t，规模牧场生鲜乳乳蛋白、乳脂肪等指标达到奶业发达国家水平，菌落总数、体细胞抽检平均值优于欧盟标准。

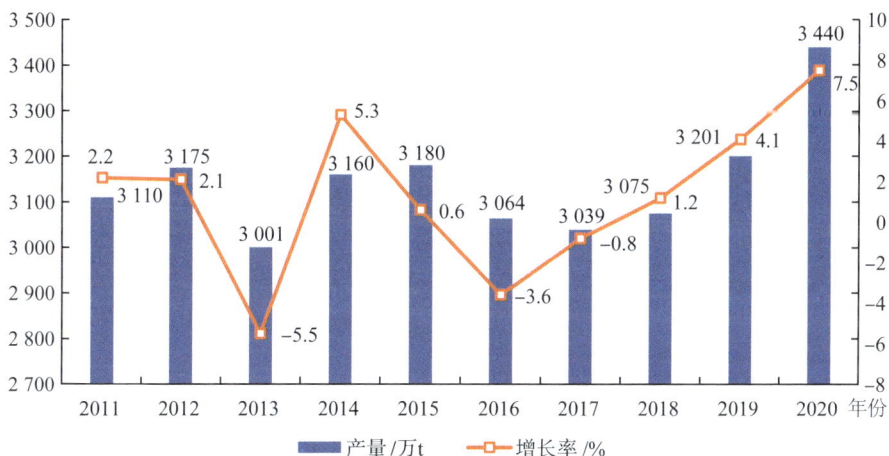

图3-2　中国历年牛奶产量及增长情况

资料来源：汇总自《中国奶业年鉴2019》，2019年、2020年中华人民共和国国民经济和社会发展统计公报

随着《乳制品工业产业政策（2009年修订）》颁布，中国奶业对乳制品加工行业开始设立准入门槛，并从奶源供应、技术与装备、产品结构、质量安全、投资融资等角度对乳企提出更高要求。2010年国家质检总局通过修订对婴幼儿奶粉、乳制品审核细则，开启全国1 176家乳制品加工企业生产许可重新审核工作。截至2011年3月底审核工作全部完成，其中有643家企业通过生产许可重新审核（含婴幼儿配方乳粉企业114家），107家企业停产整改，426

---

① 刘秀娟.中国奶业竞争力影响因素及提升策略研究[M].北京：中国农业科学技术出版社，2022.

② 张璟.粮改饲试点支持政策[OL]. https://www.crnews.net/.

家企业未通过审核[①]，审核工作进一步促进全行业素质的整体升级。持续加强婴幼儿奶粉保障，通过在2013年至2020年出台《婴幼儿配方乳粉生产许可审查细则（2013版）》《婴幼儿配方乳粉产品配方注册管理办法》《国产婴幼儿配方乳粉提升行动方案》等多项政策措施，进一步促进婴幼儿奶粉品质提升、产业升级、品牌培育。加大生鲜乳等乳制品质量监管，通过制修订《食品安全国家标准巴氏杀菌乳》《食品安全国家标准灭菌乳》《巴氏杀菌乳和UHT灭菌乳中复原乳的鉴定》等标准，进一步提升生鲜乳等乳制品食品质量。2020年全国乳制品产量2 780.4万t，同比增长2.8%，其中液态奶产量2 599.4万t。

随着婴幼儿奶粉事件影响的缓和以及城乡居民收入水平提升，2008年后中国奶类消费总体水平开始缓慢上升。国家统计局数据显示，中国居民人均奶类消费量从2013年的11.7kg上升到至2020年的13kg，增长11%，城镇居民人均奶类消费量从2013年的17.1kg上升至2020年的17.3kg，增长1%，农村居民人均奶类消费量从2013年的5.7kg上升至2020年的7.4kg、增长30%，城乡居民人均奶类消费比从3.1降低至2.3。从营销方式来看，随着互联网经济发展且受新冠疫情影响，电商、社群营销、直播带货、低温便利店等新兴渠道不断挤占传统商超和杂货店份额，多渠道共存趋势明显（图3-3）。

图3-3　中国乳制品零售渠道结构变化

资料来源：公开资料整理

---

① 国家质量监督检验检疫总局.质检总局召开新闻发布会通报乳制品企业生产许可重新审核工作等情况[R].（2011-04-02）.

2008年之前，我国乳制品进口量只有30万t左右，受婴幼儿奶粉事件影响，2008年之后中国乳制品进口量大幅增长，2012年净进口量突破100万t，达到110万t，2016年突破200万t，达到214万t；到2020年我国累计进口各类乳制品328.14万t，同比增加10.4%；进口额117.17亿美元，主要进口来源地为新西兰占比70.99%，欧盟占比12.52%，澳大利亚占比7.89%。中国乳制品出口量相对较小，2020年累计出口各类乳制品4.3万t，出口额2.2亿美元，其中，出口干乳制品1.3万t，出口额1.88亿美元，出口液态奶3.0万t，出口额0.33亿美元。[①]

二、中国奶业发展现状

(一) 产业链条

中国奶业产业链上游是以奶牛养殖牧场为主的奶源供应商，中游是以乳制品加工企业为主的乳品生产商，下游是以商超为主的乳品销售商（图3-4）。

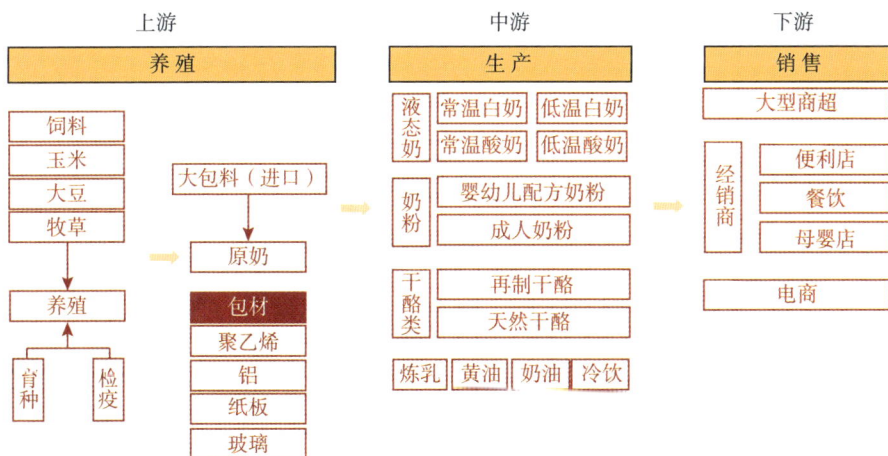

图3-4　中国奶业产业链示意图

资料来源：公开资料整理

1. 产业上游

奶业上游的原奶供应具有明显的周期特点，这与奶牛生长周期高度相关，

---

① 中国奶业协会资料整理.

因奶牛从出生到成年需大致2年时间，导致牛奶产量变化具有一定滞后性，也由此带来牛奶产能与消费需求在时间上不匹配，造成原奶价格周期性波动，通常一个周期为3年至4年。

自2023年以来，受经济形势影响，国内乳制品消费略显疲软，原奶进入供大于求周期，奶牛养殖行业面临奶价下行、饲料成本高企等严峻挑战。农业农村部数据显示，2023年我国奶业主产省份生鲜乳均价3.84元/kg，较2022年4.16元/kg下降约7.7%，我国豆粕均价为4 296元/t，玉米价格全年动荡疲软，两者价格均较2022年期间略有下降，但仍处高位（图3-5）。中国海关统计数据显示，2023年我国进口苜蓿干草价格平均到岸价510.9美元/t，较2022年下跌1.3%，但仍处于历史较高水平。豆粕、玉米是牛饲料主要成分，饲料价格上涨、原奶价格下跌，原料奶供过于求，导致中国奶业上游奶源企业生产经营面临较大压力（表3-8）。2023年中国多家大型牧场公司出现企业经营盈转亏，受此影响反刍动物精饲料及粗饲料需求亦受抑制。然而随着规模化牧场的增加，我国对高质量育种产品的需求依然旺盛，据中国海关统计数据，2023年我国共进口牛冻精1 323.1万剂，较2022年期间增加7.2%。

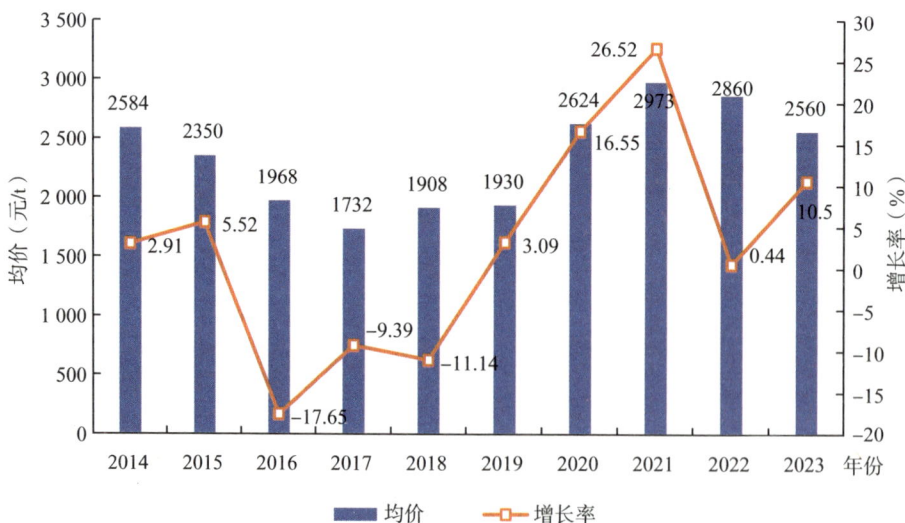

图3-5　近10年玉米价格走势

资料来源：公开资料整理

表3-8 2020—2023年乳制品及牧业主要原材料价格同比变动趋势

季度	国内原奶	国际原奶/恒天然	进口大包粉	国际大包粉	进口干酪	国际干酪	白砂糖	瓦楞纸	PET瓶片	玉米	豆粕
2020 Q1	5.67%	11.03%	17.49%	0.57%	0.88%	16.08%	11.71%	-10.50%	-25.20%	3.66%	3.55%
2020 Q2	1.33%	10.18%	12.71%	-13.54%	5.29%	-5.37%	3.06%	-15.39%	-30.08%	6.84%	10.22%
2020 Q3	2.28%	0.23%	0.63%	-0.85%	-1.85%	-5.72%	-3.21%	10.15%	-26.64%	13.55%	4.71%
2020 Q4	6.25%	-2.81%	1.35%	-4.08%	-0.09%	0.99%	-9.61%	9.28%	-23.99%	22.36%	6.16%
2021 Q1	12.07%	1.13%	-1.53%	22.43%	-1.62%	-1.71%	-8.65%	18.55%	0.73%	43.18%	22.10%
2021 Q2	18.72%	7.92%	1.82%	48.04%	-1.15%	8.63%	0.33%	37.72%	17.85%	34.03%	13.78%
2021 Q3	16.45%	24.47%	19.23%	21.82%	0.87%	14.51%	4.56%	21.00%	29.17%	22.73%	16.23%
2021 Q4	6.26%	28.38%	18.28%	26.19%	6.49%	30.39%	8.12%	27.89%	54.64%	12.26%	11.82%
2022 Q1	-0.88%	28.57%	23.04%	17.66%	11.83%	40.85%	7.26%	2.96%	29.87%	-3.20%	9.75%
2022 Q2	-2.45%	21.65%	27.95%	1.61%	14.15%	31.09%	6.96%	-2.75%	17.04%	1.56%	30.05%
2022 Q3	-4.93%	13.20%	20.57%	-0.86%	16.78%	19.77%	1.93%	-6.56%	11.39%	2.09%	21.75%
2022 Q4	-4.07%	2.06%	6.82%	-12.94%	14.44%	-1.68%	-1.36%	-13.83%	-9.06%	6.38%	45.00%
2023 Q1	-4.49%	-12.15%	-1.61%	-25.28%	13.96%	-20.38%	4.13%	-12.78%	-10.30%	5.47%	17.17%
2023 Q2	-6.81%	-13.17%	-18.45%	-23.77%	6.04%	-21.76%	19.28%	-13.95%	-2.71%	1.27%	-7.38%
2023 Q3	-9.08%	-25.23%	-20.11%	-22.07%	-0.68%	-17.51%	28.31%	-20.25%	-6.13%	2.62%	2.90%
2023 Q4	-10.45%	-18.83%	-18.58%	-9.93%	-8.51%	-18.23%	19.77%	-14.51%	-1.15%	-5.78%	-18.30%

资料来源：Wind，海关总署，广发证券发展研究中心。

随着健康中国、扩大内需等国家战略决策部署的推进，疫情后居民健康意识的提升及国产乳品质量的持续提升，我国乳制品消费潜力将逐渐释放，消费市场前景广阔。此外，受国家土地政策收紧、环保要求提高及饲料成本高位运行等因素影响，中国奶业上游的行业壁垒将继续变高。未来具备数智化能力，拥有草畜配套、饲料研发实力、领先的自主畜群遗传改良和性控技术及胚胎技术的大型牧业集团将在中国奶业上游占据越来越大的市场份额。

2. 产业中游

奶业中游的品牌商企业具备强大的产业链议价能力，中国奶业产业链的核心在于以品牌商为首的乳品加工企业，因品牌商布局更广，且在不同地区投资乳制品加工厂和建养殖牧场，在整个产业链条中可获得更大的价值分配权。目前，中游企业的牛奶品牌主要有全国性品牌、跨区域品牌、省级品牌和区域小品牌，不同梯队企业的品牌力、渠道和产品布局有较大差异，近年来两极分化愈发明显，全国性品牌盈利能力持续增长，区域小品牌却陷入盈利停滞不前的困境。早年常温奶全国扩张红利孕育出伊利等两家全国性品牌巨头，2023年行业双巨头市场占有率分别为24.3%、21.3%。伊利股份2023年净利润104.29亿元，较2022年净利润94.31亿元增长10.58%，且近年来伊利长期保持稳定增长；反观区域小品牌发展，其中大部分出现盈利下滑，甚至有相当一部分受奶业周期影响出现亏损。

在奶业中游，差异化经营发展模式成为品牌乳企发展共识，乳制品行业整体形成两超多强的发展格局。全国性品牌企业将常温奶（基础白奶、高端白奶和常温酸奶）作为企业生产主要业务领域，其业绩贡献作为"现金奶牛"业务支撑公司发展其他领域，如伊利集团拥有30多个子品牌，业务覆盖常温、低温、高端牛奶、高钙、低脂等多种牛奶品牌，实现差异化经营（图3-6）。其他区域品牌乳企凭借在区域内的奶源、渠道、品牌等优势，在当地奶业市场也占有一席之地，低温奶业务是区域品牌的主攻业务领域。

长期来看，随着国民健康意识增强，消费者对天然营养、有机、功能性等高品质乳品需求呈增长态势，这类产品在我国乳制品行业有着更为长远的发展前景。据尼尔森与星图第三方数据显示，2023年纯奶品类市场零售额较上年保持增长态势，其中有机纯奶市场零售额，较上年增长13.5%；以乳基功能营养品为代表的成人奶粉，其市场零售额较上年增长约4.7%。与此同时，随着居民收入水平逐年提升，冷链物流等基础设施不断完善，县城居民的生活方式与大中城市开始趋同，拥有2.5亿人口、占全国城镇常住人口近30%的县城及县级市城区，成为2023年快速消费品增长热点。凯度数据显示，2023年县城及县级市城区购买常温液态乳品的家庭户数，较上年增长2.6%。另外，随着销售渠道多元化发展，便利店、线上社区团购等近场化渠道的乳品零售额较上年呈上涨趋势，未来随着渠道拓展和产品交付模式的升级转型，乳制品加工企业也将迎来更多业务增长机会。

图3-6　伊利产品线布局

资料来源：公开资料整理

3. 产业下游

奶业下游的产品市场各类乳品消费表现不一。常温乳品消费相对稳定，2023年我国常温乳品销售额同比增长率为-0.4%，略高于液态乳品整体水平，导致下滑的主要原因是购买频次和单次购买量的下降。低温乳品消费有所下滑，2023年低温乳品销售额同比增长率为-6.1%，分析发现家户总数和价格对销售额增长分别产生43.9%和19.8%的正贡献，但购买频次、渗透率和单次购买量分别产生91.1%、40.3%和32.3%的负贡献。成人奶粉在高端化驱动下提速增长，2023年销售额同比增长率为8.2%，分析表明价格对销售额增长产生100.6%的正贡献，家户总数和单次购买量分别产生32.5%和14.1%的正贡献，购买频次和渗透率分别产生28.5%和18.7%的负贡献。此外，在食品饮料品类市场中，由于乳制品天然具有健康属性，其渗透率和销售额最高；功能性饮料，即饮茶、果汁等休闲品类和同样具有健康属性的营养滋补品销售额呈现快速增长。在食品饮料主要厂商中，伊利的渗透率领先，头部主要食品饮料厂商渗透率均小幅下滑。

奶业下游的渠道布局朝着多元化持续完善。近年来，大型现代渠道对液态乳品销售的影响逐渐削弱，小超市、便利店、新零售、自由批发市场保持较快增长。2023年大卖场和大超市销售额占比分别为17.4%和17.2%，销售额同比增长率分别为−13.4%和−4.7%。小超市、自由批发市场、新零售、食杂店、便利店销售额增长较快，同比增长率分别为12.8%、12.1%、3.3%、1.8%和1.6%。从液态乳品主要渠道渗透率来看，小超市提升明显，为52.5%，便利店和自由批发市场渗透率略有提升，分别为24.0%和17.5%，大卖场、大超市和网购渗透率有所下降，分别为44.1%、51.8%和44.2%。

大卖场对成人奶粉的重要性减弱，小超市重要性增强。2023年网购渠道销售额占比为24.2%，是成人奶粉销售额中占比最大的渠道，其销售额同比增长率为3.8%。大卖场、大超市和小超市的销售额占比分别为16.5%、16.6%和14.3%，销售额同比增长率分别为−8.5%、6.5%和23.1%。从成人奶粉主要渠道渗透率来看，小超市提升至9.5%，大卖场、大超市和网购渗透率有所下降，分别为9.1%、10.2%和11.0%。

从城市级别来看，县级市及县城液态乳品销售额增长较快。随着以县城为重要载体的城镇化建设加快推进，乳品消费蕴含较大潜力。2023年液态乳品在地级市销售额占比最大，为32.2%，在县级市及县城、省会城市销售额占比分别为30.1%、24.0%（图3-7）。同时，液态乳品在县级市及县城销售额同比增长率最高，为1.8%，在省会城市、地级市均有所下滑。成人奶粉呈普遍增长态势，尤其在省会城市增长较快，在省会城市、县级市及县城、地级市的销售额同比增长率分别为12.9%、8.6%、6.8%。成人奶粉在地级市、县级市及县城销售额占比较大，分别为35.6%和36.0%。

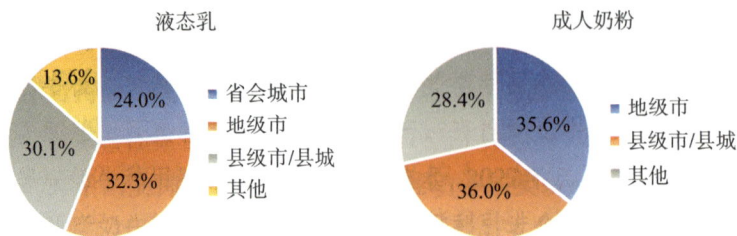

图3-7　2023年乳制品消费额不同级别城市占比

资料来源：消费趋势报告：2023年乳品市场销售总体回暖，国家乳业工程技术研究中心。

（二）品种繁育

奶业振兴，种业先行。中国奶业育种在自立自强之路上持续耕耘，不断取得新的进展与突破。奶牛个体性能测定规模不断扩大。2023年全国共有1 339个奶牛场的194.5万头奶牛进行生产性能测定，参测奶牛数量较2022年增加19.40%，较2020年增加50.19%，测定记录达1 073万条，较2022年增加27.63%，较2020年增加57.44%（图3-8）；场平均泌乳牛规模达到1 452头，较2022年增加17.5%，较2020年增加44.77%；参测奶牛测定日平均产奶量达到35.3kg，较2022年增加3.5%，较2020年增加9.0%；参测奶牛测定日平均体细胞数为20.6万个/ml，较2022年减少2.0万个/ml，较2020年减少3.3万个/ml；参测奶牛测定日平均乳脂率4.02%，较2022年提高1.3%，平均乳蛋白率3.41%，较2022年提高1.8%，与2020年相比平均每100g生鲜乳的乳脂肪含量增加0.1g，乳蛋白含量增加0.05g[①]。

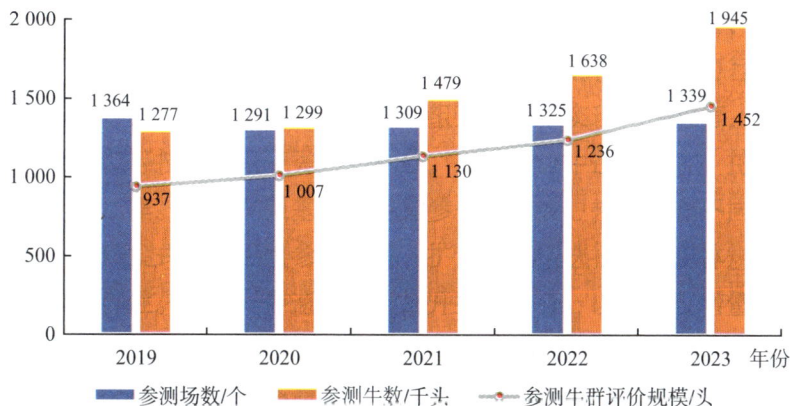

图3-8 2019—2023年全国奶牛个体性能测定参测情况

资料来源：2023年度奶牛生产性能测定情况，中国奶业协会

奶牛基因组选择技术取得突破。育种芯片是奶牛基因组选择育种的关键工具之一，育种芯片技术也是奶牛育种的"卡点"技术。2023年7月我国荷斯坦牛基因组选择育种芯片"奶牛126K液相育种芯片"正式发布，国产奶牛育种芯片自主攻关取得重要突破，这也是目前我国奶牛育种领域唯一拥有自主知

---

① 中国奶业协会. 2023年度奶牛生产性能测定情况 [EB/OL]. （2024-03-19）[2024-03-19].https://www.dairy123.com/cms/show-18917.html.

识产权的行业专用育种芯片。"奶牛126K液相育种芯片"涵盖120 155个位点，SNP（单核苷酸多态性的简称）平均间距为22.13kb，分布均匀，包含自主挖掘、国际通用亲子鉴定、遗传缺陷以及相关重要已知功能位点，经过检测验证、盲样复检、多平台对比、填充效果验证等多轮测试，验证程序完善。参照国际同类产品标准，该款芯片可用于奶牛基因组选择参考群体构建及种牛评价[①]。

优秀种牛自主繁育技术体系不断完善。近年来通过实施奶牛遗传改良计划，以10家国家奶牛核心育种场为基础，不断扩大奶牛育种核心群，通过开展奶牛品种登记、生产性能测定、后裔测定和遗传评估等工作，自主培育了一批优秀青年公牛和验证种公牛；种公牛站通过组建奶牛育种创新联盟等，使青年公牛后裔测定工作不断加强，奶牛人工授精技术得到普及，人工授精比例达到95%以上；性控冻精、胚胎移植等良种高效扩繁技术日趋完善，良种推广模式不断创新[②]。2023年位于伊利现代智慧健康谷的国家乳业创新技术中心成功研发一项高产奶牛性别控制胚胎生产关键技术，该技术利用以全基因组选择技术、性别控制技术、OPU-IVF-ET（活体采卵—体外受精）技术为基础的高产奶牛性控胚胎生产技术，充分挖掘自有高产核心母牛遗传潜质和繁殖效率，通过快速繁育高产奶牛群、改良中产牛群，结合营养调控技术，可使胚胎牛的年单产提高至14t，单头利润可提高50%，总体提高良种母牛繁殖能力12至15倍。

（三）奶牛养殖

1. 牛奶生产

目前，全球牛奶主要源自欧盟、美国、印度、中国、俄罗斯五大产区，2023年中国牛奶产量4 197万t，同比增长6.7%，占全球牛奶产量7.07亿t的5.94%，产量位居全球第四。近年来，中国牛奶产量保持持续增长态势，自2010年开始我国牛奶产量一直稳定在3 000万t以上，2023年牛奶产量首次突破4 000万t。奶牛存栏量稳步增长，2022年全国奶牛存栏量为1 160.8万头，较2021年全国奶牛存栏量1 094.1万头，增长6.1%，较2020年全国奶牛存栏量1 043.3万头，增长11.26%。奶牛单产持续提升，2023年全国奶牛年均单产达到9.4t，比2020年全国奶牛年均单产8.3t，提升13.25%（图3-9），据荷斯坦杂

① 马爱平.基因组选择技术助力奶牛育好种[N].科技日报，2023-10-10.
② 张胜利，孙东晓.奶牛种业的昨天，今天和明天[J].河南畜牧兽医：综合版，2021，42（5）：13-16.

志数据，2023年中国奶牛养殖Top30牧业集团平均单产水平11.9t，Top30牧业集团平均单产比全国平均高出27%。

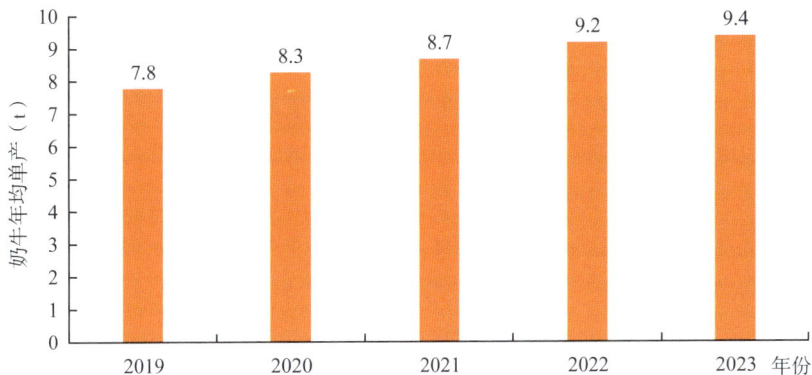

图3-9 2019—2023年全国奶牛年均单产

资料来源：公开资料整理

牛奶生产更加集中。南北纬度40°～50°是国际公认的奶牛优质饲养带，中国东北、西北和华北地区位于该区域，我国的三北地区拥有优良的草场、饲料丰富的农区和较少的高温天，目前也是我国奶源主产区。据《荷斯坦》杂志发布的2022年全国产奶前20地区有关情况统计报告显示，2022年我国牛奶产量前20地区产量合计1791.4万t，同比增长12%，占全国总产量的45%，奶牛存栏合计414.6万头，同比增长9%，约占全国的36%。前20地区主要分布在奶业主产区即东北、西北和华北地区，前20地区所属省份牛奶产量均超过100万t，包括内蒙古5个、黑龙江4个、河北3个、宁夏3个、山东2个、陕西2个、山西1个。

牛奶质量稳步提升。随着奶牛养殖的规模化水平、养殖水平和监管水平提高，我国生鲜乳的品质日益提升。据《中国奶业质量报告（2023）》显示，2022年全国生鲜乳抽检合格率100%，三聚氰胺等重点监测违禁添加物抽检合格率连续14年保持100%。现阶段我国生鲜乳的平均品质已高于国标要求，据《农民日报》报道，2023年我国生鲜乳的乳脂肪平均值3.91g/100g，乳蛋白平均值3.28g/100g，都高于国家标准，菌落总数平均值11.04万CFU/ml，高于美国、新西兰标准，体细胞数平均值16.32万个/ml，高于美国、新西兰、欧盟标准。另据农业农村部对9665批次生鲜乳样品监测，黄曲霉毒素M1检出样品的平均值为0.065μg/kg，远低于国家标准0.5μg/kg的限量；抽检3197批次生鲜乳，生鲜乳中铬、汞、砷、铅等重金属的合格率为100%。

2. 牧场养殖

国内奶牛养殖开始向规模化、专业化、现代化转型。全国奶牛养殖以规模化牧场为主，2023年奶牛存栏100头以上规模化养殖比例达到75%，与2020年存栏100头以上奶牛规模化养殖比例67.2%相比，提升11.61%。养殖牧场专业化水平持续提升，2023年我国加强对精准营养养殖的系列研究，如开展添加200mg/L甜菊糖苷或5g每头每天酵母培养物可提高犊牛的采食量和日增重的研究，开展0.3%的L—硒代蛋氨酸或15%的有机锌可提高泌乳奶牛的抗氧化能力等的研究；加强奶牛体况评分管理，2023年研发了面向边缘计算的奶牛体况评分平台，奶牛身份识别精度达到99.75%，奶牛体况评分在0.5分误差下的查准率达到96%[①]。通过应用物联网和智能化设施设备，奶牛养殖机械化、数智化水平进一步提升。2022年全国规模化牧场100%实现机械化挤奶，95%以上配备全混合日粮搅拌设备；通过数智化设备的应用越来越多的奶牛生活在舒适、安全、健康的养殖环境中，生鲜乳品质和单产水平获得显著提升。如在伊利敕勒川生态智慧牧场，1.2万头奶牛住在"大别墅"里，牧场工作人员只需通过手机App就能实时掌握每头奶牛的动态，在这里成群奶牛可借助饲喂机器进食，智能自动饲喂系统可精准控制饲料添加量，精准度达到98%，且全程可追溯，休息区还配备水袋和床垫；又如在与伊利合作的牧场内，通过伊利推广并免费提供的智慧牧场大数据分析应用平台，奶牛活动量、产奶量、睡眠情况等数据在数字终端一目了然，牧场养殖水平获得极大提升。

高产牧场队伍不断壮大。2023年全国范围内单产11t以上牧场，长三角、西北地区单产10t以上，西南、华南地区单产9t以上高产牧场390个。这390个高产牧场的奶牛存栏208万头，成母牛存栏101万头，平均淘汰率27.7%；我国高产牧场依然集中在北方地区，内蒙古、河北、黑龙江三省高产牧场占比46%，其中内蒙古占比最大约为23%，西北地区宁夏、甘肃、陕西、新疆占比18%，华东地区江浙沪、山东占16%，南方区域单产11t牧场占比较少；我国高产牧场仍以大规模牧场为主，2023年收集的单产大于11t牧场323个，万头以上超大型牧场占18%，千头以下牧场仅占5%（图3-10）；高产牧场中私人牧场占比再次下降，2023年私人牧场仅占13.8%，2022年单产大于12t高产牧

① 杨晓晶.我国奶产业素质跨上新高度 2023年度奶牛产业与技术发展报告发布[N].中国食品报，2024-02-07.

场中私人牧场占比17%，2021年为18%，私人牧场占比逐年下降，2023年降幅最大；2023年高产牧场中挤奶机使用品牌仍以进口品牌为主，利拉伐占比44%，持续保持领先地位，基伊埃占26%，位居第二，阿菲金和博美特分别占比12%和6%，位居第三和第四，其他品牌如优利农、SCR（世亚工程设备有限公司）、怀卡托、华农等占比12%。

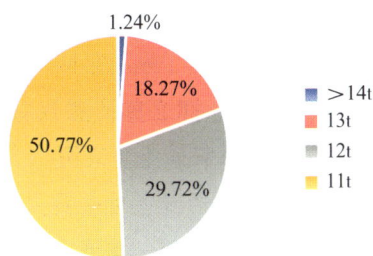

图3-10 单产11t以上牧场占比分布

资料来源：荷斯坦杂志

受进口饲料成本高企及市场供需影响，奶牛养殖出现普遍亏损。奶价出现持续下跌，主要原因是乳制品消费需求疲软，叠加生鲜乳产量增长所致，且奶价下降幅度高于成本下降幅度，导致行业出现普遍亏损。农业农村部公布的内蒙古、河北等10个主产区生鲜奶平均价格监测显示，2023年6月份均价3.88元/kg，比2022年6月份均价4.16元/kg，下降6.8%；2023年12月份均价3.67元/kg，比2022年12月份4.12元/kg，下降10.9%；2023年全年均价为3.85元/kg，比2022年4.16元/kg，下降7.5%，降幅为0.31元/kg（图3-11）。而同期，生鲜乳生产成本仅从3.86元/kg下降到3.76元/kg，下降2.6%，降幅0.1元/kg，奶价下降幅度约为成本下降幅度的3倍，每千克生鲜乳利润从2022年的0.4元下降到接近于0.09元，再加上限收生鲜乳的散奶价格仅2元/kg左右，导致2023年奶牛养殖业有60%～70%的养殖户出现亏损。

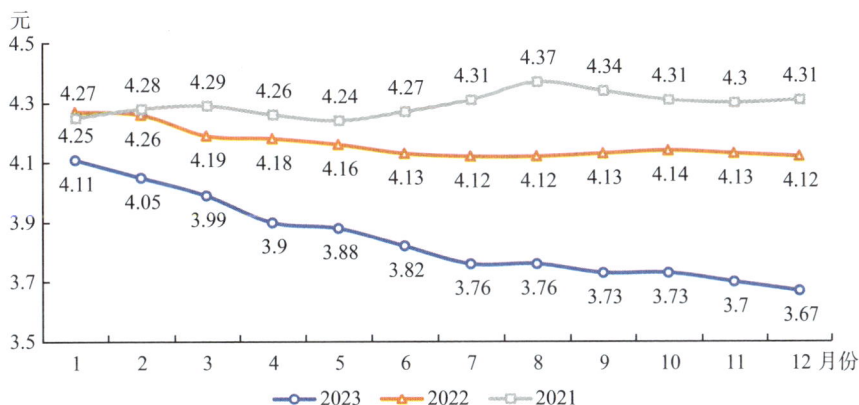

图3-11 2021—2023年主产省生鲜乳月度均价走势 单位：元/kg

资料来源：公开资料整理

（四）奶品加工

1. 乳品生产

乳制品产量出现波动。据国家统计局数据，2023年全国乳制品产量为3 055万t，与2022年3 118万t相比下降2.02%。从乳制品细分品类来看，2023年液体乳2 860万t，同比增长2.79%；乳粉87.18万t，同比下降1.38%；其他固态乳制品（炼乳、干酪、奶油等）产量约108万t，同比下降65.96%（图3-12）。供需矛盾在2023年表现更加明显。据调研，2023年2月龙头乳企平均每天喷粉生鲜乳量达到1.08万t，占全国收奶量17%左右，5月份日均喷粉生鲜乳量5 000t左右；2024年春节前部分大乳企仍在喷粉，大乳企预计每天喷粉生鲜乳在8 000t左右，全年喷粉生鲜乳量预计占商品奶8%左右[①]。

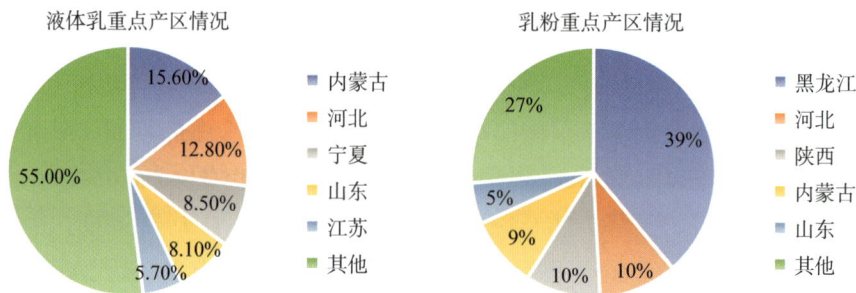

图3-12　2023年中国液体乳、乳粉重点产区生产占比

资料来源：国家乳业工程技术研究中心

乳制品质量持续提升。乳铁蛋白、β-乳球蛋白、糠氨酸等重要因子含量是体现乳品质量的重要指标，2024年南方奶业创新发展论坛上发布的数据显示，我国优质巴氏杀菌乳中乳铁蛋白等活性物质含量从2017年的10.4mg/L提高到2023年的42.9mg/L；β-乳球蛋白平均值从2019年的2 435.81mg/L上升至2021年的2 997.74mg/L；糠氨酸是反映牛奶热加工程度的敏感指标，国产巴氏杀菌奶糠氨酸含量平均值从2019年的18.43mg/100g蛋白质下降至2021年的12.60mg/100g蛋白质（图3-13），国产UHT（高温灭菌奶）奶中糠氨酸含量平均值从2019年的199.41mg/100g蛋白质下降至2021年的124.23mg/100g蛋白质；优质巴氏杀菌乳产量从2016年占全国巴氏杀菌乳总量的不足1%，扩大到

---

① 夏建民.2023年奶业形势回顾与展望[J].中国乳业，2024（2）：2-8.

2023年占全国巴氏杀菌乳总量的97%[①]。

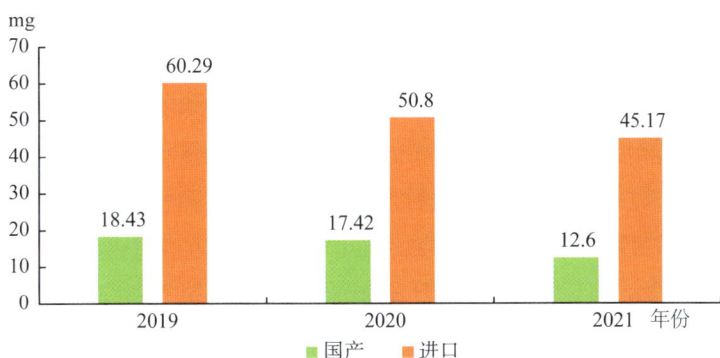

图3-13   国产与进口巴氏杀菌奶糠氨酸含量比较   单位：mg/100g

资料来源：2024年国家奶业科技创新联盟工作推进会议

乳制品研发进程加快。据《2023年度奶牛产业与技术发展报告》，2023年中国奶业持续加强乳酸菌种质资源库、基因组共享数据库建设，分离鉴定乳酸菌10 264株，建成全球最大、种类齐全的原创性乳酸菌种质资源库，入选首批国家农业微生物种质资源库序列；同时乳酸菌精准筛选、产业化关键技术及高活性复合益生菌发酵乳加工关键技术也取得创新与突破，如伊利自主研发的具有肠道健康功能的动物双歧杆菌乳亚种BL-99，具有缓解机体脂肪累积、改善代谢综合征等作用的副干酪乳酪杆菌K56，具有口腔健康功能的副干酪乳酪杆菌ET-22等，目前BL-99、K56和ET-22都已在伊利旗下系列产品中实现产业转化，取得较好的市场反响。此外，伊利还首次攻克益生菌在常温环境下失活技术壁垒，开辟酸奶健康消费新场景。在液态奶领域，乳铁蛋白定向保护技术、控糖牛奶开发等不断取得新技术突破口，如伊利通过全球首创的乳铁蛋白定向提取保护技术，将常温纯牛奶乳铁蛋白保留率由10%提高到超过90%，率先打破关键技术壁垒，极大地提升中国食品科技的全球话语权。在奶粉领域，2023年α-乳白蛋白分离纯化取得重要进展，得到纯度90.83%的α-乳白蛋白；母乳低聚糖（HMOs）获批使用，推动婴幼儿奶粉新一轮配方的进步。在奶制品检测领域，据《2023年度奶牛产业与技术发展报告》，2023年我国在国际上率先开发制定乳铁蛋白检测方法，并制定农业行业标准《奶及奶制品中乳铁蛋

---

① 毕美家，刘亚清，王加启，等.中国奶业高质量发展战略研究报告[J].中国奶牛，2023（11）：1-15.

白的测定高效液相色谱法》,帮助41家乳企在巴氏杀菌乳产品包装上标识量化乳铁蛋白含量,显著增强国产奶的核心竞争力。

2. 乳企发展

企业实力日益增强。从全国规上企业来看,2023年全国规模以上乳制品企业654家,主营业务销售总额4 621亿元,同比增长2.57%,高于食品制造业平均增速2.55%,在食品制造业7大行业中处第2位;利润总额394亿元,同比增长12.21%;销售收入利润率8.53%,同比增长4.53%。从中国奶业20强联盟数据来看,截至2024年5月,已有11家企业公布2023年主营收入,这11家企业销售总额达3 144.12亿元,占规模以上乳制品加工企业销售总收入的68.04%。以中国奶业20强联盟为代表的中国乳品企业,正在不断加大设备升级、提高生产技术,如伊利集团的现代智慧健康谷全球智能制造产业园的牛奶生产效率之高以秒计算,每秒生产牛奶11包,每小时生产牛奶4万包,是全球灌装速度最快、自动化和智能化水平最高生产线;企业注重利用数智化技术为生产、管理、消费赋能,伊利集团通过强化数据驱动决策,以终端订单数据反向精准指导生产管理,自推动全产业链数智化转型以来,公司全链条运营效率得到大幅提升,端到端产品创新周期缩短20%,间接采购效率提升40%。

品牌影响逐渐扩大。从荷兰合作银行发布的"2023年全球乳业20强"榜单来看,全球乳业20强中有2家中国企业,其中伊利稳居全球乳业五强,再次成为唯一进入全球五强的中国乳企,且连续十年蝉联亚洲乳业第一;随着中国乳制品企业进入全球乳业第一阵营,中国乳业在全球范围内的影响力和话语权逐渐提升。2015年中国奶业协会发起成立中国奶业20强联盟,2022年第三次换届,内蒙古伊利实业集团股份有限公司等20家企业入选,20强联盟的成立不仅建立起中国奶业发展的脊梁,也成为助推中国乳制品企业走品牌化之路的重要力量。

(五) 消费贸易

1. 奶类消费

从消费数量来看,2022年开始我国乳制品消费出现持续下滑。据中国经济网消息,以表观消费量计,2023年奶类消费总量(折原奶)约5 988万t,同比下降1.0%;与2022年下降8.6%相比降幅收窄,但考虑库存量,实际奶类消费水平要低于表观消费量。从人均消费量来看,2023年中国人均奶制品消费量为42.4kg,同比下降1.5%,而全球人均奶制品消费量为118kg,中国人均消费量仅为全球的三分之一。

从销售金额来看，2023年液态乳品销售额同比下降1.5%，据农业农村部食物与营养发展研究所监测数据，线下渠道液态乳品销售整体下滑，消费量同比下降3.7%。从销售均价来看，商务部市场监测数据显示2023年乳制品全年销售均价12.53元/kg，同比下降3.5%。

从消费结构来看，2023年前三季度液态奶销售总量有所减少，但消费细类呈现分化趋势，其中高端产品前三季度销量同比增长3.8%，销售均价同比下降0.5%；中端产品销量同比减少2.1%，销售均价同比下降2.6%；基础产品销量同比增长1.4%。销售均价同比下降0.9%。

从消费需求来看，2020年以来国内居民消费行为更为理性、更加关注性价比，受益于居民健康意识提升，近年来乳制品需求逐渐向白奶集中，2023年常温纯奶销售份额占比达到41%，而刚需属性偏弱、饮料属性更强的酸奶和乳饮品需求持续下滑（图3-14）。

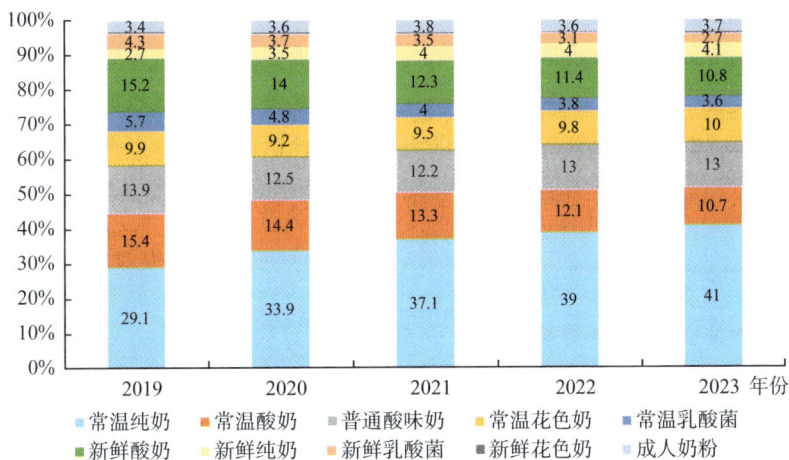

图3-14　2019—2023年不同品类奶制品销售额占比

资料来源：《2024中国乳品行业趋势与展望》

2. 进出口贸易

我国是世界乳制品进口大国，2023年我国共计进口各类乳制品287.81万t，进口额120.82亿美元，进口量折合鲜奶约1 993.5万t，相当于国内牛奶总产量的47.5%，进口额折合人民币相当于国内全行业营业总收入的19.5%，2023年我国乳制品进口量占世界乳品贸易总量（按2021年9 930万t乳当量计）的

21.4%。虽然 2023 年我国对乳制品的进口较多，但乳制品进口数量和金额同比开始回落，进口量同比减少 12%，进口额同比下降 13.3%。其中，进口干乳制品 204.29 万 t，同比减少 10%；进口额 104.43 亿美元，同比下降 14.8%；进口液态奶 83.52 万 t，同比减少 16.5%；进口额 16.39 亿美元，同比下降 2.2%。从主要品类来看，大包粉、炼乳和包装牛奶进口量大减，降幅均超 20%，婴配粉降幅达 16%，相反乳清粉和奶酪逆势增长，增幅分别为 9.4% 和 22.5%。从出口来看，我国乳制品出口规模较小，2023 年我国共计出口各类乳制品 5.81 万 t，同比增加 30%，出口额 2.66 亿美元，同比增长 34.5%。其中，出口干乳制品 2.58 万 t，同比增加 76.7%；出口额 2.29 亿美元，同比增长 41.2%。主要出口三大类产品，大包粉 13 830.07t，占 53.6%；婴配粉 6 120.01t，占 23.7%；炼乳 2 653.76t，占 10.3%[①]。进出口细分品类情况见图 3-15。

图 3-15　2023 年中国进出口细分品类占比情况

资料来源：中国乳制品行业 2023 年运行概况及下年度工作重点，国家乳业工程技术研究中心

我国奶牛养殖牧草及饲料原料仍有相当一部分需要进口。据海关统计，2023 年我国进口干草累计 107.15 万 t，同比下降 44.8%；进口额 53 795.43 万美元，同比下降 45.7%；平均到岸价 502.04 美元/t，同比下跌 1.7%。其中苜蓿干草是主要进口品种，2023 年我国共进口苜蓿干草 99.95 万 t，占 2023 年苜蓿干草消耗量的 43%，同比下降 44.1%；进口金额 51 064.60 万美元，同比下降 44.8%；平均到岸价 510.90 美元/t，同比下跌 1.3%。从进口来源国看，苜蓿干草进口主要来自美国 89.82 万 t，同比下降 35.9%，占总进口 89.9%，进口金额 46 170.09 万美元，同比下降 39.1%，

① 国家奶牛产业技术体系奶业经济研究室．中国奶业贸易月报 2024 年 01 月．

进口价格514.05美元/t，同比下降5%；南非4.44万t，同比下降49.4%，占总进口4.4%，进口金额2 238.12万美元，同比下降41.6%，进口价格503.77美元/t，同比上涨15.4%；西班牙3.15万t，同比下降86.4%，占总进口3.1%，进口金额1 493.59万美元，同比下降84.9%，进口价格474.54美元/t，同比上涨11.1%。

在奶牛育种领域，我国对种牛和冻精进口需求量也较大。据中国海关统计，2023年我国共进口活牛14.82万头，同比减少57.6%，进口额3.18亿美元，同比减少60.4%，平均价格为2 149美元/头，同比上涨6.6%。其中，从澳大利亚进口8.94万头，占进口总量的60.4%，同比减少31.6%；新西兰进口4.28万头，占进口总量的28.9%，同比减少69.6%；乌拉圭进口0.81万头，占进口总量的5.4%，同比减少86%；智利进口0.77万头，占进口总量的5.2%，同比减少62.8%。2023年我国共进口冻精1 323.13万剂，同比增加7.2%，进口额1亿美元，同比增加2.7%，平均价格为8美元/剂，同比上涨4.2%。其中，从美国进口1 029.38万剂，占进口总量的77.8%，同比增加2.1%；欧盟进口238.11万剂，占进口总量的18%，同比增加42.3%。

（六）特色奶业

1. 羊奶产业

羊奶作为一种高品质食品，其营养价值和健康优势得到越来越多的消费者认可。据智研咨询报告，2022年我国羊奶产量为155.38万t，同比增长3.1%。其中，绵羊奶产量占85.18%，山羊奶产量占14.82%。2022年我国羊乳制品产量约为25.46万t，需求量约为26.64万t。我国奶山羊饲养地区主要分布在陕西、内蒙古、山东、云南、甘肃等地。陕西省为全国奶山羊存栏量最多的地区，也是全国最大的羊乳加工基地，全省涉及羊奶加工企业34家，其中婴幼儿配方羊奶粉加工企业20家，5家为国家级农业产业化重点龙头企业，全省羊奶年加工能力约150万t，羊奶粉产销量占国产羊奶粉市场份额80%以上，婴幼儿配方羊奶粉占国产市场份额95%以上[1]。羊奶粉因其拥有小分子、易吸收、不易致敏、不易长胖等特点，在居民健康观念升级，营养需求增加的大背景下，消费市场发展迅速升温。2023年我国羊奶粉市场规模为167.1亿元，同比增长12.7%，从市场结构来看，婴幼儿羊奶粉占比最大为69%，其次是中老年

---

① 沈谦."陕西羊乳中国行"首场推介会在长沙举行[N].陕西日报.2024-06-11.

羊奶粉占比为18.5%，儿童羊奶粉占比7.5%，其他类羊奶粉占比为5%。近年来，随着羊奶产业发展势头强劲，国内知名乳企也纷纷布局，目前国内市场羊奶粉品牌已超过100个，生产婴幼儿配方羊奶粉企业超过40家。从产品定位和目标消费群体角度来看，我国羊奶参与企业主要可以分成三大类：传统羊乳制品生产企业、传统牛乳制品大型加工企业向羊乳市场拓展、外资或国外品牌在华销售。

现阶段中国奶山羊繁育工作已基本可以满足国内选育技术需求。我国最优秀的奶山羊品种为西农萨能奶山羊，并以此为基础培育形成四个知名奶山羊品种：关中奶山羊、崂山奶山羊、文登奶山羊和雅安奶山羊。此外，西农萨能奶山羊还被作为父本，与多地原有的山羊品种不断杂交，广泛用于地方奶山羊改良，形成唐山奶山羊、河南奶山羊、延边奶山羊等生产性能良好且具有地方特色的奶山羊品种。目前我国奶山羊繁育工作主要依托于萨能羊原种场和千阳县种羊场，通过广泛引入中国良种奶山羊群体和采用高效繁殖技术，在陕西、山东、云南、黑龙江、甘肃、内蒙古、河南等地建成一批奶山羊原种场、育种场、扩繁场，优良种羊规模日益扩大，良好的奶山羊繁育体系初步成型。

在品质提升方面，通过种质创新研究，利用全基因组关联分析、基因组、表观基因组学和转录组测序等多组学技术，剖析产奶、繁殖和抗病等重要性状遗传基础，进一步加强奶山羊、奶绵羊良种选育及新品种培育，为羊奶成分有效调控提供基础理论。同时，借助奶山羊乳房开发乳腺生物反应器，研制出可生产t-PA、人凝血IX因子、人AAT蛋白、人乳铁蛋白、人乙肝表面抗原、B-干扰素、抗凝血酶III因子等羊奶的山羊个体。育种新技术不断应用，2023年7月我国某奶绵羊研究团队研发出"奶绵羊20K功能位点液相育种芯片"，该芯片以产奶性状作为育种应用重点方向，可快速检测奶绵羊产奶等主要经济性状相关SNPs位点，进行分子标记辅助育种，同时利用GBLUP（Genomic Best Linear Unbiased Prediction）等模型计算种羊全基因组估计育种值（GEBV），提高奶绵羊选育效率和准确性，该芯片可应用在奶绵羊全基因组选择育种、建立种羊基因身份证、分子标记辅助选择等场景[1]；2023年11月我国某奶羊产业技术创新团队成功研发出"奶山羊20K育种液相芯片和5K选育液相芯片"，此两款芯片将有力推动我国奶山羊品种血统鉴别、品种保护、亲子鉴定以及分子

---

[1] 国内首款：西北农林科技大学团队研发出奶绵羊育种专用芯片[N].农业科技报.2023-07-03.

标记辅助育种和全基因组选择育种工作，并通过对奶山羊的产奶量等重要经济性状鉴定，实现在羊羔早期的选留和淘汰[①]。

2. 水牛奶产业

水牛奶与其它牛乳相比，具有更高的营养价值，综合营养是普通牛乳的1.85倍。目前，水牛奶在全球奶类占比在15%左右，但我国水牛奶占比仅为0.15%，远低于世界水平。广西是我国水牛奶第一大区，其奶水牛存栏量和水牛奶产量居全国首位，广西本地粗饲料资源丰富，地理环境适宜奶水牛养殖，截至2024年上半年，广西奶水牛存栏量达4.64万头，能繁母牛量3.13万头，水牛奶产量2.48万t，奶水牛全产业链产值接近150亿元，已孵化10多家水牛奶加工企业。目前，水牛乳是两广地区常见的日常食物，因水牛乳具有口感清香、浓厚、饱满，没有膻味的特质，深受广大消费者青睐。随着新茶饮和电商平台的推广，水牛乳作为地方特产，开始逐渐成为乳制品新贵；2023年水牛乳在新式茶饮和甜品行业的表现格外突出，头部品牌陆续推出水牛乳奶茶，如知名的双皮奶、姜撞奶等甜品都是以水牛乳为原材料[②]。

2024年3月，世界最大、全国唯一的国际奶水牛繁育研究基地在广西开工，基地建成后将围绕广西水牛遗传资源保护和利用，以提高奶水牛繁殖率、产奶量、适应性和抗病性为目标，通过基因组育种、胚胎生物技术、营养调控等创新手段，引进具有高利用价值的水牛种质资源，加速培育我国奶水牛业新质生产力[③]。2024年6月，我国首批5 000枚进口巴基斯坦优质奶水牛胚胎在南宁入境，水牛胚胎在通关验放后第一时间运往企业投入奶水牛改良繁育生产，这是我国奶水牛业67年育种史上首次引进境外优质奶水牛胚胎，不仅是产业创新、行业突破，更是一项国际合作的重要成果。

三、中国奶业发展中存在的问题

（一）奶业育种基础薄弱

奶牛冻精是奶业核心种质资源的代表，目前我国奶牛冻精超过70%需要

---

① 安小鹏.西北农林科技大学奶羊产业技术创新团队开发液相芯片育种新技术助力奶山羊品种培育[EB/OL].（2023-11-09）[2023-11-09]. http://www.nkb.com.cn/2023/1109/464002.html.

② 广西奶业协会.广西乳企参加2024中国（国际）乳业技术博览会后续报道.2024.06.17.

③ 张文卉.全国唯一：国际奶水牛繁育研究基地在广西开工[N].南国早报.2024-03-28.

从国外进口,国内奶牛优质种源自给率较低,这反映出我国奶业育种领域创新能力不强,发展基础薄弱。

一是育种体系建设不够完善。现代化奶牛育种体系包括品种登记、性能测定、体型鉴定、基因组检测、遗传评估、种质资源管理等多个环节,不同环节分别由行业协会、性能测定中心、基因组检测实验室、数据中心、遗传评估中心、资源管理中心等机构负责,但因我国奶牛育种工作起步时间较晚,各机构分别开展工作,目前有效的业务联结机制较为缺乏,致使种牛自主选育体系运行机制不健全,带来产业参与度低、公信力不足等问题。

二是育种基础性工作相对薄弱。我国在奶牛品种登记、性能测定、体型鉴定和遗传评估等领域,还缺乏相应的政策与资金支持。从品种登记来看,种公牛登记由企业自行注册、省级畜牧主管部门组织评定和核验,缺少亲子鉴定、遗传缺陷鉴定等环节。母牛登记由行业自发进行,主要依赖奶牛生产性能测定采集相关数据,尚未形成完整体系。2023年全国虽有194.5万头奶牛参与生产性能测定,但参测比例较低,参测比例为54.5%,美国参测比例超过90%[①],且测定工作依赖政府补贴展开,奶牛场自费测定趋势尚未形成,系谱、繁殖数据记录存在缺失。从体型鉴定来看,我国目前基本建立起相关标准制度和人才队伍,但尚未大批量开展全国性交叉鉴定工作。从遗传评估来看,与奶牛种业发达国家相比,我国在繁殖、产犊、长寿、健康、饲料转化率等方面仍处于空白阶段,性状记录覆盖度不够,平衡育种理念意识欠缺。

三是优质种子母牛群体规模小。我国奶业在育种基础群及核心群规模、种牛选择强度方面与奶业先发国家有较大差距。到2018年才开始启动国家奶牛核心育种场建设遴选工作,到2023年建成26个国家奶牛核心育种场。核心群存栏规模小,2022年我国核心群存栏量不足1万头,荷斯坦牛存栏量约为600万头,核心群占存栏量比例不足千分之二,且也没有针对核心群开展有效遗传评估,种子母牛数量、质量与奶业发达国家相比存在较大差距。截至2022年每年开展生产性能测定的母牛约160万头,参加体型鉴定的母牛约5万头,可用于育种资源的群体较少。

四是关键技术和产品缺乏自主创新。基因检测芯片、遗传评估软件、性

---

① 杨晓晶.缺少优良品种缺乏核心技术奶牛育种"卡脖子"难题待解[N].中国食品报.2021-04-13.

控技术、高效扩繁技术等关键技术产品的国产化程度较低，我国虽在荷斯坦牛高密度单核苷酸多态性（SNP）育种芯片的自主开发方面取得重要突破，但奶牛基因选择使用的高通量单核苷酸多态性（SNP）芯片对国外依赖程度依然很高，除需支付高额检测费外，还面临着育种遗传信息泄露风险；目前我国在奶牛繁殖、健康、生产寿命、饲料转化率等新性状遗传评估模型尚未建立，奶牛种质自主评估存在严重短板；在常规遗传评估工具方面，使用的CDN（Content Delivery Network，即内容分发网络）软件引自加拿大，DMU（Digital Mock-Up，即电子样机）软件引自丹麦，国内无自主开发的遗传评估软件系统；在性别控制技术领域，X/Y精子分离技术知识产权分别被美国意法半导体公司和ABS（ABSGLOBAL，INC）公司垄断；在奶牛高效扩繁技术领域，胚胎生产过程中超数排卵所使用的促卵泡素以及胚胎培养液等试剂药品长期依赖进口，国内尚无稳定成熟的替代产品。

五是良种高效扩繁产业化程度低。胚胎良种扩繁技术和精液性控分离技术是奶牛遗传改良和种牛培育的关键，我国在20世纪90年代开始研究胚胎良种扩繁体系，但目前国产促排激素效果不稳，体内外胚胎生产效率与国际存在较大差距，成母牛年总繁殖率约为70%，低于奶业发达国家75%的水平；国内人工授精技术虽已广泛应用，但种公牛每年3.5万剂/头的冻精生产效率较国外10万剂/头相比，仍有近2倍差距，且精液性控分离技术被国外专利垄断，致使我国无法自主生产性控冻精。

六是种畜健康检测和记录不完整。种畜健康是高产的保证，目前国内对种牛健康和疾病等性状选育重视不足，缺乏奶牛健康信息记录，无法实现健康等相关性状数据收集，选育种畜存在潜在健康和疾病的风险较大。在种畜重要遗传缺陷疾病和传染性疾病检测方面，因没有统一的第三方检测监测平台，缺乏权威性。牛病检测、诊断、治疗预防是强专业性工作，需职业兽医服务，但因我国现阶段的兽医服务社会化水平较低，与牛病防治行业的发展需求差距较大[①]。

（二）原奶生产困难重重

目前，我国原奶生产处于奶周期形成的供给过剩时期，当下原奶市场供

---

① 中国奶业战略发展重点课题研究报告2022—023年度.

大于求，奶价连连下跌；同时还面临着饲料等养殖费用居高不下，养殖成本高企，从而导致奶牛养殖的利润空间被严重压缩，2023年养殖牧场企业多数出现亏损，原料奶生产面临困难重重，可谓是正处于2008年婴幼儿奶粉事件以来的最困难时期。

一是原料奶过剩压力日益变大。从原料奶生产来看，随着我国近些年奶牛养殖规模扩大，牛奶产量节节高攀，2018年全国牛奶产量为3 075万t，2023年全国牛奶产量首次突破4 000万t，达到4 197万t，牛奶产量五年间增长36.49%；但从乳品消费来看，由于受疫情影响，国内部分居民出现需求萎缩、消费降级。2018年全国乳制品总产量为2 687万t，2023年全国乳制品总产量为3 055万t，五年间仅增长13.7%。现阶段我国奶业处于供大于求阶段，导致原料奶市场价格一路下跌。农业农村部数据显示，2023年我国奶业主产省份生鲜乳均价3.84元/kg，较2022年4.16元/kg下降约7.7%，原料奶生产压力逐渐扩大。

二是养殖成本居高不下。豆粕、玉米、苜蓿是奶牛养殖饲料的主要原料，2023年我国豆粕均价为4 296元/t，玉米价格全年动荡，两者价格虽均较2022年期间略有下降，但仍处历史高位；苜蓿我国仍需大量进口，中国海关统计数据显示，2023年我国进口苜蓿干草价格平均到岸价510.9美元/t，较2022年下跌1.3%，但同样处于历史较高水平。

（三）精深加工技术不足

现阶段，我国乳制品的加工创新主要围绕常温液态奶展开，对乳制品的精深加工研究不足，且乳制品生产加工核心技术设备自给率较低，尚未形成自主可控的乳制品精深加工核心技术体系。

一是乳制品生产结构相对单一、多元化发展不足。当下我国乳制品生产结构以常温液态奶为主，低温奶、乳粉、奶酪等固态乳制品占比较低，低脂、高蛋白、有机等不同类型乳制品以及功能乳制品的生产份额更是微小，无法以营养为导向来满足消费者的多元化需求。中国乳制品工业协会2022年数据显示，全国规模以上乳制品加工企业的常温液态奶占其所产乳制品的比重约为71.47%，低温乳、乳粉、奶酪等固态乳制品分别占比为22.35%、3.16%、3.02%。同时乳制品创新力度不足，现有乳制品同质化较为严重，我国乳制品行业更多是围绕包装、口味等展开创新，对于功能性探索较为欠缺，针对特定场景应用开发较少，尤其是对于老年消费群体，品类单一、产品同质化问题突出 [①]。

二是未充分发挥本土低温乳制品优势。与常温奶相比，巴氏杀菌乳加工温度更低，能在最大限度上保持牛奶风味和营养鲜活物质，其营养价值远高于常温奶，且巴氏杀菌乳对原奶的质量要求更高。因此，充分发挥巴氏杀菌乳优势，对提升我国居民健康水平，以及凸显我国乳制品对进口产品的竞争优势，具有重要意义。但鉴于国内冷链建设还不完善、消费认知不足等原因，巴氏杀菌乳市场占有率始终在低位徘徊，2022年巴氏杀菌乳产量仅占液态乳产量的7.61%。

三是精深加工技术总体滞后。目前，我国乳品精深加工和配料研发存在明显短板，干酪、乳清、黄油、乳蛋白以及各类功能性蛋白等高附加值产品主要依赖进口。干酪营养价值高、附加值高且易储存，是发达国家常见深加工乳制品，但由于我国干酪生产技术不足，干酪生产严重依靠进口，国内生产的干酪主要是以进口产品为原料的再制奶酪为主，2022年再制干酪占国产干酪生产份额的98.76%，2023年在乳制品进口总体回落趋势下，我国干酪进口不降反增，进口同比增加22.55%。乳清为原制干酪副产品，是由生产奶酪时产生的乳清液经高温喷粉得来，乳清粉是婴幼儿配方乳粉的主要原料，在婴幼儿配方奶粉中乳清粉使用比例超过50%，鉴于我国原制干酪生产比例仅占干酪的1.24%，导致我国乳清粉也基本全部依赖进口，2023年我国进口乳清粉达到66.31万t，同比增长9.37%。当前我国的乳清粉生产主要受两方面因素限制，一方面是我国居民尚未形成奶酪等干乳制品消费习惯，国内达到一定原制奶酪生产规模企业很少，无法有效利用乳清液生产乳清粉。经测算，要达到乳清喷粉的合理规模，加工厂日处理原奶能力应达到300～350t，这相当于存栏2万头高产奶牛牧场日产奶量；另一方面是我国原奶生产成本偏高，按1kg硬质奶酪需消耗10kg原奶折算，一般企业无法承受 [②]。

四是核心生产设备自主率低。目前，我国乳品加工领域设备对外依存度高，自主可控核心技术体系尚未形成。乳制品生产企业的主要技术设备基本从国外进口，对外依存度极高，国内设备厂商市场份额甚少。国内乳品加工设备机械化、信息化和智能化技术开发与应用不足，国内装备距国际先进水平差距

①② 陈萌山、刘亚清、王加启，等. 促进我国乳制品消费战略研究报告[J]. 中国奶牛. 2023（10）：1-10.

较大，国产设备模仿痕迹重，更多的拿来主义导致设备创新水平低，难以形成系统的核心技术体系。由于国外进口设备价格高，拉高终端产品价格，从而导致产品综合竞争力进一步降低[①]。

（四）消费市场需求疲软

我国居民现阶段还未建立起科学的乳制品消费习惯，消费量和消费需求不足世界平均水平；同时乳制品市场存在结构性饱和与短缺等供给侧问题，新型乳制品占比低，不能满足消费者多样化需求；此外，针对乳制品的正面宣传工作做得还不够到位，这些均是导致乳制品消费市场需求疲软，增长乏力的重要原因。

一是营养意识和奶制品消费习惯不够科学。我国虽已连续多年在《中国居民膳食指南》中强烈推荐，要保证每天300g以上的乳制品摄入，但目前人均饮奶量仍远未达标，2023年中国人每天平均奶制品消费量为116g，仅约占世界平均水平的三分之一。同时，我国乳品消费习惯也不够科学，目前仍以喝奶为主，而世界以吃奶为主，除喝液态奶外，还吃奶酪、奶油、黄油、炼乳等各类干乳制品。消费者营养认知不足、对产品质量安全存在担忧是导致消费不足的主要原因。农业农村部农产品市场分析预警团队调查发现，居民对不同乳制品在营养价值方面的认知水平较低，消费者摄入量认知达标率仅40.4%，六成人不认为乳制品是每日膳食必需品，对乳品营养健康认识率普遍较低，绝大多数消费者不了解常温奶和低温鲜奶的区别；同时在农村地区普遍认为含糖乳饮料、乳酸菌等可以替代乳品，进一步加剧城乡居民乳品消费差距，甚至成为一些落后农村地区儿童营养不良的主要原因；有些地区则认为牛奶寒凉，不适宜孩童喝。乳品始终没有走出礼品、保健品和婴幼儿乳品的"三品"消费，尚未成为大众日常消费[②]。凯度数据显示，乳品仍具有很强的礼赠、节日消费属性，福利礼品渠道销售额占比达到14.2%。据调研，目前我国仍有部分地区居民对乳品安全存在担忧，如在一些偏远地区，"三聚氰胺"的影响还未消除，

① 毕美家、刘亚清、王加启，等．中国奶业高质量发展战略研究报告[J]．中国奶牛．2023（11）：1-15.
② 杨祯妮．周琳，程广燕．我国奶类消费特征及中长期发展趋势预测[J]．中国畜牧杂志，2016.52（2）：4.

不少消费者对乳制品的质量安全仍持担心态度[①]。

二是乳品市场处于总量过剩和结构性短缺矛盾之中。奶制品供给总体处于过剩状态，过剩主要以常规液态奶和奶粉为主，目前无论是城市和农村市场中各种常规液态奶品种齐全、货源充足、促销活动层出不穷，已处于相对饱和状态。受到新生婴儿数量下降影响，我国奶粉需求逐年下降，2019年全国新生婴儿1 465万，2023年为902万，下降38.43%；2019年全国乳粉产量为94.8万t，2023年为87万t，下降8.23%，奶粉市场同样出现产能过剩。与此同时，我国的乳粉、干酪、奶油、乳清制品、乳蛋白产品几乎全部依赖进口，且市场上新型液态乳产品占比偏低，不能满足消费者多样化消费需求，在乳制品发达国家有促进睡眠、控制体重、抵抗疲劳等多样化新型液态乳制品，而我国由于这类基础研究匮乏，导致新型液态乳产品很少[②]。同时低温液态奶和奶酪消费结构不够合理，2022年我国巴氏杀菌乳在乳制品生产中仅占约7.14%，而发达国家巴氏杀菌乳的市场占有率均在80%以上。此外，因我国没有吃奶习惯，奶酪消费也不足3%，而在欧美国家奶酪占奶制品消费的30%～50%。

三是乳品营养健康宣传不足。乳制品可提供优质蛋白质、钙、维生素A等多种营养物质，长期食用可起到补钙、帮助睡眠、美容养颜、促进智力发育、缓解身体疲劳等作用，且我国已连续15年生鲜乳抽检合格率达到100%，乳制品质量抽检合格率连续多年居于食品行业之首。但目前依然有一部分消费者对国产乳制品存在不信任，这主要由两方面所导致。一方面是近年来有关乳制品的谣言及负面舆论事件层出不穷，如牛奶会致癌、复原乳是假牛奶、营养价值不高等，这些言论在一定程度上对消费者产生了误导；另一方面是我国奶业对乳制品近年来在质量提升方面所取得显著成果的宣传未深入人心，对普及牛奶营养价值、增强国产牛奶信心、倡导科学饮奶方面引导不足，乳制品的正面科普宣传力度有待提高。

① 陈萌山、刘亚清、王加启，等.促进我国乳制品消费战略研究报告[J].中国奶牛.2023（10）：1-10.

② 毕美家、刘亚清、王加启，等.中国奶业高质量发展战略研究报告[J].中国奶牛.2023（11）：1-15.

第四章

展望与外观：纵览全球态势，明晰国际竞争地位

随着全球碳排放交易的设立以及欧盟牛奶配额放开，各国奶业发展出现新态势。从2014年开始，中国奶业转型升级步伐加快，2020年存栏100头以上规模化牧场比例已经超过67%，机械化挤奶率达到100%；荷斯坦奶牛年单产已经达到8.3t，逐步接近奶业发达国家水平。为了更快地促进中国奶业的振兴步伐，本书分析了奶业发达国家在奶牛养殖、奶制品加工、奶制品消费、奶制品贸易以及促进奶业发展等方面的政策和经验，旨在为进一步提升中国奶业竞争力，加快形成奶业新质生产力提供有力支撑。

一、审时度势，世界奶业发展趋势研判

（一）生产端：生产效率或将成为牛奶增产的主导因素

预计未来十年，世界牛奶产量将以每年1.5%的速度稳步增长（到2032年将达到10.39亿t），增速快于大多数其他主要农产品（图4-1）。预计产奶动物数量将强劲增长（每年1.3%），尤其是在撒哈拉以南非洲地区以及印度和巴基斯坦等主要产奶国，这些国家的牛奶产量较低。然而，在世界上大多数地区，预计单产增长对产量增长的贡献大于畜群增长，后者的驱动因素包括优化牛奶生产系统、改善动物健康和饲料效率。

印度是全球最大的牛奶生产国，预计产量将继续强劲增长。印度牛奶生产以与合作社相关的小家庭为基础，进行加工和分销，预计增长将更多来自奶牛和水牛数量增加以及单产的提高。

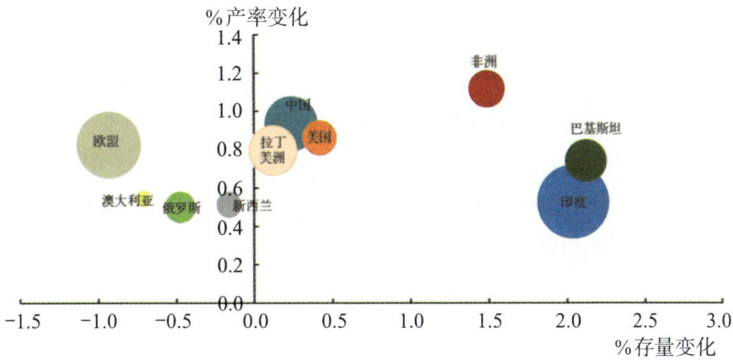

图4-1　2022—2032年奶牛存栏量和产量年度变化

注：气泡的大小指的是基准期2020—22年的牛奶总产量。

随着奶牛存栏量减少和产量增长放缓，欧盟的牛奶总产量预计将下降。牛奶产量通常取决于草料和饲料，随着欧盟各国居民对有机食品的日益关注，未来有机奶所占市场份额预计将不断增长。目前，在奥地利、丹麦、希腊、拉脱维亚和瑞典，10%以上的奶牛属于有机系统，德国和法国的有机奶制品产量也有所增加。但由于有机奶牛的产量比传统生产系统低约四分之一，而且生产成本较高，市场售价普遍相对较高。

北美是平均每头奶牛单产较高的地区之一，因为草饲产量占比较低，饲养侧重于专业奶牛群的高产（图4-2）。预计美国和加拿大的奶牛群将基本保持不变，产量增长将源于进一步提高单产。由于预计国内对乳脂的需求将保持强劲，美国将继续扩大脱脂奶粉出口。

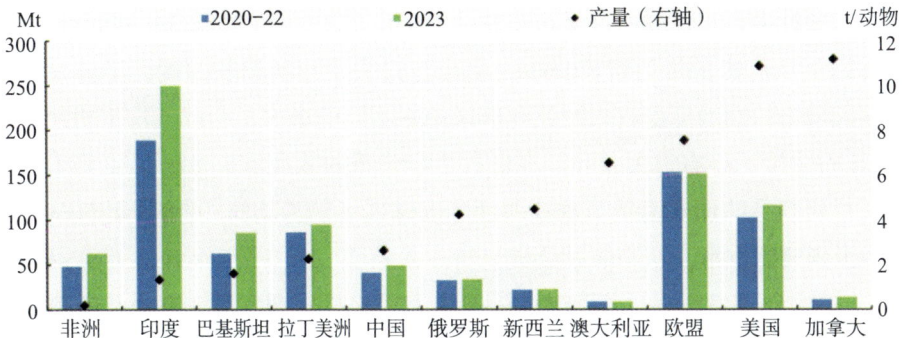

注：产量按每头产奶牲畜（包括奶牛、水牛、骆驼、绵羊和山羊）计算。

图4-2　部分国家和地区的牛奶产量

资料来源：OECD-FAO Agricultural Outlook 2023—2032

尽管新西兰的牛奶产量仅占世界牛奶产量的 2.5%，但却是出口量最大的国家。在过去二十年中，新西兰牛奶产量强劲增长，但近年来增长陷入停滞，预计未来十年的年增长率仅为0.4%。新西兰牛奶生产主要以天然牧场为主，产量远低于北美和欧洲。然而，草地管理的成本效益使新西兰牛奶制品具有竞争力。制约新西兰牛奶产量增长的主要因素来自土地供应、不断增加的环境限制（2002年《气候变化应对法》的2019年《零碳修正案》）等，但今后新西兰转向基于饲料的更多生产的可能性不大。

非洲的产量预计将强劲增长，这主要归功于其畜群规模较大。这些畜群的产量通常较低，而相当一部分奶产量将来自山羊和绵羊。大多数奶牛、山羊和绵羊都以放牧为生。

未来十年，全球约有30%的牛奶将被进一步加工成黄油、奶酪、脱脂奶粉、全脂奶粉或乳清粉等产品。不过，这些产品地区分布明显不同。在高收入国家，大部分牛奶被加工成奶制品。鉴于对黄油和奶酪的直接食用需求量很大，目前它们占欧洲和北美乳固体消费的很大一部分。脱脂奶粉和全脂奶粉主要用于贸易，用于食品加工行业，尤其是糖果、婴儿配方奶粉和烘焙产品。在低收入和中低收入国家，大部分牛奶被加工成新鲜奶制品。

（二）消费端：收入水平成为决定奶制品消费偏好的关键变量

尽管牛奶是一种极易变质的产品，必须在采集后立即进行加工，但大多数牛奶都是以新鲜奶制品的形式消费的，其中包括发酵和巴氏杀菌奶制品。由于印度和巴基斯坦的需求增长强劲，而收入和人口增长又进一步推动了需求增长，预计未来十年鲜奶制品在全球消费中所占的份额将会增加，同时全球人均鲜奶制品消费量年均增长1.0%，略高于过去十年的增长速度，主要是受人均收入增长的推动。受收入增长和地区偏好不同的影响，全球人均牛奶消费量（以乳固体计）将有很大差异。在低收入和中低收入国家，大部分牛奶生产都以新鲜奶制品的形式消费。预计印度和巴基斯坦的人均鲜奶制品消费量较高，而中国则较低。

在欧洲和北美地区，新鲜奶制品的人均总体需求量呈现下降态势，需求构成近年来正转向乳脂，如全脂饮用奶和奶油。随着植物性奶制品替代品越来越多，与新鲜奶制品的竞争大于与加工奶制品的竞争。加工奶制品，特别是奶酪，在乳固体总消费量中所占的份额预计与收入密切相关，但也会因当地偏好、饮食限制和城市化而有所变化。欧洲和北美洲的奶酪消费量在奶制品总消费量中所占的份额最大，是消费量第二大的奶制品，预计这两个地区的人均消费量在预测期内将继续增长。在奶酪传统上不是国民饮食一部分的地区，奶酪的消费量也将增加。在东南亚国家，随着城市化和收入增加导致了更多的外出就餐，包括汉堡和披萨等快餐。由于偏好的改变，黄油消费在东南亚国家也将持续增长。

（三）贸易端：出口国将愈发集中且进口国愈发分散

世界牛奶产量中只有约7%用于国际贸易，这主要是由于牛奶易变质且含水量高（超过85%）。世界上生产的全脂奶粉和脱脂奶粉有50%以上用于贸易。新鲜奶制品的贸易量非常小，在邻国（加拿大和美国）之间只有少量发酵奶制品。中国从欧盟和新西兰进口液态奶是一个例外，这是因为超高温牛奶和奶油产品可以远距离运输，而且在即使考虑运费的情况下，与中国较高的原奶收购成本相比，进口液态奶依然有利可图。基期内，中国鲜奶制品的净进口量达到120万t，预计在未来十年内不会有太大增长。

预计世界奶制品贸易量将在未来十年扩大，到2032年达到1 420万t，比基期高出11%。这一增长的大部分将由美国、欧盟和新西兰的出口增长来实现（图4-3）。预计到2032年，这三个国家的出口量将分别占奶酪出口量的65%、全脂奶粉出口量的70%、黄油出口量的70%和脱脂奶粉出口量的80%。另一个出口国澳大利亚虽然仍是奶酪的主要出口国，但其市场份额已有所下降。就全脂奶粉而言，阿根廷也是一个重要的出口国，预计到2032年将占世界出口量的5%。近年来，白俄罗斯已成为重要的出口国，由于俄罗斯自2015年起对几个主要奶制品出口国实施禁运，白俄罗斯出口主要面向俄罗斯市场。

欧盟将继续成为世界主要奶酪出口国，其次是美国和新西兰。预计到2032年，英国、日本、俄罗斯、欧盟和沙特阿拉伯将成为五大奶酪进口国，这些国家通常也是奶酪出口国。新西兰仍是国际市场上黄油和全脂奶粉的主要来源，预计到2032年其市场份额将分别达到40%和60%左右。中国是新西兰全脂奶粉的主要进口国，但预计在预测期内，两国之间的贸易将不那么活跃。中国国内牛奶产量的预期增长将限制全脂奶粉进口的增长。预计在展望期内，新西兰将实现奶制品多元化，并略微增加奶酪产量。预计美国将成为未来十年最具活力的大型出口国，并特别扩大脱脂奶粉出口。脱脂奶粉进口遍布全球，因为它通常是最容易用于食品加工的奶制品。

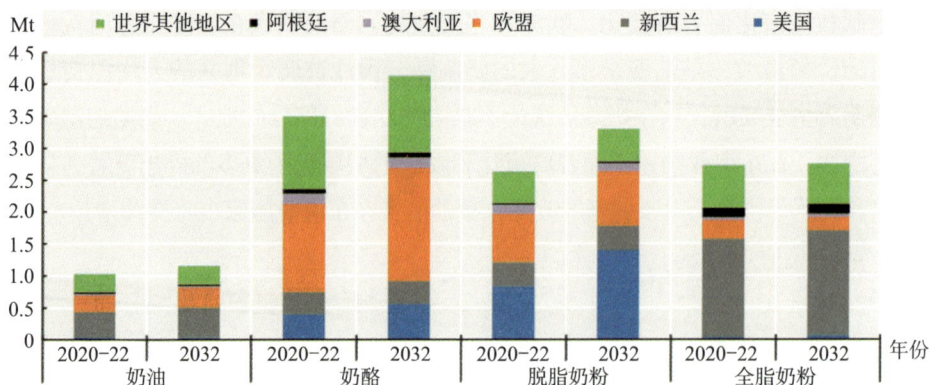

图4-3 各地区奶制品出口情况

资料来源：OECD-FAO Agricultural Outlook 2023—2032

进口奶制品在各个国家分布更广泛，所有奶制品的主要出口目的地是近东和北非地区、东南亚地区（图4-4）。预计中国将继续成为世界主要奶制品进口国，尤其是全脂奶粉。预计到2032年，中国进口的奶制品将占全球进口量的21%。与传统市场相比，中国的人均奶制品消费量相对较低，但过去十年需求大幅增加，预计增长趋势还将继续。

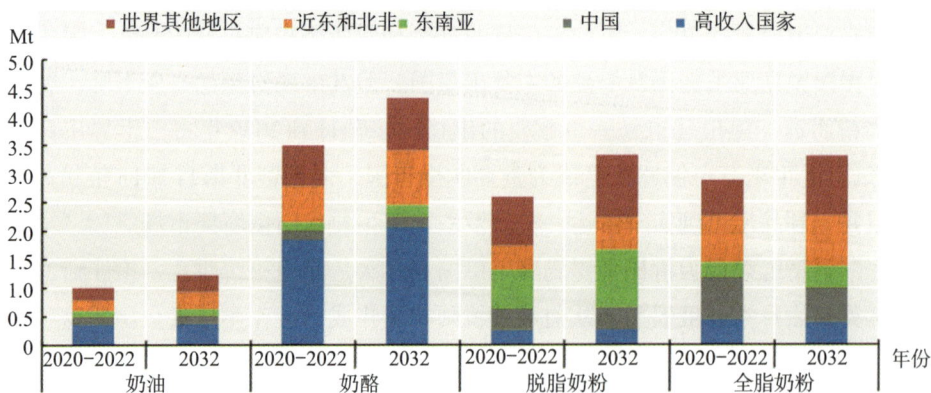

注：NENA代表近东和北非；东南亚包括印度尼西亚、马来西亚、菲律宾、泰国和越南。

图4-4 各地区奶制品进口情况

资料来源：OECD-FAO Agricultural Outlook 2023—2032

虽然一些地区（如印度和巴基斯坦）可以自给自足，但非洲、东南亚和近东地区的奶制品总消费量预计增长快于产量，从而导致奶制品进口量增加。

由于液态奶贸易成本高，预计这一需求增长将通过奶粉来满足，奶粉在最终消费或进一步加工时会加水。预计近东和北非地区的进口将主要来自欧盟，而美国和大洋洲预计将成为东南亚奶粉的主要供应国。

（四）价格端：国际乳制品实际价格或将呈下降趋势

国际奶制品价格是大洋洲和欧洲主要出口国的加工产品价格。两个主要参考价格是黄油和脱脂奶粉，其中黄油是乳脂的参考，脱脂奶粉是其他乳固体的参考。自2015年以来，黄油价格的涨幅远高于脱脂奶粉。对乳脂的需求增加导致两种产品之间出现价格差距，而国际市场上对乳脂的需求较其他乳固体更强劲，将继续支撑黄油价格。因此，黄油和脱脂奶粉之间的价格差距预计将在未来十年内继续成为决定性因素。由于供应商对当前价格激励作出反应，预计黄油和脱脂奶粉的价格在预测期内将略有下降。相较黄油和脱脂奶粉，奶酪与全脂奶粉因与其脂肪和非脂肪固体含量一致，预计价格下降趋势也会趋同（图4-5）。

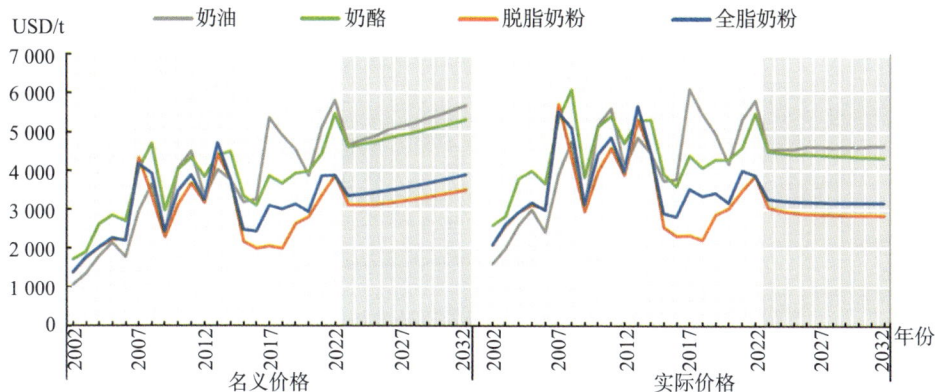

注：黄油，离岸价出口价，82%乳脂，大洋洲；脱脂奶粉，离岸价出口价，脱脂奶粉，1.25%乳脂，大洋洲；全脂奶粉，离岸价出口价，26%乳脂，大洋洲；奶酪，离岸价出口价，切达奶酪，39%水分，大洋洲。实际价格是按美国GDP平减指数（2022=1）平减的名义世界价格。

图4-5　2002—2032年奶制品价格

资料来源：OECD-FAO Agricultural Outlook 2023—2032

国际奶制品价格剧烈波动的原因是其贸易份额较小、出口商占主导地位以及贸易政策环境限制性很强。大多数国内市场与这些价格的联系并不紧密，因为新鲜奶制品占据了消费主导地位，而且与发酵或巴氏灭菌牛奶相比，加工牛奶所占份额很小。

（五）风险和不确定性：环境和健康问题日益重要

在许多地区，尤其是在北美、欧洲和东亚，植物性奶制品替代品（如大豆、杏仁、大米和燕麦饮料）在液态奶领域的作用日益增强。可用的替代品不断扩展，从坚果、豆类和其他作物等各种来源衍生而来，不再局限于传统的选择。这种扩展的主要驱动因素包括健康需求和消费者对环境影响的担忧以及乳糖不耐症。尽管基数较低，但植物性奶制品替代品的增长率强劲，尽管有关其环境影响和相对健康益处的证据存在争议。越来越多的消费者除了考虑温室气体排放之外还考虑其他环境问题，如用水和森林砍伐；杏仁和大豆饮料等流行替代品的可持续性也受到质疑。同样，乳糖不耐症也是一些消费者担心的问题，一系列不含乳糖的奶制品正逐渐面世，供那些不喜欢植物性替代品的消费者使用。总体而言，植物性替代品对奶制品行业的长期影响仍存在不确定性。

环境立法可能会对奶制品生产的未来发展产生重大影响。奶制品活动产生的温室气体排放在某些国家（如新西兰和爱尔兰）的总排放量中占很大比例，而更严格的环境政策和举措（如奶制品行业于2021年9月推出的"奶制品净零排放之路"）可能会影响奶制品生产的水平和性质，以抑制此类排放。水资源获取和粪便管理等可持续做法的日益流行是政策变化可能影响奶制品的相关领域。欧洲奶制品行业专家认为，欧盟"从农场到餐桌"战略导致奶制品出口减少。然而，更严格的环境立法也可能带来创新解决方案，从而提高该行业的长期竞争力。此外，一些国家和地区已经经历的气候变化和极端大气事件可能会加剧受影响国家牛奶生产的可行性。

俄罗斯与乌克兰的战争大大加剧了能源、化肥和其他农业供应的不确定性，并可能减缓经济增长。市场影响可能会通过增加这些产品的投入成本来影响奶制品等相关行业。它还可能增加人们对循环农业的兴趣，重点是使用更少的外部投入，这是奶制品生产中可用且广泛使用的一种选择。

国内政策的变化仍是一个不确定因素。根据USMCA，加拿大限制了脱脂奶粉出口，允许增加市场准入，并取消了其第7类称号，该称号最初是为了遵守世界贸易组织关于取消出口补贴的内罗毕决定而引入的。欧盟在某些情况下，以固定价格干预购买脱脂奶粉和黄油仍然是可能的，这在最近几年已经对市场产生了相当大的影响。

贸易环境的变化可能会极大地改变奶制品贸易量。对现有贸易协定的修改或新贸易协定的制定将影响奶制品需求和贸易量。此外，印度和巴基斯坦这两个奶制品消费大国尚未融入国际奶制品市场，因为预计国内生产将迅速扩大，以满足不断增长的国内需求。未来对这些地区冷链基础设施的投资将有助于提高其奶制品自给自足程度。

二、他山之石，世界奶业发展经验借鉴

（一）世界奶业发展概览

全球牛奶产量小幅增长。2023年全球牛奶产量达到9.657亿t，比2022年增长1.5%，增长速度高于2022年。这一增长主要得益于亚洲的产量增长，几乎所有其他地区的产量都有明显增长。亚洲牛奶产量达到4.469亿t，比2022年增长2.7%，相当于1 180万t。目前亚洲占全球牛奶产量的46%，其中印度和中国领先，巴基斯坦、土耳其、乌兹别克斯坦和哈萨克斯坦的牛奶产量也显著增加，而日本和韩国则出现明显下降。在欧洲，2023年牛奶产量增长0.3%，达到2.336亿t，相当于增加近80万t牛奶，主要是由于俄罗斯和白俄罗斯产量增加，而乌克兰和挪威产量明显下降。在南美洲，牛奶产量达到6 800万t，比2022年增长0.7%。这一增长主要由该地区最大的牛奶生产国巴西、秘鲁和乌拉圭推动，而智利、哥伦比亚和厄瓜多尔等因高投入成本、低农场价格以及与天气有关的生产挑战，牛奶产量均出现不同程度下降。在中美洲和加勒比地区，2023年牛奶产量增长1.2%，达到2 030万t。这一增长主要由占该地区产量70%的墨西哥推动，这归因于国内需求增加、生产设施改善、农场经营整合以及饲料价格下降。北美洲牛奶产量达到1.128亿t，比2022年增长0.3%。大洋洲2023年牛奶产量达到2 970万t，比2022年增长0.8%。非洲2023年牛奶产量达到5 380万t，产量稳定（图4-6）。

图4-6　2023年全球各地区牛奶产量增速

资料来源：DAIRY MARKET REVIEW Overview of global market developments in 2023

全球奶制品价格大幅下跌。根据粮农组织奶制品价格指数，2023年国际奶制品价格指数平均为123.7，比2022年年均价格指数下降25.8点（17.3%）。该指数从1月到9月持续走弱，随后出现一段时间的走强。尽管解除了与COVID相关的市场限制，但HRI（酒店、餐馆和机构）部门的需求低于预期，导致库存高企，导致主要奶制品进口国（尤其是中国）的全脂奶粉进口速度放缓，这在很大程度上能够解释了2023年前9个月的跌幅。牛奶产量增加导致中国全脂奶粉加工量增加，也使中国有更多的奶粉供应，从而降低了进口需求。在其他几个主要进口地区，尤其是东亚和中东地区，由于购买力下降，消费者需求减弱，给市场带来了对需求前景的不确定性，进一步削弱了奶制品进口。此外，欧盟奶制品加工商的牛奶交付量有所增加，进一步增加了下行压力。西欧夏季市场活动通常出现下降，也给国际奶制品价格带来压力。这与市场预期大洋洲2023和2024生产季节的出口供应量将增加相吻合。自2023年10月以来，奶制品价格上涨，原因是主要出口地区（包括北美、西欧和大洋洲）的出口供应紧张，这些地区的牛奶交付量低于季节性水平。西欧几个国家对奶制品的强劲内部需求，加上大洋洲季节性牛奶供应下降和天气相关的供应挑战，进一步增加了价格压力。主要奶制品出口国对美元的货币走势也影响了奶制品价格。与此同时，国外需求，尤其是来自亚洲国家的需求进一步飙升，刺激了世界奶制品价格的走强。就奶制品而言，粮农组织脱脂奶粉价格指数跌幅最大（30.3%），其次是黄油（22.8%）、全脂奶粉（21.8%）和奶酪（10.2%）。以每吨美元价值计算，黄油仍然是最昂贵的奶制品，平均价格为5 100美元（USD），其次是奶酪（4 486美元）、全脂奶粉（3 327美元）和脱脂奶粉（2 693美元），见图4-7。

全球奶制品贸易增速有所放缓。2023年国际奶制品出口量为8 470万t（以牛奶当量计算），连续第二年下降。然而，2023年的同比降幅（1.0%）低于上一年（4.3%）。这反映了亚洲奶制品进口量急剧下降（下降170万t，降幅3.4%），以及非洲、欧洲和北美洲的下降。这些下降仅被南美洲、中美洲和加勒比地区以及大洋洲的购买量增加部分抵消。在出口方面，2023年，国际奶制品贸易的下降很大程度上反映了北美洲出口的急剧下降（下降170万t，降幅11.3%），其次是亚洲、南美洲、中美洲和加勒比地区以及非洲。然而，欧洲和大洋洲的出口持续扩张。从国家来看，中国奶制品进口量下降幅度最大（下降160万t，降幅9.1%），其次是印度尼西亚、菲律宾、欧盟和日本。出口方面，美国是全球出口量下降最多的国家。澳大利亚、土耳其和阿根廷等其他几个大型生产国的出口量也大幅下降，而新西兰和欧盟的出口量增长最多。在主要的奶制品商品贸易（以牛奶当量计算）中，2023年，脱脂奶粉和奶酪的世界贸易量从上一年的低迷中恢复，而乳清、黄油和全脂奶粉的贸易量则出现下降。

图4-7　粮农组织奶制品价格指数（2014-2016=100）

资料来源：DAIRY MARKET REVIEW Overview of global market developments in 2023

（二）日本奶业发展概况及启示

1. 发展概况

奶牛养殖业方面。日本奶牛养殖业最早可追溯到明治时期，而真正起步始于20世纪60年代，1961—2019年，日本奶产量从211.0万t增长至731.4万t，奶牛存栏量从88.5万头增长至133.2万头。根据奶牛存栏的增长速度可以将日本奶业发展分为三个阶段。第一阶段（1961—1971年），奶牛数量激增阶段。该阶段奶牛头数由88.5万头激增至185.6万头，提升了110%；奶产量由211.0万t提升到481.9万t，增加了128%；经产牛单产在4t/（头·年）上下波动。该阶段奶产量的提升主要是由于奶牛数量的增长。第二阶段（1972—

1992年），奶牛数量处于平稳阶段。该阶段奶牛存栏数稳中有升，由181.9万头增至208.2万头，提升了14%；奶产量由493.8万t增长到861.7万t，增长了75%；经产牛单产由4.4t/（头·年）提升到6.7t/（头·年），提升了52%，该阶段奶产量的提升主要是由于整体奶牛单产的提升。第三阶段（1993—2019年），奶牛数量减少阶段。该阶段奶牛数量由206.8万头降低到133.2万头，降低了35.6%；牛奶产量由855.1万t降低到731.4万t，降低了14.5%；经产牛单产由6.8t/（头·年）提升到8.8t/（头·年），增加头数已不再是日本奶牛产业瞄准的方向，日本奶牛产业开始由追求数量向追求质量转型。在此期间，日本奶牛产业的饲养管理自动化程度得到显著提高，奶牛单产迅速上升（图4-8）。

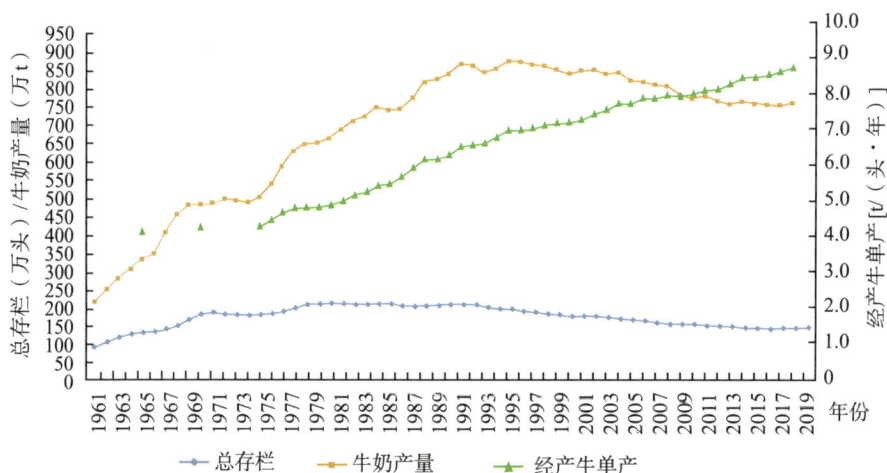

图4-8　1961—2019年日本奶牛总存栏、牛奶产量、经产牛单产变化趋势

数据来源：日本农林水产省统计信息部

奶制品加工企业规模大且垄断性强。 在20世纪50年代之后，随着乳品加工企业的技术和设备的不断更新换代，在发展过程中很多技术和产能落后的企业逐渐被淘汰，全日本乳品企业总数由1965年的2 358个减少到2020年的559个，降低了76.3%，日加工40t以上企业由1965年的50家提升到2020年的110家，提升了120%。明治、森永、雪印、北海道黄油4个主要乳品企业之间自然形成平均分割市场局面，享受独自垄断自控自属社区的奶业。在奶制品品类上，主要产品为液态奶、黄油和奶酪等，其中液态奶和黄油产量逐渐降低，奶酪产量不断提升。2005—2018年，随着牛奶总产量的降低，液态奶产量

及生产液态奶的牛奶数量占总量的比例也在降低，液态奶产量由477.5万t降到400万t，降低16.2%，生产液态奶的牛奶数量占总量的比例由57.6%降到54.7%；黄油产量不断降低，由8.4万t降到5.9万t，降低了近30%；奶酪产量则不断增加，由12.3万t增长到15.7万t，增长了28%。

奶制品消费主体以一老一小为主。 为了满足消费者需求，日本企业开发出种类繁多的饮用奶和奶制品，牛奶生产者开发有针对性的奶制品。绝大多数家庭对于牛奶的消费非常积极，无论男女老少，都热衷于食用奶制品。日本非常重视少年儿童对奶制品的消费。1958年，日本政府开始实施学生奶计划，由国家对学生采取补助金制度，即对学生喝牛奶给予相应的补助金。1973年，为刺激奶制品消费，实施学校午餐工程，要求从幼儿园到小学，牛奶是午餐的必需品。70岁以上老人也是日本奶制品消费的主要人群，老年人普遍意识到牛奶对于健康的重要性。据有关资料统计，日本的奶制品人均消费量已达90kg以上。日本的人均奶制品消费量，2018年高达95.7kg，与1960年的22kg相比增长了3倍多（图4-9）。通过对奶制品消费的激励，2005—2017年，日本人均每年消费奶制品数量整体呈上升趋势，由2005年的91.8kg提升到2017年的93.4kg，在此期间国内乳制品需求量非常稳定，总体上在1 200万t左右。

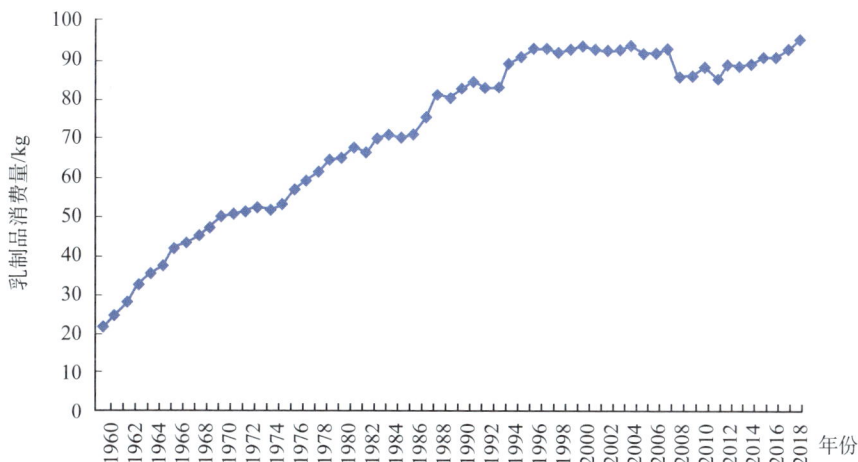

图4-9 日本人均奶制品消费量

数据来源：农村水产省统计信息部

奶制品贸易以进口为主。 近几年日本由于国内本土产奶量不断降低，而日本国内奶制品需求稳定，带来奶制品进口量不断增加，奶制品进口量由2005年的383.6万t提升到2017年的500万t，奶源自给率也由2005年的68%降至2017年的60%。从奶制品进口品类看，以奶酪为主，其次为奶粉和乳清，再次为黄油，鲜奶和酸奶进口最少。从历年进口情况看，1988—2020年，奶酪和乳清进口不断增长，奶酪从50万t增长至128万t，乳清从18万t提升到47万t；奶粉进口不断降低，从99万t降低到32万t，黄油进口数量波动较大。近些年来，随着日本饮用奶市场由奶粉转向鲜奶，新鲜液态奶的需求量逐年增大。日本奶粉的使用量和黄油的使用量出现了持续下降，脱脂奶粉出现供过于求，导致脱脂奶粉的进口急剧下降（图4-10）。

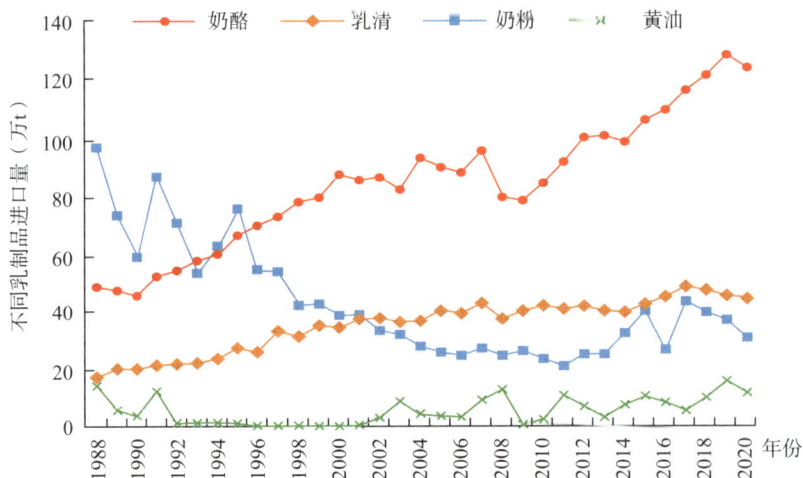

图4-10　1988—2020年日本进口奶制品变化趋势

数据来源：日本农林水产省统计信息部

2. 经验做法

日本奶业既是在市场需求的拉动下，也是在逐步完善相关制度的基础上发展起来的。一是"振兴畜产五年计划"。第二次世界大战结束后，伴随国民生活水平提高，日本国内消费者对奶制品的需求不断增加，远远大于市场供给。为了发展奶业和增加供给，1947年日本制定了第一个"振兴畜产五年计划"，调动了奶农的生产积极性，极大增加了奶制品市场供给。二是制定《关于畜产品价格稳定等的法律》。1960年之前，牛奶都是在乳品企业与奶农之间直接交易的，奶农对奶价没有话语权，乳企也时常压价，引发奶农和乳企之间的矛盾纷争不断。为缓解矛盾，日本政府于1961年颁布了《关于畜产品价格稳定等的法律》，对生鲜乳制定了保护价格，对指定奶制品设定了价格变动幅度，同时也对奶农及乳品企业给予一定的奶制品补贴。政府在法律颁布不久后还成立了农畜产业振兴机构，专门负责监督和参与政策的落地执行。三是出台《加工原料奶生产者补贴等暂定措施法》和价格稳定机制。为进一步调动奶农生产积极性，于1965年实施《加工原料奶生产者补贴等暂定措施法》，该法核心为政府针对奶业实施差价补贴政策。根据政策，政府对奶农与乳品企业形成的生鲜乳价格差价进行补贴。该政策的实施，不仅有利于稳定国内奶制品市场价格，还有利于在奶农与乳品企业之间建立互利的价格形成机制。此外，为保障国内黄油、脱脂奶粉、全脂加糖炼乳等重点奶制品价格的稳定，在价格补贴机制的基础上形成奶制品价格稳定机制，即设定稳定指标价格，并以其为基准允许价格在规定范围内浮动。四是"配额制"。政策有效刺激了奶农生产积极性，国内牛奶供给量节节攀升，在20世纪70年代末，一度发生牛奶供给过剩，政府过度补贴致使财政负担大。于是在1979年实施生鲜乳配额政策。五是限额补贴政策。"配额制"的实施在一定程度上削弱了奶农生产积极性，1994年，日本加入WTO，不可实行直接价格补贴的规则，于是在2000年废除差价补贴政策和配额制的基础上实行限额补贴政策，即对加工原料奶的数量限额进行补贴。

日本乳企一直致力于与奶农建立强有力的合作关系，本土最大的奶制品企业——日本明治株式会社，面对奶牛养殖行业从业人员老龄化、接班人短缺，以及奶牛养殖牧场数量的下降等问题，不断完善奶业利益联结机制，采取了如下措施，与奶牛养殖场共同推进日本奶业的发展。

一是制定稳定、公平的生鲜乳采购政策。明治株式会社于2019年公布生牛奶采购指南，在生鲜乳收购过程中，检查牧场的环境和饲料质量，在进入乳品加工厂时开展乳成分和物理特性等理化分析，保障奶制品质量。二是针对奶农开展生产者管理支持活动。明治株式会社通过专业技术人员开展诸如动物保健、奶牛饲料制作、繁育受精、疫病防治等方面的专业培训与咨询活动，以提高牧场生产的规范性和可操作性，减少牧场的浪费。三是与日本国内各家奶业协会、合作组织合作，组建利益共同体。明治株式会社与位于北海道中川县美福镇的北遥农业合作社合作，北遥农业合作社是在日本北海道牧场数量减少、从业人员老龄化、接班人短缺等背景下建立起来的合作组织，其有效将牧场生产者联合起来，将奶牛、牛舍以及办公用房等进行了集中管理经营。明治株式会社与北遥农业合作社建立了长期的合作关系，收购其下属牧场生产的生鲜乳，并与其合作开展北海道地区的奶农培训等项业务。四是明治株式会社按照日本奶牛养殖区域设置不同的小组，每个小组安排1～2名工作人员，负责该区域内牧场的生产管理、奶牛疾病、饲草料制作等专业的技术咨询服务，以及牧场的生鲜乳收购监管等工作。各小组工作人员通过长期、持续的牧场跟踪服务，除与牧场建立长期的生鲜乳购销关系外，也搭建了稳定的牧场管理、技术咨询服务体系。五是加大与合作牧场开展有机牛奶生产。1999年，日本明治株式会社开始鼓励牧场种植并对奶牛饲喂有机饲草，实现有机生鲜乳生产，对于开展有机生鲜乳生产的牧场，帮助其申报日本有机JAS标准认证。对于获得JAS标准认证的牧场，明治株式会社对其生产的生鲜乳进行收购，并加工成有机牛奶再进行销售。通过鼓励牧场开展有机生鲜乳生产，提升了牧场的养殖收益，保障了牧场利益，实现了奶牛养殖与环境的可持续发展，也巩固了明治株式会社与奶农之间的利益联结。

日本促进牛奶消费政策是从1955年实行学校午餐提供纯牛奶开始的。1970年初，由奶农、奶制品企业、牛奶销售店共同捐资成立了全国牛奶普及协会，以及地方各级的普及协会，负责利用各种媒体和社会活动宣传普及牛奶营养知识，建立全民消费习惯。随着媒体资源越来越多且越来越活跃，更多的奶制品企业开始倾向于通过大众媒体进行乳品知识和饮奶知识的宣传，奶制品也已写入日本国民营养摄取推荐清单中。此外，日本还建立了很多优质的观光牧场，吸引游客，通过普及饮奶知识，促进奶业消费。

在奶制品加工上，近年来液态奶制品生产不断降低，奶酪产量不断增加。目前，日本国内奶制品仍以液态奶为主，但产品结构已逐渐由液态奶制品向营养价值更高的固态奶制品进行转变。

3. 有益启示

以渐进方式发展奶业规模化养殖。日本的奶牛养殖最初是从传统的小农户开始，20世纪60年代初期户均规模只有2头，发展到目前的户均89头的养殖规模用了半个多世纪，而且饲养奶牛农户的去留主要依靠市场，无须借助行政或市场垄断地位。这种渐进式的规模化发展有利于小规模奶农积累知识和经验、掌握技术，有充足的时间实现向规模化养殖转变。在我国，奶业规模化养殖是产业发展的必然趋势，但是小规模农户养殖的淘汰出局很多是由于乳品企业的市场强势地位，而且奶业规模化养殖的发展速度是超常规的，小规模养殖的奶农还没有做好向规模化养殖转型的准备，因此，给奶业未来发展带来诸多不确定性。我国发展奶业规模化养殖未来应循序渐进，给奶业转型一些缓冲的时间。

探索养殖适度规模，发展多种形式的适度规模化养殖。日本在推进奶业规模化养殖过程中，采取了国际上的通行做法，以家庭牧场为主体发展现代奶牛养殖业。之所以这样做，首先是考虑到规模效益问题，其次是考虑到粪污处理问题，日本土地资源稀缺也是其发展大规模养殖的制约因素，日本国内千头牧场已十分罕见，万头牧场尚属空白。从近几年的发展趋势看，我国奶业规模化养殖正在走上一条以千头牧场、万头牧场为主体的发展道路。但是大规模养殖场的粪污处理已经成为奶业发展过程中最大的限制因素，是我国规模化牛场发展的"瓶颈"。一个存栏3 000头的奶牛场每天排放的牛粪可达100～150t，会给牧场和环境带来相当大的难题。鉴于我国目前的奶业发展情况，考虑不同区域的资源禀赋和市场条件，需科学探索适度规模，发展多种形式的奶牛养殖主体。

完善奶业规范体系，促使奶业步入法制化。在日本整个奶业发展过程中，奶业法律法规起到了很大的作用，它保障了养殖和加工双方交易的公平性，同时保障了奶业市场的供需平衡，激发了奶农和乳企的生产热情，促进了奶业健康可持续发展。在日本奶业发展中，没有法律依据的，先制定法律，后出台相关产业政策；法律不完善的，先修订法律，后调整相关产业政策，此外还组建相应的配套机构监督法律法规的执行。目前，我国奶业发展过程中也存在日本奶业在发展中遇到的一些问题，如养殖加工矛盾突出，奶业市场供需不平衡等。通过立法后出台相应的产业政策，不失为很好的解决办法。

加强奶制品消费宣传，发展奶酪等高附加值奶制品消费。在日本，由乳企、奶农和商超共同出资组建了专门的机构进行乳品宣传。目前，奶制品生产与国际趋势相同，都由液态奶制品向固态奶制品转变，尤其是奶酪的生产。近年来，国内也非常重视奶制品的宣传，比如北京奶牛技术体系与《中国乳业》杂志主办的"奶香飘万家"活动，深入千家万户宣传奶制品的营养知识。国内有很多牧场改建为休闲观光牧场，建立科普馆，宣传饮奶知识。但整体而言，我国奶制品的人均消费水平还比较低，仅为世界平均水平的1/3，尤其以奶酪为主的固态奶制品，人均消费量仅为40克，是美国的1/400和日本、韩国的1/60，所以未来对消费者奶制品消费习惯的教育任重而道远[①]。

---

① 程广燕、彭华、陈兵著.奶业振兴：中国奶业发展启示[M].北京：研究出版社，2021，12.

（三）荷兰奶业发展概况及启示

1. 发展概况

奶牛养殖业发展呈现为集约化、专业化、规模化特征。 奶牛养殖业是荷兰农业的重要组成部分，全国超过半数的农业用地用于奶牛养殖。从20世纪60年代的家庭小农场发展至今，荷兰已经形成了集约化、专业化、规模化的奶业生产模式。20世纪60年代中后期是荷兰农业走向专业化的时期，许多农场由从事多种农业活动转变为专门从事一项农业生产活动。荷兰的奶业生产也是在这一时期走上了专业化的发展道路。农场主们不仅购买机械挤奶设备，而且还投资兴建牛舍和专用的挤奶厅，形成了牛舍与挤奶厅齐备的比较现代的奶牛舍饲方式。20世纪70年代荷兰奶牛场实现了牛舍的现代化的同时，牧草青贮技术得以广泛应用。20世纪80年代，受欧盟"奶牛生产配额制度"影响，荷兰奶业开始从注重数量向注重质量转变。20世纪90年代，开始引入挤奶机器人，对增加牛奶产量、降低奶牛患病率发挥了重要作用。荷兰的奶牛养殖业是一种以家庭农场为基本单位的现代奶业生产体系，奶牛养殖业有较强的规模效应，以成母牛存栏100头以上的大规模家庭农场为主，适度的规模化和集约化饲养有利于形成规模效应，又有利于技术推广与应用，促进质量和效率的提高。由于奶牛饲养的专业化、机械化以及规模化的发展，荷兰牛奶产量不断攀升，但受环保和成本双重压力的影响，奶牛场数量和奶牛存栏量却持续下降。

奶制品加工业具有高生产力水平。 20世纪60年代，荷兰的奶制品加工企业有600多家，但随着时间的推移，奶制品加工越来越集中在少数企业手中。2020年，荷兰奶制品市场份额在0.1%以上的加工企业仅有29家。其中，Royal Friesl and CampinaNV，Arla Foods Amba，Upfield Holdings BV，Westl and Kaasexport BV，Danone 和 Lactalis 这6家公司的市场份额分别为17%、5.9%、4.7%、3.8%、3.8%和2.4%，总计占市场份额的37.6%。原本在荷兰奶制品市场中占5%左右的UnileverGroup 在2020年关闭了荷兰总部，统计中不再把它当作荷兰的奶制品企业。除大型乳企外，近年来商店自有品牌（Private Label）的市场份额也不断增加，2010年市场份额为31.6%，2020年增长到42.5%，增幅为34.49%。欧盟取消生产配额制度以后，荷兰用于乳品加工的牛奶数量先增后降，1995年仅为1 081.1万t，2016年达到峰值，为1 432.44万t，随后开始下降，

2020年为1 395.96万t。荷兰的奶制品加工以奶酪为主，近年来奶酪产量增幅较大，从1995年的68.29万t增长到2020年的95.19万t，增幅为39.39%。

奶制品消费更加偏好奶酪消费。荷兰不仅是奶制品的主要生产国，更是奶品的主要消费国。荷兰人主要消费液态奶、奶酪以及以奶品为原料的甜食，这三类产品是多数荷兰人日常饮食的重要组成部分。但荷兰奶制品的消费模式也在不断变化，人均液态奶消费持续下降，奶酪的消费量有明显的增长。目前，荷兰人均液态奶消费量和奶酪消费量分别列欧盟27国排名的第24名和第8名，而2010年上述两个数据在欧盟排名分别列第2名和第6名。奶制品消费量的变化反映出荷兰人的饮食结构随着时代的发展也在发生变化。一方面，传统的奶业大国对于奶酪的热情依旧不减，奶酪始终是荷兰人日常饮食中不可替代的一部分。另一方面，由于新一代的年轻人更加追求环保、健康、时尚的饮食，很多年轻人开始选择植物奶（燕麦奶、豆奶等）替代每日饮用的牛奶，还有一部分人群选择每周固定的一两天选择只摄入非动物源蛋白饮食，并认为用这种方式可以促进节能减排，减少温室气体排放，从而降低对全球气候变暖的影响。此外，荷兰的奶制品销售渠道主要是大型商超，但大型商超的销售份额近年来有下降趋势。2006年大型商超的市场份额是77.5%，2020年大型商超的市场份额下降到70.6%。线上销售虽然未成为主要销售渠道，但有较大的增长幅度，2006年的销售份额仅为1.6%，2020年该份额增长到6.6%。

奶制品贸易具有较强的市场竞争力。凭借其优良的生产技术、高质量标准以及悠久的贸易历史，荷兰奶制品贸易在国际奶业市场中占据重要地位。根据荷兰奶业产业链组织ZuiveINL的年报统计，2019年荷兰奶制品出口总额超过78.21亿欧元，与2010年的出口额（54.54亿欧元）相比，提高了43.40%；奶制品贸易顺差达到40.08亿欧元，较2010年提高了36.88%。欧盟是荷兰奶制品最重要的销售地区。2019年，荷兰奶制品在欧盟内部的贸易额超过56亿欧元，几乎占出口总值的3/4，其中比利时、德国和法国是荷兰奶制品在欧盟内的重要销售市场，对上述3个国家的出口份额超过欧盟内交易总额的70%。从奶制品进口种类来看，以乳清为主，其次为奶粉，酸奶和鲜奶的进口量最少。从进口变化趋势来看，奶酪和黄油的进口增长较快，分别从1992年的35.78万t和61.90万t增长到2020年的165.03万t和115.30万t。从奶制品出口种类来看，奶粉出口量最大，其次是奶酪，之后是乳清和黄油，鲜奶和酸奶的出口量最少。1992—2020年，奶酪和乳清的出口增长量较大，奶酪出口量从219.13万t增长到408.01万t，增长了188.88万t；乳清出口量从99.79万t增长到230.53万t，增长了130.74万t。其次是奶粉，奶粉出口量从1992年的359.18万t增长到2020年的456.18万t。

2. 经验做法

荷兰作为世界第二大农畜产品出口国，其奶制品具有较强的国际竞争力。荷兰之所以跻身世界奶制品主要出口国，除优越的自然条件外，离不开本国政府和欧盟会员国的扶持。

荷兰奶业补贴政策主要执行欧盟共同农业政策（CAP），该政策自1962年开始实施至今，经历了从价格支持到生产经营补贴的转变。1962年，为提高家庭农场抵御自然和市场风险的能力，保证农业生产的收入水平，建立了欧盟共同农业政策。其核心是建立包括目标价格、门槛价格以及干预价格的价格支持体系。1960年初至1990年初，奶业行业最重要的价格支持政策是1984年的奶制品配额制，即通过控制包括荷兰在内的欧盟国家的奶制品生产量，提高奶制品价格。1992年后，欧盟对共同农业政策首次进行重大改革，即MacSharry改革，开始基于存栏数对农场主进行补贴。2003年，实施中期审核改革，意在鼓励农场主提高生产标准，增强环境保护意识。每年的资助金额在农场总产值中所占比重为5.1%～10.4%，在家庭农场收入中所占的比重平均达到51.22%。为了应对全球日益增长的奶制品需求，2015年4月1日，欧盟正式废除了牛奶配额制度。

荷兰没有超大规模的牧场，主要是众多百头规模以下的家庭牧场。大型牧场可以通过现代化的经营管理方式、规范化的流程提高生产效率，而家庭牧场的管理，更需要对人的管理，让小而分散的牧场拥有积极的生产动力。因此，荷兰乳企与奶农之间一直有着较强的利益联结。针对此情况，荷兰主要采取了如下措施。

一是按质论价的生鲜乳定价机制。菲仕兰公司支付给奶农的生鲜乳价格由保证价格、放牧溢价、补充溢价组成。保证价格是根据生鲜乳中的蛋白质、脂肪和乳糖的含量支付，三者支付价格基本按照10∶5∶1的比例支付，每月根据市场行情调整，奶农可根据发布的价格，以及自家生鲜乳的蛋白质、脂肪和乳糖含量测算其保证价格。放牧溢价是指对全部奶牛都采用一年超过120天，每天超过6小时进行放牧的奶牛场，每千克多支付1欧元，对至少25%的牛每年至少在户外放牧120天的牧场，每千克多支付0.46欧元。此外，还有补充溢价，如带有"On the way to Planet Proof"质量标签的牛奶，每100kg多支付2欧元。二是合理、及时的生鲜乳支付方式。菲仕兰公司采用中期付款的方式，根据上半年的业绩和交付的牛奶量，最晚于10月1日支付，中期付款额为上半年交付的牛奶总额的75%，最终结算将根据公司的年度业绩和所交付的牛奶总量，在次年3月进行。三是以激励为导向的奶农管理方式。合作社的会员奶农享有决策权，通过选举的方式，选出代表奶农参与到公司的经营活动中，而且会员资格可以世代继承。同时，会员必须承担相应义务，比如将牛奶全部卖给公司。公司对于会员奶农同样有必须承担的义务，其中最重要的一项是不论会员农场生产多少牛奶，公司必须全部收购。

为了实现气候零负荷，打造高效、可持续的生产链，进一步增加牧场的可持续性，荷兰的乳企从减少碳足迹、保证生物多样性和提高动物福利三个方面着力。与荷兰合作银行等组织一起创建了生物多样性检测器，用来监测温室气体排放、土壤氮平衡、氨排放等关键绩效指标，然后根据监测数据对奶农进行奖励。荷兰的能源资源丰富，奶牛饲养采取舍饲和放牧相结合的方式，牛场粪便的主要用途是作为有机肥而施入牧草地，通过储存发酵，消除异味，减少空气污染。

整体来看，荷兰的奶制品消费有下降的趋势。液态奶、黄油和奶酪自2018年以来都出现下降态势。这背后的原因之一是消费者选择的增多，市场上出现了植物牛奶等替代品，该产品原本是为乳糖不耐受人群设计，但近年来也成为追求健康、绿色生活方式人群的选择。研究显示，目前有33%的荷兰家庭冰箱中有植物性牛奶。此外，酸奶这种被认为更健康的奶制品近年来的消费也有所增加。由于消费者对健康越来越关注，荷兰消费者在减少糖分、脂肪摄入，更加倾向于糖分较少的产品。奶酪、黄油的高蛋白对平均蛋白质摄入量超过日常需求量1/3的荷兰人来说，也是一种负担。即使近年来有所下降，荷兰的奶制品消费仍以奶酪为主，占奶制品消费的1/3以上。

3. 有益启示

创新适用于不同地区、不同养殖规模及组织形式的奶业补贴政策。与荷兰目标明确、手段灵活的补贴政策相比，我国的奶业补贴政策起步较晚，且政策实施相对粗放。然而，我国幅员辽阔，南方和北方、东部和西部的奶牛养殖发展水平差异较大，进一步完善我国奶业补贴政策，对促进奶业健康发展具有重要意义。对于内蒙古、山东、河北等生鲜乳主产区的奶业振兴，除应加大基础补贴力度外，还需积极拓展新的补贴方式。例如，可结合智能化奶牛养殖场建设等专项资金给予补贴性贷款等。从全产业链视角，要加快奶牛养殖的标准化、规模化和专业化，提升我国奶业在价格和质量上的国际竞争力，推动产业转型升级，可借助合作组织等社会力量，同时借鉴荷兰"家庭牧场＋奶业合作社"这一成功经验，给予重点补贴和培育。在生产环节上，对于在生产技术上或者产品品类亦或者是高附加值类产品上，给予适当的税收减免。在流通环节上，对于有较高技术要求的乳制品类，例如巴氏杀菌奶、超高温灭菌奶和绿色有机奶等给予增值税上一定的优惠，以鼓励技术上的创新。

推进奶牛养殖和乳品加工之间的利益联结，增强奶业国际竞争力。在荷兰"家庭牧场＋奶业合作社"一体化奶业链运营模式中，牧场负责生鲜乳生产，并且通过组成合作社，持有乳企股份，生鲜乳销售利润占牧场总利润的79.6%，从乳品公司获得的现金分红、债券分红占20.4%。公司盈利的55%以现金或债券形式支付给奶农。而我国生鲜乳销售利润基本上就是奶牛养殖场的全部利润。荷兰以远远低于我国和国际均价的原料奶价格，使乳企在奶制品出口方面具有较强的国际竞争力，较高的出口额增加了乳企利润，进而通过红利的方式增加了奶农的盈利能力。因此，我国应借鉴荷兰奶业的运营方式，在有条件的地区通过奶牛养殖持股乳品加工的方式，加强双方的利益联结，以较低的养殖成本降低原料奶价格，增加出口竞争优势和出口额，实现双方的共赢。

提高生产标准和环境保护水平，实现奶业的可持续发展。荷兰高度重视发展人工牧草，人工牧草面积占耕地面积的63%。种草养牛能够很好地同发展生态农业有机地结合起来，真正实现奶业的可持续发展。中国地域辽阔，奶业发展可以针对不同地区的特点进行规划，如在大城市郊区，土地资源紧缺，可考虑发展集约化规模养殖；在农牧区，可考虑发展种养结合的奶牛养殖模式等。此外，荷兰乳企通过放牧溢价的方式，对不同饲养状态下的生鲜乳差别定价，通过对蛋白质、脂肪和乳糖定价的不同，对不同品质的生鲜乳差别定价。而在我国，不同饲养状态、品质的生鲜乳价格基本没有区别，严重抑制了牧场可持续生产的积极性。因此，我国应借鉴荷兰的定价机制和补贴机制，通过差别定价增强牧场的环境意识和可持续发展观念。

（四）美国奶业发展概况及启示

1.发展概况

奶牛场数量不断减少。美国奶牛品种主要为荷斯坦奶牛、娟姗牛，还有少量的瑞士褐牛、更赛牛、爱尔夏牛等。据美国农业部统计，2019年，全美共有34 187座注册奶牛场，比1970年的64.8万家，减少了近95%，比1998年的8.3万家减少了近60%，比2017年5.46万家减少了37%。其中，牧场数量降幅大的州主要集中在东北部和中西部的传统奶业州。许多州的奶牛场数量减少了10%以上。西弗吉尼亚州、阿肯色州、田纳西州和南卡罗来纳州的奶牛场数量减少20%以上。威斯康星州是奶牛场数量最多的州，也是关闭奶牛场数量最多的州，2019年一年关闭了780家奶牛场。没有任何一个州的奶牛场数量有所增加。

奶牛养殖业规模化特点明显。尽管美国的奶牛场数量正在减少，但得益于规模化水平的提升，美国奶牛存栏稳中有增。2020年，全美有8个州的平均养殖规模超过1 000头，分别是新墨西哥州（2 357头）、亚利桑那州（2 211头）、得克萨斯州（1 653头）、科罗拉多州（1 642头）、内华达州（1 550头）、爱达荷州（1 466头）、加利福尼亚州（1 416头）和佛罗里达州（1 329头）；存栏量达到938万头（图4-11），比1998年增加2.6%（图4-12）。

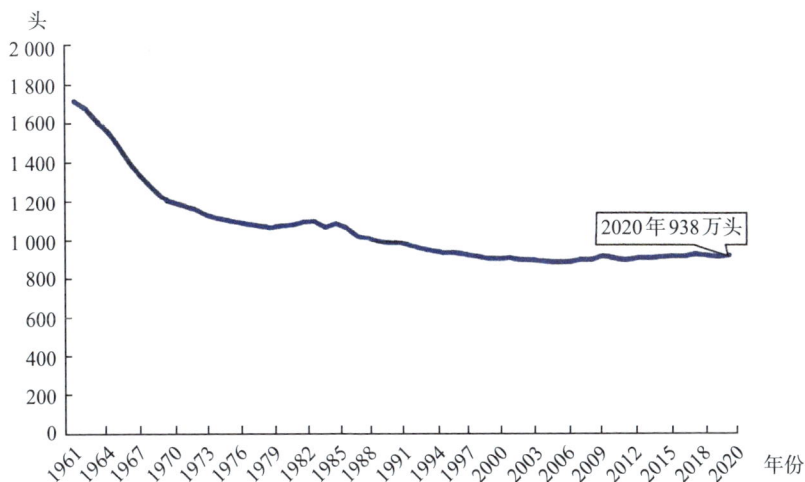

图4-11　1961—2020年美国奶牛存栏量变化

数据来源：USDA/ERS，DairyData

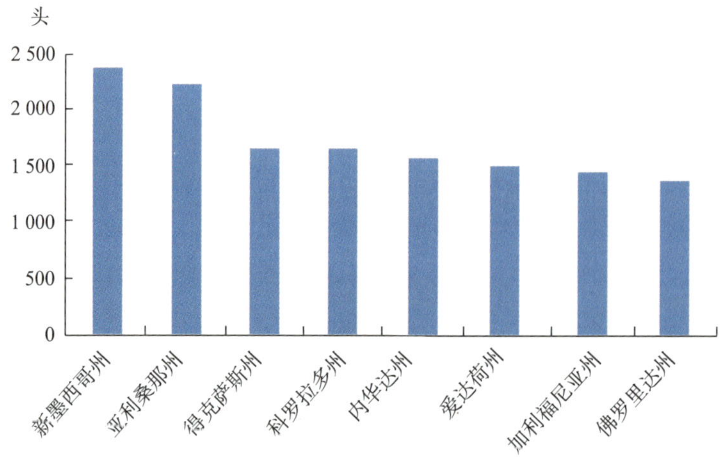

图4-12 2020年美国平均养殖规模最大的8个州

数据来源：USDA，Economics Statistics and Market Information System

奶牛养殖集聚程度高。美国50个州都生产牛奶，但奶牛养殖主要集中在加利福尼亚州、威斯康星州、纽约州、爱达荷州、得克萨斯州、宾夕法尼亚州、明尼苏达州、密歇根州。这8个州的奶牛存栏量占全美的66%（图4-13）。其中加利福尼亚州是全美最大奶业州，2020年奶牛存栏172.1万头，占全美奶牛数量的18.3%。

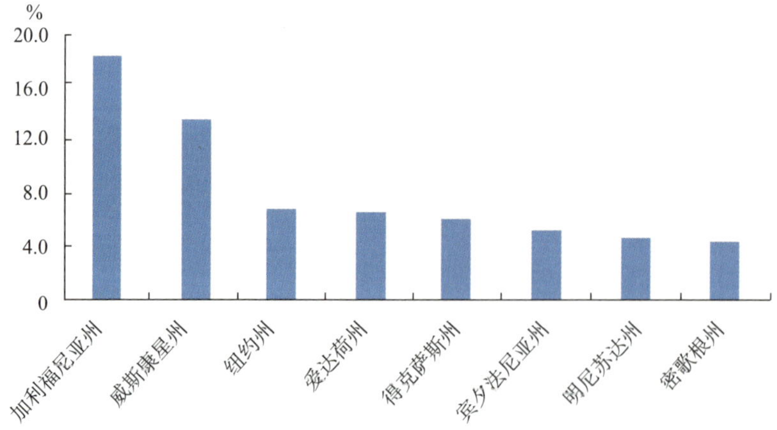

图4-13 2020年美国奶牛存栏量TOP8州占比情况

数据来源：USDA，Economics Statistics and Market Information System

奶制品加工行业高度集中。美国农业部统计数据显示，美国共有各类不同规模的奶制品加工企业300余家，广泛分布在美国东北部和西部的奶牛养殖区，其中，威斯康星州、加利福尼亚州、明尼苏达州、爱达荷州和密歇根州5个州乳品企业达到162家，占到全美乳品企业的近一半。美国奶农（Dairy Farmers of America）、加利福尼亚乳业公司（California dairy company）、格兰比亚集团（Colombia group）、安格普（Agropur）等美属乳品企业曾入选全球奶业20强。其中，美国最大的奶农合作社——美国奶农从其13 000多家养殖场成员处收奶2 920万t，占到美国近1/3的份额。美国奶制品加工主要包括液态奶、奶酪、黄油、脱脂奶粉、乳清粉、乳清蛋白、乳糖等。其中以奶酪为主的干奶制品生产占比最大，2019年干奶制品产量达到916.59万t，比2000年增加326.57万t，折合生鲜乳，加工量占生鲜乳的比例达到近3/4。其中，奶酪加工最多，2019年加工量达到595.80万t，占到干乳品加工量的65.0%。其次依次是脱脂奶粉、黄油、乳糖、乳清粉、乳清蛋白，2019年加工量分别为107.28万t、86.41万t、60.71万t、44.19万t、22.20万t（图4-14）。

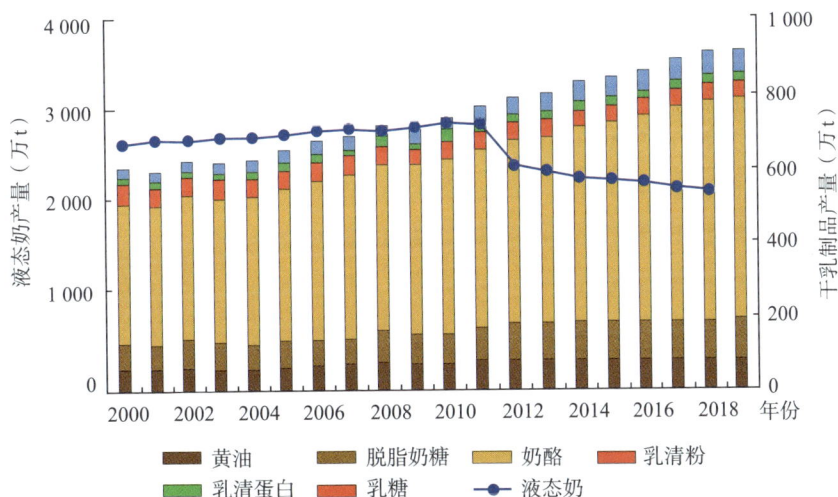

图4-14　2000—2019年美国奶制品产量

数据来源：美国农业部

奶制品消费结构以奶酪和鲜奶为主。1975年以来，美国人均奶制品消费总体呈现逐年增加态势。2019年，人均年奶制品消费量折合生鲜乳296.06kg，比1975年的244.55kg增加51.51kg，增加21.1%，年均增长0.4%。受饮食习惯、食物结构的影响，美国奶制品消费与我国有较大的差别，鲜奶和奶酪是前两大奶制品消费品类。2019年，美国人均奶制品消费296kg牛奶当量，按实际重量来看，液态奶消费量最大，人均年消费64kg，奶酪18kg，酸奶6.1kg，冻奶制品8.5kg，黄油2.8kg。但与1975年相比，2019年液态奶消费量下降43%，奶酪消费上升114%。与此同时，近年来，随着欧洲和美国植物性饮料消费快速发展，也对鲜奶形成显著替代，从而进一步加快了鲜奶消费下降速度。

奶制品贸易结构以出口干奶制品为主。美国是重要的奶制品贸易国家，按出口额计算，美国是世界排名第五的奶制品出口国家。2019年，美国奶制品出口总额达到60亿美元，比上一年增长8%。2019年，美国奶制品产量的14.5%都用于出口（按固形物计算）。美国最大的奶制品出口市场是墨西哥，全年出口额达到15.5亿美元，第二大出口地区是东南亚地区（9.34亿美元），之后是加拿大（6.66亿美元）、中国（3.74亿美元）、南美地区（3.68亿美元）等。这五大市场占据美国奶制品出口的2/3。美国出口的奶制品以奶粉、乳清、奶酪为主，2020年出口量占总出口量的近90%。其中，奶粉出口最多，全年出口86.83万t，占总出口量的43.5%，且占比在逐年增加，比2010年和2015年分别增加7.3个百分点和4.1个百分点；其次是乳清，全年出口54.44万t，占比从2010年的36.2%逐渐收缩到27.2%；奶酪出口量快速增加，是第三大出口奶制品，全年出口35.85万t，占总出口量的17.9%，比2010年增加4.4个百分点。进口方面，奶酪占奶制品总进口量的半壁江山，2020年进口11.08万t，占总进口量的55.7%，其次分别是乳清和奶粉，分别占总进口量的26.3%和14.9%。

奶业科技和现代化水平居世界前列。在育种方面。美国农业部建立了非常完善的奶牛育种体系，在1953启动了"奶牛群体改良计划（Dair Herd Improvement Program，DHIP），经过多年的理论与实践探讨，形成了一套奶牛群体的遗传改良技术体系，其主要内容包括4个方面：一是规范的奶牛个体生产性能测定和体型外貌线性评定；二是通过定期的良种登记，培育和选育高产奶牛育种核心群；三是通过公牛的后裔测定和相应的遗传评定技术选育优秀种公牛；四是利用人工授精技术，将优秀种公牛的优良遗传物质推广到整个牛群，高效地改进全群的生产性能。在奶牛繁殖方面，人工授精技术起源于20世纪30年代。当时，精液都是鲜精加工，寿命短，需要在1～2d内使用，增加了长距离运输困难。20世纪50年代，在液冷冻和储存技术发展基础上，人工授精数量得以快速增长。20世纪60年代，美国精液开始对外出口。20世纪70年代以后，家畜胚胎移植技术在畜牧业中得到了迅速的发展和广泛的应用，现在奶牛的体外胚胎生产已经是一个相当成熟而且效率极高的技术，大大提高了美国种公牛的培育效率。在奶牛饲养管理方面，美国奶牛场尤其是大规模牧场广泛采用大数据管理技术，已基本实现信息化管理。通过各种自动监测管理软件，如机器人挤奶系统、TMR监控设备、饲料配方软件和牛场管理软件等，牧场每天都会收集到大量的数据信息。

2. 经验做法

国内支持计划方面。美国对奶业的国内支持政策可追溯到1933年和1935年的农业调整法案。1949年颁布农业法案授权实施价格支持计划（DPSP），防范生鲜乳价格的大幅波动，确保奶农获得合理价格以稳定生产。法案规定生鲜乳农场最低收购价为平均价的75%～90%，由农业部具体决定，每年调整一次。当生鲜乳市场价格低于最低收购价时，农业部下属的商品信贷公司（CCC）收储市场中的奶油、奶酪、脱脂奶粉等易储存的奶制品，间接保障生鲜乳价格维持在一定价格水平。2002年颁布的《农场安全和农业投资法案》，引入牛奶收入损失补偿计划（MILC）。MILC是一项目标价格补偿政策，不直接干预市场价格，能够有效平抑牛奶生产的周期性波动、降低奶农收入波动。当生鲜乳市场价格低于规定的目标价格时，联邦政府对参加计划的奶农提供差价补贴，保证其基本收益。2007年以来，美国大力发展生物能源，玉米等饲料价格快速上涨，奶牛养殖的饲料成本大幅提高，奶农面临成本与价格的双重压力。2008年，美国推出牛奶利润保障保险（LGM-D），2014年农业法案新增乳品利润保障计划（MPP）和乳品捐赠计划（DPDP），取代乳品收入损失补偿和价格支持两大支柱计划，其中，MPP与LGM-D类似，当全美牛奶均价与平均饲料成本之差，即利润低于奶农选定保障利润（一般为88～176美元/t）时赔偿触发。DPDP与MPP高度相关，基于MPP政策下的牛奶利润实施，当牛奶利润连续两个月低于最低保障利润（88美元/t）时，美国农业部按市场价格购买乳品，捐赠给非营利性营养援助机构，支援低收入群体。

销售订单体系方面。20世纪30年代，为解决大萧条时期生鲜乳低价、奶农与乳企利益分配不合理等问题，1937年颁布的《农产品销售协议法》提出推广销售订单体系（Milk Marketing Orders，MMOs），按照生鲜乳的加工用途，通过定价公式，实现分类定价和收益共享。1995年，销售订单体系引入主成分价格公式（BFP）。在考虑明尼苏达州、威斯康星州B级生鲜乳价格的基础上，引入A级生鲜乳销售价格。1996年颁布的《联邦农业完善和改革法》对销售订单体系进行改革，减少销售订单体系数目，扩大其覆盖区域，在更大区域内实现价格统一和收益共享。此外，改革生鲜乳价格形成机制，形成基于奶酪、乳清粉、奶油和脱脂奶粉等主要奶制品市场价格的多乳成分定价机制（MCP），MCP综合考虑生鲜乳产出率和乳品加工成本两方面因素，按照标准生鲜乳的乳成分指标，完善生鲜乳分类定价。21世纪以来，美国进一步完善生鲜乳定价机制，乳品企业按照液态奶、酸奶、黄油、奶酪以及脱脂奶粉等奶制品的加工需求，向农业统计局上报各个等级的生鲜乳需求量，美国农业部农业市场服务局综合计算并发布各类生鲜乳价格，各区市场监管员计算本区域生鲜乳的价格。

贸易措施方面。 1933年颁布的《农业调整法》规定，美国进口乳品数量不得超过国内产量的2.5%，阻止了澳大利亚、新西兰低价乳品以及欧盟高补贴乳品进入美国，使美国奶业市场免受国外冲击；同时，通过直接的价格补贴鼓励出口，以缓解国内乳品过剩局面。1986年，"乌拉圭回合"谈判提出构建公平竞争的贸易环境，为应对乌拉圭贸易协议，美国开始用关税配额替代绝对进口配额，将进口产品占国内产量的比重提高到5%。21世纪以来，美国取消了乳品出口激励计划，积极推进多边与双边自贸区建设，先后与多个国家签署双边、多边自由贸易协定，这其中包括了跨太平洋伙伴关系协定（TPP）等。

生鲜乳价格体系方面。 美国奶业形成了多维度、多途径的利益联结机制，政府部门构建了完善的生鲜乳价格体系，产业参与主体通过奶农合作社有效稳定了养殖、加工、销售等多方利益的公平分配。根据品质将生鲜乳分为Ⅰ类、Ⅱ类、Ⅲ类、Ⅳ类共四个等级，不同等级生鲜乳用途不尽相同。其中，Ⅰ类乳品质最好，主要用于加工饮用液态奶；Ⅱ类乳品质次之，通常被用作酸奶、冰激凌等产品的原料；Ⅲ类乳主要用于生产奶油、奶酪等奶制品；Ⅳ类乳品质最低，主要用作脱脂奶粉的生产。因品质不同，生鲜乳价格也从Ⅰ类到Ⅳ类依次降低，实现了分级定价。在按照品质将生鲜乳分级的基础上，形成完善的生鲜乳价格形成机制。各级生鲜乳价格主要由脱脂奶基础价和乳脂价格两部分组成，不同级别生鲜乳脱脂奶基础价和乳脂价格所考虑的因素不完全相同。其中Ⅰ级生鲜乳价格形成影响因素最多，价格形成也最为复杂，综合考虑了蛋白价格、其他固体物价格、奶酪、乳脂、乳清粉、脱脂奶粉等生鲜乳中各种价格因素物质，并按照一定的系数、级差综合测算得出。Ⅱ类、Ⅲ类、Ⅳ类生鲜乳因其营养物质含量依次减少，测算公式考虑的因素也有所减少。美国农业部定期将不同等级生鲜乳的计算公式以及计算所得的价格信息在网站上公布。

奶农合作社利益联结方面。美国的奶业合作社多由经营奶牛养殖的奶农组成，通过全员参与的运营方式，最大限度地保证了社员奶农的收益权。美国本土最大的奶业合作社是美国奶农（Dairy Farmers of America，DFA），其拥有13 000多名奶农会员，DFA将奶农会员分为中部地区、中东部地区、山区、东北部地区、东南部地区、西南地区、西部地区7个区域，每个区域通过民主选举，从奶农中选出5～12名董事，在此基础上产生1～2名董事会主席（副主席），形成包含1名董事会主席、8名副主席在内的49名董事会成员组成的董事会，开展DFA经营决策。一方面，为广大奶农会员提供牧场控风险、降成本、促融资等方面的服务；另一方面，开展诸如收奶、加工奶制品销售等服务，形成稳固、可持续的合作关系，保障双方的利益。

奶业技术研究与推广方面。1983年以来，美国通过奶制品研究和推广项目、奶制品捐赠计划等系列消费促进政策计划，推动其国内奶制品消费。奶制品研究和推广项目由美国农业部市场服务局管理，1983年通过《奶制品生产稳定法案》并开始实施。奶制品研究和推广计划要求生鲜乳生产者和进口商缴纳一定费用作为项目基金，用于支持开展奶制品的推广、研究和营养教育工作。奶制品捐赠计划是一项减少食物浪费和向低收入人群提供营养援助的公益性政策。当奶制品利润低到一定阈值时，国家进行收购并捐赠给公共和私立非营利性机构，用于向低收入人口发放营养援助。此外，奶牛饲养管理中的粪污处理，作为一个世界性的环境保护难题，美国联邦政府十分重视这一问题的解决，出台了动物饲养环境保护法。政府根据当地气候、土壤和农作物种植情况，提出消纳每头牛粪污的最低土地面积指标。对粪污进行固液分离，利用固体部分经过晾晒或烘干作为卧床垫料或有机肥，液体部分可进行沼气发电。

3. 有益启示

建立基于全国层面的生鲜乳价格形成机制。美国奶业形成了稳定、完善的生鲜乳价格形成机制，美国将生鲜乳按照加工用途分为Ⅰ、Ⅱ、Ⅲ、Ⅳ级，考虑在蛋白和乳脂等生鲜乳成分的基础上，将奶酪、乳脂、乳清粉、脱脂奶粉等奶制品的市场价格纳入定价影响因素，综合加权得出各级生鲜乳价格，实现了生鲜乳价格与奶制品价格的联动。同时，各州农业部门会定期公布各级生鲜乳的收购价格，各奶制品加工商在生鲜乳收购价格、奶制品第三方检测等方面基本实现了标准化。这对于我国探索完善生鲜乳价格形成机制具有启发意义。各级奶业主管部门、行业协会在探索生鲜乳价格形成过程中逐步建立形成"以质定价"为核心的分类定价制度，同时，充分考虑巴氏杀菌乳、高温灭菌奶、酸奶、奶粉等奶制品的市场价格，实现生鲜乳价格与奶制品价格的联动。

建立基于期货市场的奶业风险管理机制。美国农业部农业服务局等政府部门联合奶业合作社等生产经营主体，充分运用美国期货市场，建立动态的奶业风险管理机制。玉米、豆粕、苜蓿等饲料成本是奶牛养殖成本的重要组成部分，饲料价格的波动对奶牛养殖利润具有重要影响。此外，生鲜乳市场价格直接决定奶牛养殖收益，其价格波动是奶业的主要市场风险点。美国政府、合作组织等多部门相互协作，基于美国大豆、玉米以及奶制品的期货市场，充分运用期货的价格发现、套期保值等手段有效规避生鲜乳价格下跌、饲料价格上涨等风险，建立了基于期货市场的奶业风险管理机制。建议国内在生鲜乳价格形成、奶牛养殖政策制定过程中适当探索运用国内期货市场，有效规避生鲜乳价格下跌、饲料价格上涨等风险，保障奶业市场健康稳定发展。

建立以奶农合作社为纽带的奶业组织体系。美国普遍鼓励奶农成立合作社、协会等生产者合作组织，由分散的生产者个体变成生产者联盟，有组织地参与市场竞争和价格谈判，依靠生产组织化、供给规模化和品质标准化，提升生产环节的内在竞争力和话语权，摆脱生产者弱势地位。与此同时，奶农合作组织通过完善的企业经营管理制度，由奶农代表形成理事会、董事会、监事会等机构，对企业经营管理实施决策；同时，依法依规建立健全、科学、合理的利润分红机制，确保奶农分享应得的产业红利。建议我国各级政府出台财政、税收和金融等扶持政策，鼓励奶农合作组织通过参股或自办企业等方式，参与到奶制品的加工销售环节，提升产业一体化水平。

（五）新西兰乳业发展概况及启示

1. 发展概况

奶牛养殖以放牧饲养为主。新西兰畜牧业经济发达，特别是乳业占有特殊位置，据统计，新西兰奶业产值约占农业总产值的30%以上，世界上大约3%的牛奶产自新西兰。新西兰的奶牛养殖一直是放牧饲养为主的饲养模式，天然草场和人工草场是新西兰奶牛养殖的基础，其特点是划区轮牧，草畜平衡。近年来，新西兰奶牛群的平均规模有所增长，2018—2019年产季，新西兰牛群平均奶牛头数为435头，比上一产季增加4头/群。2019—2020年产季，新西兰奶牛存栏492.1万头，牛群总数11 179个。新西兰奶牛群体主要由

49.1%的荷斯坦—娟珊杂交牛，32.7%的荷斯坦牛，8.4%的娟姗牛，0.5%的爱尔夏牛，以及9.3%其他品种组成。在地域分布上，新西兰奶牛群主要集中在北岛（71.4%），但近年来，由于奶牛养殖经济效益较高，南岛一些农场从饲养绵羊和肉牛转而饲养奶牛，因而南岛奶牛饲养量增加很快。

奶制品加工以生产奶粉为主。新西兰是世界第八大奶制品生产国，新西兰乳品加工企业主要包括奶牛场参股的合作制加工企业和独立加工企业两种类型。合作社企业是新西兰奶制品加工企业的主要形式，拥有96%的牛奶收集量，主要有Fonterra（恒天然集团）、Westland和Tatua。其中，Fonterra在新西兰的市场占有率在80%以上，是新西兰最大的奶制品加工企业，2020年荷兰合作银行全球奶业20强企业排行榜名列第六。独立乳品加工企业是新西兰新兴的加工企业，是指企业独立投资建立加工厂，没有奶牛养殖场参股合作，原料奶来源主要与奶牛养殖场（企业）签订原料奶供应合同，或者从恒天然集团收购原料奶。新西兰奶制品加工企业生产的奶制品，从总量看，液体乳产量最大，其次是全脂乳粉，黄油排名第三，奶酪排名第四。

奶制品消费以液体乳为主。新西兰国内消费的乳品包括液态奶、奶油、奶酪、奶粉（脱脂和全脂）、酸奶、炼乳等，国内消费仅占其总产量5%左右。从历年变化情况看，1964—2020年，新西兰奶制品消费量总体呈持续增长趋势，但在2014年之后有减少的趋势（图4-15）。液体乳消费趋势与总量消费趋势基本一致，黄油消费呈逐年减少趋势，奶酪消费总体呈增长趋势。

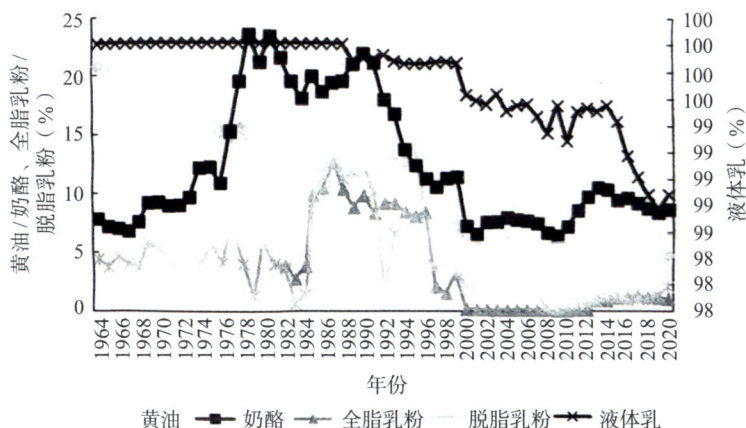

图4-15　1964—2020年不同奶制品消费量占本国生产量的比例

数据来源：美国农业部

奶制品贸易以出口为主。新西兰是全球奶产品出口大国，每年生产的奶制品93%以上出口世界190多个国家和地区，国内消费只占其生产总量的7%左右。2020年，新西兰奶制品出口额约为166.67亿新西兰元（118.7亿美元）。前五大奶制品出口产品是：全脂奶粉（76亿新西兰元）、乳脂类（34亿新西兰元）、奶酪（21亿新西兰元）、婴儿配方奶粉（19亿新西兰元）和脱脂奶粉（18亿新西兰元）。新西兰奶制品出口主要对象是中国、澳大利亚、美国、阿拉伯联合酋长国和日本。虽然新西兰原料奶产量仅为世界总产量的2.5%左右，但是新西兰奶制品出口量却占全世界奶制品出口贸易量33%以上。新西兰是我国最大的奶制品进口来源国，特别是2008年10月1日《中华人民共和国政府和新西兰政府自由贸易协定》生效后，新西兰出口到我国的奶制品数量持续增加。2019年我国从新西兰进口的奶制品进口总量为124.66万t，占净进口总量的50.8%，其次是美国，占8.2%，荷兰居第三位，占7.8%。据中国海关总署最新发布的《关于2020年度自新西兰进口有关农产品触发水平数量的公告》显示，2019年我国以在途方式进口的原产于新西兰的第一类农产品（税则号列04012000、04014000、04015000）和第二类农产品（税则号列04021000、04022100、04022900、04029100）均已超过2020年度进口触发水平数量，第一类农产品相对应的均为"乳及奶油"。这说明2020年度进口自新西兰的乳及奶油已经不能适用我国与新西兰"协议配额"之内的协定税率。据悉，中国与新西兰签订的协定税率为0，而"配额"之外的进口自新西兰的乳及奶油的税率则均在10%以上。

2. 经验做法

新西兰的食品法律法规体系主要由《2014年食品安全法》《1999年动物产品法案》和《农业化合物和兽药法》三大法律及其配套法规组成。配套法规主要有《1974年食品卫生条例》《2000年动物产品（豁免及包含）令》《2002年奶制品行业（国家残留监控计划）条例》《2002年食品（安全）条例》《2005年动物产品（奶类）规例》《2008年动物产品（管制计划—奶制品出口配额产品）规例》《2015年动物产品（奶制品行业费用、收费和征税）条例》《2015年食品（费用和收费）条例》《2015年食品（费用和收费）修正条例》（有效期至2019年2月28日）、《2015年食品法规》《2015年向消费者出售生牛奶条例》。

《2014年食品法》是在《1964年肉类法案》的基础上先后经1981年和2014

年修订而来。该法的实施为从事食品贸易提供了法律遵循，确保销售食品的安全性和适宜性，保持对新西兰食品安全制度的信心，提供防范风险的措施，如尽量减少和管理对公众健康的风险、保护和促进公众健康。

《1999年动物产品法案》实施的目的主要有两个方面，一是对与生产加工动物产品相关的风险进行管理，确保产品满足预定目的。二是提供官方保证，协助相关动物产品进入海外市场，并通过必要的控制和管理机制来维护官方保证的有效性。

《农业化合物和兽药法》规定了动植物生产中农业化合物的使用，奶牛养殖中主要针对饲料和兽药的使用。依据该法，在新西兰进口、加工、销售和使用农用化合物均需获得授权。其中，主要有两种授权机制，一种是注册"商号产品"，前提是将风险控制在可接受的范围内，另一种是根据法规对具有低风险的产品豁免注册。通过该法的实施预防或管理与使用农业化合物有关的风险，如公众健康、初级产品贸易、动物福利等，确保使用农用化合物不超过国内食品残留标准，确保能为消费者提供足够的有关农业化合物使用的信息。

2001年，Kiwi合作乳品有限公司、新西兰合作乳品有限公司与新西兰乳品局合并成立恒天然集团。由于重组的恒天然集团当年原料奶收购量占全国总产量的96%以上，在奶业生产中占有绝对优势地位。因此，为了维持奶业市场合理、良性竞争，2001年新西兰政府制定了《乳业行业重组法》和《乳品行业重组（原料奶）管理》，并根据行业发展的需要进行了多次修订。依据这两部法律法规，新西兰政府要求恒天然公司必须允许奶牛场"自由进入和退出"，其乳品加工厂收购原料奶的33%以上在160km范围之内，组建牛奶价格管理委员会，监督牛奶基础价格的制定、督促发布牛奶价格年报表、建议牛奶基础价格等，在每个产奶季节必须在其网页上发布与原料奶供应和价格有关的相关信息，如牛奶总成本、生鲜乳价格等。同时也从奶牛场的产奶量和运输成本上规定了恒天然公司拒绝收奶牛场生鲜乳的条件。新西兰政府通过这种立法的形式，有效指导和调控国内原料奶生产和管理、原料奶定价和协调奶牛养殖企业和加工企业之间利益联结关系。

新西兰初级产业部从全国筛选出20个在环境改善、牛只健康度、经济效益三个指标表现优秀的牧场进行案例研究，为其他牧场提供学习的典范。环境改善主要研究牧场在草场化肥的施用、耕作方法和牛场粪污处理问题。牛只健康度则是利用不同阶段的体况评分值、淘汰率、乳房炎及跛行发病率、

6周妊娠率、生鲜乳的体细胞数构建健康指数，总分为100分。经济效益主要从牧场各种成本及收益计算其每千克奶成本。同时对三个指标2012—2015年的变化情况进行分析，找出数据变化的原因，为其他牧场提供改善相应指标所采取的措施。

3. 有益启示

大力发展干奶制品产业。我国牛奶产量全球排名第六，但奶源自给率从2008年的93.1%下降到2020年的65.5%，可以说我国是奶业大国但不是奶业强国。新西兰牛奶产量全球排名第八，但其出口量占到全球贸易量的34%，而且出口的产品以奶粉、奶酪、黄油等干奶制品为主。我国奶制品消费以液体奶为主，进而导致奶源出现季节性供需不平衡，丰拒歉抢的现象轮番上演，乳品企业和奶农之间均难以获得稳定的收益。应借鉴新西兰奶业发展经验，大力发展干奶制品产业，增加产品附加值，提高乳品企业的收益。同时，可以有效缓解我国奶源供需的季节性不平衡问题。

进一步完善与奶制品质量安全相关的法律法规体系。2008年"三聚氰胺事件"后，国务院及有关部门先后颁布实施了《乳品质量安全监督管理条例》《奶业整顿和振兴规划纲要》《关于进一步加强婴幼儿配方乳粉质量安全工作的意见》《奶制品工业产业政策（2009年修订）》《推动婴幼儿配方乳粉企业兼并重组工作方案》《婴幼儿配方乳粉产品配方注册管理办法》等20余项法律法规，公布了《食品安全国家标准生乳（GB 19301—2010）》国家标准等66项乳品质量安全标准，有效保障了奶制品质量安全。但与新西兰的法律法规体系相比，在可操作性方面还需进一步借鉴。

通过立法保障相关利益联结机制。构建政策的落地实施。《国务院办公厅关于推进奶业振兴保障乳品质量安全的意见》提出多个密切养殖加工利益联结措施，支持有条件的养殖场（户）建设加工厂，建立由县级及以上地方人民政府引导，乳品企业、奶农和行业协会参与的生鲜乳价格协商机制，开展生鲜乳质量第三方检测试点。但受《奶制品工业产业政策（2009年修订）》规定的新建乳品加工厂距离和产能限制，奶农办加工难以落地。上海、河南、河北等地虽然都在试行生鲜乳价格协商机制，但因为没有相关的法律支撑，公布的生鲜乳收购价格对乳企没有强制约束力，难以在生产中落地。应参照新西兰，没有法律依据的，先制定法律，后出台产业政策；法律不完善的，先修订法律，后调整产业政策。

在国内开展优秀牧场典型案例研究。2015—2018年，国内奶价持续低迷，叠加环保风暴，国内的中小牧场大量退出，存活下来的都是精华，这些牧场每个都有其独到的养牛之道。可参考新西兰的案例研究方案，从不同地区、不同规模、不同性质的牧场中选择具有代表性的牧场进行案例分析，根据环境改善、牛只健康度、经济效益等指标分析牧场的先进经验，为国内其他牧场改进管理提供借鉴。

（六）澳大利亚乳业发展概况及启示

1. 发展概况

奶牛养殖业规模大且机械化水平高。奶业生产在澳大利亚各州均有着很长的历史，奶牛业是澳大利亚农业中一项重要的支柱产业，2019—2020年度年产值达48亿澳元，位居第4位，仅次于牛肉、小麦和绵羊产业。澳大利亚东南部的气候和自然资源，有利于乳业发展。在澳大利亚牛奶主产地东南部地区，平均每年有60%～65%的牛饲料需求来自放牧，包括维多利亚州、南澳大利亚州和塔斯马尼亚州，其牛奶产量占全国总产量的77.87%。其中以维多利亚州为最主要的奶牛饲养和牛奶生产区，该州的奶牛饲养数量占全国63.43%，牛奶产量占全国的57.48%，其次为新南威尔士和塔斯马尼亚州。澳大利亚畜牧业不仅规模大、科技含量高，而且现代化程度高，最主要特征就是畜牧业各个环节的生产作业都是由机械来完成。每个家庭牧场都有耕作、播种、锄草、喷药、收获、贮藏和运输等农业机械，有的牧场还有草地播种、牧草收割、打捆、青贮、切碎、饲料加工以及剪毛等牧业机械。因此，澳大利亚的牛奶生产成本远低于世界上其他主要的牛奶生产国，优良的草场、科学的管理，以及最新遗传育种技术的广泛运用，使澳大利亚的奶牛业能够以高效率的方式生产出优质的牛奶，其奶制品在国际市场上具有较强的竞争优势。

奶制品加工业生产效率高且乳品附加值高。2019—2020年度，全澳共产牛奶87.76亿L，其中，维多利亚州56.19亿L，占全国总产量的64.02%；新南威尔士州10.44亿L，占比11.90%；塔斯马尼亚州9.5亿L，占比10.82%；南澳大利亚州、西澳大利亚州和昆士兰州产量不大，在全国的占比分别为5.56%、4.15%和3.54%。澳大利亚各州均有各自的牛奶加工业，面向各州的城镇供应鲜奶。许多州还生产一系列优质乳产品，从奶酪到各种工业、专业用奶粉及系列奶酪等。20世纪80年代以来，澳大利亚奶制品加工发展趋势表现为加工生产奶酪和全脂奶粉的数量增加，而脱脂奶粉和黄油的生产数量在逐步减少。2019—2020年度，澳大利亚用于加工奶制品的牛奶占产量的72%。其中，生产奶酪37.17万t、黄油6.36万t、乳脂肪0.90万t、脱脂奶粉14.15万t、全脂奶粉4.38万t、乳清粉5.23万t。澳大利亚生产的奶制品主要有液态奶产品、奶油、奶酪、黄油、全脂奶粉、脱脂奶粉、干乳酪及炼乳。奶酪是产量最高的产品，2019—2020年度，原料奶生产量的39%的原料奶被加工成奶酪，32%的原料奶被加工成液态奶，22%的原料奶被加工成脱脂奶粉或黄油，4%的原料奶被加工成全脂奶粉，其他奶制品则占3%。从奶制品的产品结构可以看出，澳大利亚的固体奶制品占了68%左右的份额，而液态奶只有32%左右（图4-16）。

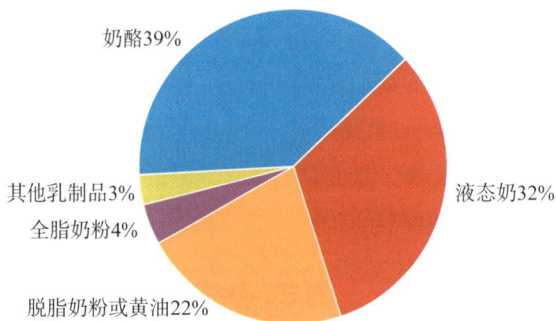

图4-16　2019—2020年度澳大利亚奶制品生产构成

资料来源：澳大利亚乳业局

奶制品消费需求旺盛。澳大利亚奶业的发展，源于消费需求旺盛的拉动。澳大利亚主要消费奶制品是牛奶、奶粉、奶酪、黄油、黄油混合物以及酸奶（图4-17）。受消费者口味和喜好变化的影响，澳大利亚个别产品的人均消费在过去几年变化趋势比较显著，主要受奶制品的健康观念以及风味和包装创新所致。据澳大利亚奶业数据，2019—2020年度澳大利亚液态奶年人均消费量平均为97L，近年来略有下降。但是，与其他发达国家相比，澳大利亚的牛奶消费量仍然很高。这可能归功于澳大利亚"咖啡文化"的扩展以及调味奶制品的增长；奶酪、黄油、酸奶的人均消费量达27.1kg，其中人均每年食用酸奶约9.5kg。酸奶对消费者而言是一种健康的零食，兼具便利性和健康性。随着人们对更天然的健康产品有更高的需求，对糖的健康风险的认识也越来越高，近几年澳大利亚酸奶人均消费量增长迅猛，消费者已经从甜味和调味酸奶品种转向希腊酸奶和天然酸奶。黄油人均年消费量约为4.1kg，黄油的天然特性以及卓越的口味和烹饪功能吸引了众多消费者，但健康和营养科学方面的发现导致消费者对于饱和脂肪酸和黄油相关的健康风险的看法发生了变化，影响了该类别的销量。上述趋势均反映出澳大利亚的消费者越来越重视营养的均衡问题。

奶制品贸易世界排名第四。澳大利亚乳业是一个出口与国内并重的传统产业，澳大利亚的牛奶产量超过了国内消费量。澳大利亚目前在世界奶制品贸易方面排名第4，所占份额为6%，仅次于新西兰、欧盟和美国。近几十年来，澳大利亚奶制品出口市场有很大的变化，澳大利亚两个最大的出口市场是亚洲和中东地区，中国是澳大利亚最大的出口市场。澳大利亚出口的主要奶制品有奶酪、奶粉和黄油。此外，澳大利亚虽然属于奶制品出口国，但是也有一定规模的奶制品进口，并且各种奶制品进口量的波动都很大，但是总体上都在增加。近几年，澳大利亚的奶制品进口主要来自新西兰，进口的主要奶制品包括奶酪、全脂奶粉和黄油。

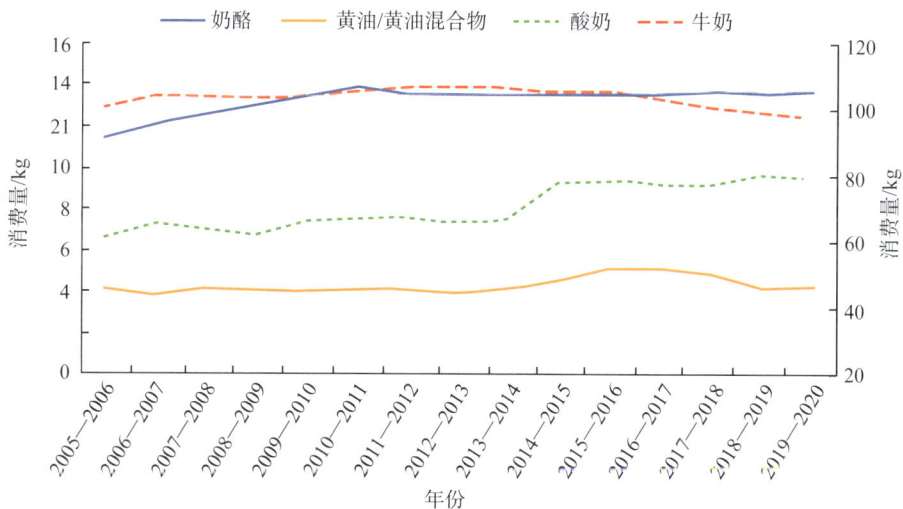

图4-17 澳大利亚近年来人均奶制品消费趋势

数据来源：奶制品制造商和澳大利亚乳业局

2. 经验做法

促进奶业加工方面。澳大利亚各州政府制定了严格的加工和销售许可制度，即只有获得加工或销售许可的经营者才有权在某一地区或某一市场进行饮用奶加工和经营。在很多州奶业销售商直接与指定的加工商联合，在一个规定的区域内进行经营。澳大利亚政府对乳品生产进行政策干预的具体做法是州和联邦政府按照牛奶的最终用途对乳品供给和乳品价格进行政策干预。在2000年7月1日以前，饮用奶的价格由联邦和州政府决定，而制造用奶的价格则由市场，尤其是国际市场对奶制品的需求进行决定。由于受政府价格政策的干预，多年来，饮用奶的价格比制造用奶的价格高出2倍，由此而形成"双价格制度"。尽管从1986年以来，联邦政府制造业管理部门针对制造用奶提供小规模的价格支持，同时仍许可其价格随着出口收入而变动，但这种借助于各种计划对制造用奶实施的价格支持幅度很小，且逐渐减弱，因而在缩小饮用奶和制造用奶的价格差异方面的作用不大。这种"双价格制度"不仅影响了饮料奶市场真正全国性的发展，还使进口乳品在国内更加富有竞争力。2000年7月1日以后，政府不再对饮用牛奶的价格进行干预。虽然有些奶牛场与商家就收购饮用奶的价格签订了商业合同，但是大多数奶牛场已经不区分饮用奶和制造用奶了，收奶商都是以一个介于制造用奶和饮用奶之间的混合价格进行收购。通常牛奶价格是由生奶中的乳脂和非乳固形物含量决定的。商家和奶农还根据牛奶质量、数量和季节等因素制定奖惩合约，以便对牛奶收购价进行调整。目前，澳大利亚的奶农是在完全没有政府干预的环境下从事经营活动，国际市场价格成为决定奶农所能得到的价格的主要因素，其直接的结果是加快了奶牛场数量的下降。澳大利亚饮用奶农场出场价以及零售价的制定意味着整个产业链中的其他价格也随之固定，因此饮用奶的加工、运送以及销售利润在一开始就固定了，只有当生产成本以及税收政策等发生变化时，整个产业链的利润才会随着农场出场价的改变而改变。

促进奶业贸易方面。澳大利亚各州之间饮用奶的价格各不相同，因此当某两个市场之间的价格差大于运费时，那么跨州之间的贸易就必然发生。而且这种贸易一旦发生，某些地区先前规定的价格一定会遭到冲击，特别是那些农场出场价过高的地区，最后的结果就是造成当地液态奶生产规模减少，因此各州出于对本地生产的保护，建立了地区间贸易的壁垒，通常的办法是征收地区间的关税。首先是Kerin和Crean计划。为了使澳大利亚奶业更具有竞争力，在经过3年的讨论后，旨在减少补贴和提高竞争力的Kerin计划于1986年出台。Kerin计划，后来经过修改成为Crean计划，对饮用奶生产的补贴也逐渐减少，使得澳大利亚饮用奶价格从超过世界同期价格的44.2%降低到1992年的22%，并逐步实现对制造用奶提供小规模的价格支持，使得整个行业逐渐趋于合理化。其次是国内市场扶植计划（Domestic Market Support Scheme）。DMS 计划是由联邦政府制定，由澳大利亚奶业公司执行的对整个澳大利亚国内消费液态奶以及用于制造加工品的原料奶进行税收征集的计划，其收益大部分用来对加工奶产品进行补贴。DMC 是由 Kerin 计划和 Crean 计划演变而来，这一计划将饮用奶原先超过世界价格22%的比例降到10%，许多州将以往对饮用奶生产的补贴逐渐转向制造用奶生产，进一步缩小了两者之间的价格差距。最后是结构重组计划（De-Regulation Restructure Package）。澳大利亚政府已经在2000年7月正式取消了所有的补贴政策，虽然这种措施必然引起国内奶业巨大震动，但并没有招致太多的反对意见，这是因为在此之前政府通过一些过渡措施，缓解了其间的矛盾，结构重组计划便是其中一个。结构重组计划许诺为全国各地的饮用奶生产者提供8年数额达12.5亿澳元的补偿，以逐渐适应饮用奶市场逐渐放开的政策。例如在维多利亚州平均每个奶农获得了70 000美元的补偿，而新南威尔士和昆士兰的农户则得到了约14 000美元的补偿，这就在很大程度上缓解了因政策变动而带来的社会问题。鉴于通过 WTO 贸易改革的步伐，澳大利亚政府奉行自由贸易协定作为额外的附加条件，并且会迅速地建立打破澳大利亚贸易壁垒的机制。提供贸易双方协定是自由贸易确保继续增加出口概率的一个重要手段。贸易改革将使澳大利亚奶业产业更好地在奶业的生产、加工和销售方面利用他的全球竞争力，并且通过以更好更稳定的价格来增加奶业的销售市场。

促进奶业消费方面。在澳大利亚，各州政府历来负责保证向本地消费者全年提供新鲜的全脂饮用牛奶。有些州政府为达到此目的而对农场的奶源采用垄断或配额方式，控制从农场到消费者的价格与经销渠道。因此，在2000年7月1日以前，饮用奶的价格由联邦和州政府决定，而制造用奶的价格则由市场决定，尤其是国际市场对奶制品的需求决定。澳大利亚牛奶产量虽然只占全球总产量的2%，但其奶制品出口量在全球奶制品贸易中却占据重要地位，占比达11%，位于新西兰和欧盟之后居全球第3位。澳大利亚奶制品出口的目的地主要在亚洲，特别是东亚、东南亚。高度集中于亚洲市场的原因，主要是与亚洲距离较近，同时欧洲等其他主要市场存在较高的准入限制，或者其他一些主要竞争者通过大量的出口补贴抢占了市场。另外，中东和美国也日益变成澳大利亚奶制品的重要出口市场。为了促进牛奶和奶制品消费，澳大利亚各企业及其相关组织实行了以下措施：①增加乳品品种，以促进消费者需求。在澳大利亚，乳品消费的品种繁多，奶酪、黄油、液态奶、酸奶、奶粉以及冰淇淋等构成乳品的6大系列，而在每个系列中，又根据加工方法的不同、脂肪含量的多少和是否添加其他成分而分成许多小的品种，如奶酪就有105个品种，液态奶有10种之多，酸奶也有20多个品种。这种消费品种的多样性，不仅在提高乳品（如酸奶和奶酪）的整体消费量方面功不可没，而且带动了乳品加工业的进一步发展。②根据人们对奶制品的反应来引导消费。长期以来，澳大利亚乳品行业仍坚持不懈地通过形式多样的活动来影响和引导居民对乳品的消费行为。例如，2003年3月3日，Australia Dairy Corporation发起了一场名为"3Servers"的活动。该活动倡导每个居民每天消费3个单位的乳品，即"一杯牛奶、一杯酸奶和一小块奶酪"，并把3个单位的乳品所含营养成分以及对人体的益处借助于各种促销活动广为宣传。这些活动对澳大利亚居民的乳品消费行为产生着潜移默化的影响，从而促使其乳品消费的内部结构发生变化。

3. 有益启示

奶牛生产方式由数量型向质量型转变。在过去40年间，澳大利亚的奶牛场数量减少了3/4，从1980年的22 000家减少到2019年的不到5 055家。与奶牛场数量减少形成对比的是，澳大利亚牛奶的总产量呈现出整体上升态势，1980年的总产奶量为556.5万t，到2019年总产奶量增长为879.5万t。这是因为奶牛场规模的扩大和奶牛单产水平的提高。1980年，平均畜群规模是每个奶牛养殖场85头奶牛，平均单产为2 977.528kg/头，2019年平均畜群规模增长到279头奶牛，平均单产达到6 107.639kg/头。澳大利亚具有良好的自然条件，但其奶业发展并未一味追求数量和规模，而是通过提高生产水平，增加单产，选择与其国情相适应的适度规模。我国资源禀赋条件决定了小规模养殖在一定时期内仍是未来奶业发展的主体，因此我国奶业在未来的发展中要通过改善饲料、改良品种和提高管理水平来增加奶牛单产，从而实现更少的奶牛场、更适度的规模和更高的奶牛生产率。

利益合理分配的合作社模式保证奶业生产安全高效。澳大利亚奶业生产有两种模式，一种是农民拥有的合作社和股份公司进行奶制品的生产与加工，另一种是奶牛场和独立的乳品企业（包括私营、上市及跨国公司）通过合同收购的方式进行合作。其中奶牛场参股的合作制模式占有重要地位。奶农通过自愿的方式加入合作社成为合作社的股东，合作社直接办加工企业。加入合作社后奶农所生产的牛奶必须全部交给合作社乳品加工厂，合作社的乳品加工厂也有义务收购社员生产的牛奶，这样既可以消除奶农销售牛奶的后顾之忧，又可以使奶农有更多的精力做好奶牛养殖，进而提高牛奶的质量和产量，进而合作社的乳品厂可以获得数量稳定和质量较好的原料奶，从而协调奶的生产加工和乳品销售。奶农合作社使奶农和乳品厂之间的整体利益一致，关系易于协调，为促进奶生产优质高效，保证乳品质量安全起到了重要作用。我国奶业发展还处在初期阶段，奶农和乳品加工业还没有建立紧密的利益链接机制。这为生鲜乳质量安全带来隐患，可借鉴澳大利亚的经验，有序提高原料奶生产、乳品加工、市场营销环节的依存度，通过建立奶农合作社、奶牛场入股加工企业及自建乳品企业等方式推进一体化经营，推进利益合理分配的同时保证牛奶生产的优质高效。

种养结合模式推进奶业可持续发展。澳大利亚草原和土地资源丰富，特别是拥有高质量的牧草，适宜的气候和茂盛的牧草使得全年放牧成为可能。以放牧为主或种养结合的生产方式，既保证奶牛饲草饲料的供应，特别是青贮饲料和牧草的供应，发挥奶牛的遗传潜力，又保证合理利用奶牛粪便还田，增加有机肥的施用量，提高作物产量，形成动物、植物、微生物三者平衡的生态农业系统，可谓一举多得。在美国、欧洲等一些奶业发达国家和地区，奶牛生产必须配套饲草饲料地，种养结合的奶牛生产方式十分普遍，即使在土地资源稀缺的荷兰、日本等国家，种草养畜也被十分重视，只不过不同国家根据资源禀赋不同，配套的饲草饲料地比例不同。我国奶业目前进入转型时期，特别是当前，随着标准化规模养殖的迅速推进，奶牛粪污处理和环境保护问题越来越突出。因此，在发展现代奶牛养殖业的过程中必须实行农牧结合。我国幅员辽阔，可以针对不同地区的特点进行规划，如在大城市郊区，土地资源紧缺，可考虑发展集约化规模养殖；在农区和牧区，可利用草地、山地和耕地，发展种养结合的奶牛养殖模式，提高奶牛生产的质量效益。

健全的社会化服务体系保证奶业生产稳定有序。澳大利亚的奶业主要实行以牧场主自愿组成的奶牛合作社和各专业协会相结合的行业管理、社会化服务模式，涵盖了奶业的产前、产中和产后三大环节。澳大利亚奶农自愿组成和加入各种类型的合作社，一个农场主往往在不同的经营环节上同时参加几个不同的合作社，平均每个农场主参加2.6个合作社。在这种情况下，农场主便与合作社形成了一种横向的、扇面型的多层经营体制，其行为贯穿于整个产业链的始终。从澳大利亚奶业发展的经验来看，独立且关联的奶牛协作组织已成为奶业产业化良好的组织载体，成为奶业产业链中连接龙头加工企业与奶牛养殖户的纽带，它把分散经营的奶农，通过交换相联合，形成规模经济，使农户获取规模效益，有效地提升了奶业产业化的整体水平。我国奶业近年来发展很快，但为奶业生产服务的专业化协会（组织）、提升奶农话语权的合作社以及研究行业特点和指导行业发展的机构还非常稀缺，可以说，奶业发展的成熟度还不够，这就需要政府、企业和有关单位的重视和努力，通过不断完善和推进与产业发展相匹配的社会化服务体系，促进我国奶业协调有序发展。

重视奶制品加工技术与研发。随着我国政府和企业对乳品业经济发展认识的逐渐提高，产业合作的不断深入，国家在产业技术研发上的投入和关注也不断增加，如国家奶牛产业技术体系下设的乳品加工研究室、农业农村部奶及奶制品质量监督检验测试中心与部分高校和企业单独及合作组建的乳品加工（重点）实验室等，都在乳品加工及检测技术研发与推广方面发挥着举足轻重的作用。但整体而言，我国科研单位和企业在合作基础方面依然很薄弱，技术研发和其企业需求不匹配仍然是主要制约因素；在成果技术转化和互利共赢方面，双方需要进一步加深面向市场需求的研发和深层次合作，以期共同可持续发展。

强化政府监督与引导。优质的奶源、完善的质量安全体系和丰富的管理经验是澳大利亚乳业发展的法宝。政府作为我国乳业质量安全的监督部门，应该加强奶制品质量安全监督与管理工作。通过严把生产经营、加强检验检测和监测评估、建立可追溯制度、加大违法处罚力度等方式方法，保障我国奶制品质量安全。同时，政府应积极宣传奶制品质量安全等方面的成效，定期发布抽检监测信息，提升我国广大人民群众对国产奶制品消费的信心。

（七）印度乳业发展概况及启示

1. 发展概况

奶牛养殖业发展方式粗放，生产性能低。印度是传统的畜牧大国，反刍动物养殖业尤为发达。截至2019年，印度牛存栏量达到1.93亿头，水牛的存栏量达到1.10亿头，总存栏头数达到3.03亿头，饲养方式以散户为主，养殖规模多为小型农户，数量约有7 000万头，饲养品种以水奶牛为主（图4-18）。2019年印度水牛的存栏量，已占世界的53.4%，远多于排名第2的巴基斯坦

（4 000万头）和第3的中国（2 733.6万头），是名副其实的水牛大国。众多品种中，摩拉水牛被公为是产奶性能最好的水奶牛品种之一。印度近50%的牛奶是由水奶牛提供的，这与其他奶业发达国家以荷斯坦奶牛为主要奶源的情况完全不同，可以说印度奶业的发展离不开水奶牛的培育和饲养。其中，80%以上的水奶牛或奶牛为舍饲，单头2019年年均产奶量为2 044kg（水牛）及1 698kg（奶牛）。虽然印度是世界牛奶生产大国，但饲养管理粗放，带来奶牛生产性能非常低，目前印度在世界奶业贸易的市场份额不到1%。与发达国家不同，印度奶牛和水牛的养殖主要以无土地和广大农民为主。养殖1～2头奶牛的农户养殖场约占全印度养殖场数量的90%，家庭牧场占整个奶业市场的主导地位，以家庭劳动力为主，奶农在牛舍和设备上几乎没有投资。尽管印度政府一直提倡集约化和标准化饲养，但大型标准化的奶牛场数量依然很少。虽然奶牛场产能较高，但总产量远不及所有散户的总产量。目前，印度的奶牛场规模仍然以养殖10头以内的奶牛为主，但10～50头规模的奶牛场数量也在不断增加。

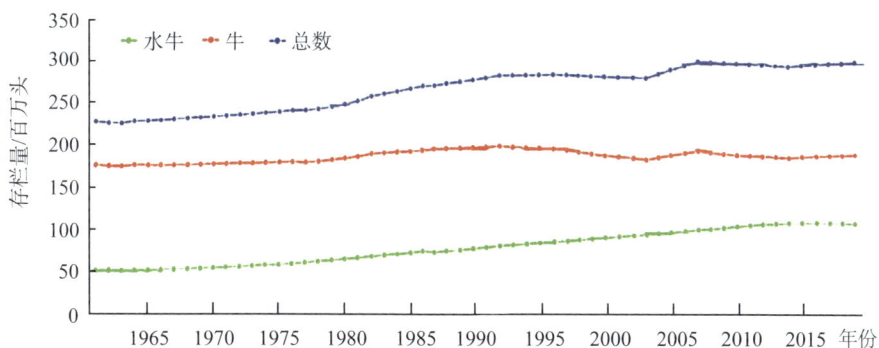

图4-18 印度水牛和奶牛的存栏量变化

数据来源：FAOSTAT，2021

奶制品消费以自产自销为主。受宗教的影响，印度民众不吃牛肉，其动物蛋白质摄入来源主要是鲜奶及奶制品。因此，消费者对牛奶及奶制品有着十分旺盛而稳定的需求。印度是目前世界排名第一的牛奶生产大国，但48%的牛奶皆为自用，其他通过合作社，私营企业和中间商贩渠道进行交易[1]，人均

---

① LandesM，CessnaJ，KuberkaL，et al. India'sdairysector: structure，performance，andpros-pects，UnitedStatesDepartment of Agriculture，2017.

牛奶占有量由2001—2002年的220g/天，增长到了2018—2019年的394g/天。印度民众在鲜奶及奶制品的消费支出占总消费支出的10%左右，甚至超过肉蛋鱼的消费总和，且未来需求也将不断增长。随着经济发展，鲜奶和奶制品的消费在广大农村地区和城市都出现了几何式增长。民众的消费方向也由鲜奶逐渐多元化，酥油、黄油，凝乳以及脱水炼乳的消费也逐渐增加。

奶制品贸易发展较为滞后。随着世界经济发展以及产品逐渐出现剩余，印度的乳品贸易在近10年才开始逐渐得到发展。截至2019年，鲜奶的进口量为569t，出口量为1 3091t，全脂奶粉的进口量为21t，出口量为2 681t，脱脂奶粉的进口量为783t，出口量为8 442t。出口产品主要包括全脂奶粉、脱脂奶粉、奶酪、再制干酪、炼乳等，其主要的出口国家和地区有新西兰、美国、德国和沙特阿拉伯等。进口产品主要包括乳糖、乳清制品、奶酪、再制干酪等，其主要的进口国家和地区有新西兰、中国、德国和沙特阿拉伯。

2. 经验做法

强化原料奶质量控制体系。印度奶制品的生产主要集中在农村地区，以奶业合作社的形式经营生产，因此印度对提高原料奶质量的控制体现在对奶业合作社的监管上。为此，印度国家乳业发展委员会（NDDB）采用系统的方法对生鲜乳的生产、处理和加工进行质量控制，推动奶农合作社组织通过ISO9000和HACCP认证，并使合作社所属加工企业保持认证标准所要求的生产条件。为了构建乳品质量安全保障体系，印度国家乳业发展委员会制定了牛奶清洁生产计划，对奶牛的健康卫生、牛舍管理、合作社管理、村级散装牛奶冷藏、鲜奶运输和售奶站的售奶速度等方面进行了重点关注，并将阿兰德合作社作为印度奶业发展的首选形式，通过民主方式，使奶农们可以控制牛奶生产、加工和销售的全过程。国家乳业发展委员会通过提供各种服务和措施把奶农的小生产与大市场连接起来，形成一个生产、加工、消费的链条。奶农既是整个链条的原料提供者，又是合作社的成员，也是整个过程的主人。小农的利益通过牛奶收购价得到保护，并通过年底分红与合作社结成十分紧密的利益共同体。印度的奶业合作社实行三级组织体系，把牛奶生产产前、产中和产后的各个环节联系在一起，即奶农控制着牛奶生产、加工和销售3个层次的所有环节，这是印度奶业合作社最大的特点。全印度一半以上的奶制品是在奶业合作社的基础上实现的，同时政府给予合作社最大的市场自由度，政府除提供监督和服务外，不参与任何合作社的经营和规划，充分发挥市场调节作用。除了监督作用，政府还通过向交通部门制定奶业运输政策，增加铁路和公路对奶业发展的支持，通过减税或免税，减少合作社在奶产品运输上的费用。同时政府允许奶业合作社建立自主品牌，通过与国内外大品牌乳品企业竞争，提升自身的经营模式。为了减少政府对奶业服务系统的支出，政府允许合作社向奶农提供各种服务，如奶牛疾病的预防和治疗，提高奶农技术和相关知识，从而保证奶牛的健康，提高奶牛的产奶量和牛奶质量。政府节省的开支多用于科研和检测。在饲料供给上，合作社也提供重要的服务。政府支持合作社兴建和拥有饲料企业的自主经营权，这样，饲料原料在质量和价格上有了双重保证，饲料污染奶源的事件较少。由于广大奶农本身就是合作社的主人，全部的利益也需要合作社来实现，另外，广大农户手中的鲜奶有一定比例留为自用，所以出于对经济利益和自身食品安全考虑，极少有故意添加违规饲料添加剂或化学制剂的情况发生，因此印度牛奶的质量有一定保证。

印度政府非常注重奶业技术研发与推广。印度政府在全国各地设立了国家奶业研究所、兽医研究院等各种形式的科研机构，从科学研究和技术推广方面对奶业发展进行扶持。全国有奶业教学和科研单位267个，分布在全国28个地区。国家奶业研究院（National Dairy Research Institution，NDRI）是印度奶业科研教育中心机构，其主校区位于哈里亚纳邦的卡尔纳尔，自1966年开始，归属于印度农业研究委员会管理。农业研究委员会又分支建立了"印度水牛研究所"和"印度奶业研究中心"等科研机构。同时，印度政府设立了国家奶业研究院、农村管理学院等研究和教育机构，为从业人员提供技术培训，范围包括兽医科学、动物的科学饲养管理、奶业技术和农业科学。各级政府经常组织技术人员下乡，普及养牛技术，规范挤奶操作程序，保证牛奶质量。印度政府还拥有一个庞大的兽医服务和动物健康护理机构网络，向奶农传递奶牛疫病的治疗和预防知识。为了改良遗传潜力，印度联合60个冻精站和约63 000家授精中心一起设立了人工授精服务站，主要由政府部门和机构进行管理。并且在2005—2018年间，冻精站在数量变化不大的同时，A级冻精站由2005年的2家，增加到2018年的28家，提升了冻精站的等级，使得人工授精服务得到质的提升。国家乳业发展委员会（NDDB）是一个性质介于政府机构和民间行业协会之间的团体组织。1987年，NDDB经国会议案通过上升为法定团体，正式成为国家的一个重要机构，并被赋予了在全国范围内制定和实施乳业发展计划的权力，以促进乳业及相关产业的发展。国家乳业发展委员会涉及原料奶生产加工的各个环节，并制定良种繁育、疾病防治、质量安全保障体系。

奶业发展支持政策十分详尽。 1970年，"白色革命"开始后，印度政府出台一系列微观和宏观的政策引导奶牛养殖业健康发展。其中，"洪流计划"是公认的世界上最大的奶业发展计划，执行于1970—1995年。该计划主要针对3种不同的层次：①农民层次，组织奶农加入合作社，政府向合作社提供先进的技术，如产奶性能高的动物品种；②地区层次，合作社之间成立联盟，经营牛奶加工、仓储和运输等，合作社联盟同时提供动物健康服务；③国家层次，国家联合会指导并协调全国范围内的牛奶销售。该计划分3阶段进行：第一阶段（1970—1980年），计划覆盖100万奶农，重点是服务于国家的城市市场；第二阶段（1981—1985年），计划覆盖该项目范围内的1 000万奶农，服务范围扩大到全国主要城市；第三阶段（1986—1995年），计划覆盖剩余的700万奶农。1996年以后，乳业综合发展计划并未因"洪流行动"的结束而告终。印度政府一如既往，继续对乳业发展予以扶持。迄今为止，印度已经成为世界第一产奶大国，并由奶制品纯进口国一跃而成奶制品出口国，相关产业也得到了长足发展。印度的乳品产值占畜牧业总产值的近2/3，并成为国内生产总值中比重最大的农产品。2018年，印度奶产量达到1.8亿t，牛奶人均日消费量从1951年的124g/天上升到了394g/天，位居发展中国家前列。印度政府平均每年用于发展乳业方面的资金为3 200万美元。截至2019年3月，政府用于乳业发展的预算资金为108.7亿卢比，已经发放56.8亿卢比。

3. 有益启示

我国和印度同属亚洲农业大国，在资源环境和乳业生产模式等方面有相似的地方。印度自从"洪流计划"以来，奶业得到了迅猛的发展，并已经成为全球牛奶生产第一大国，成为发展中国家发展奶业的成功范例。印度奶业发展的成功经验对我国的有益启示如下[①]。

受宗教的影响，印度民众喜爱素食，所以牛奶及奶制品成了消费者摄取动物蛋白质的主要途径，尤其是鲜奶，在将来很长一段时间内都会成为主要消费对象，且消费市场非常稳定。相比之下，中国的牛奶及奶制品的居民日常消费，远不及印度。

印度原料奶生产很大一部分来自水牛，水牛存栏量大，产奶量占总产奶

---

① 何璠. 中国和印度奶制品供应链的比较研究 [D]. 北京：中国农业科学院，2014.

量的50%。水牛奶营养丰富，得到消费者的青睐，所以水牛的育种及饲养方面，印度具有非常丰富的经验，使得水奶牛的发展处于世界前列。

印度奶业发展过程中，合作社是主要发展模式，该模式更加关注奶农的基本利益。大多数分散奶农并没有农田可以耕种，生活贫困，所以政府鼓励奶农自给自足，鼓励他们加入奶业合作社，参与奶业的生产与销售，奶农是商品市场的利益主体，所以印度奶业发展的中坚力量是数量最多的散户奶农。

形成了一体化供应链结构，建立紧密型利益联结机制。奶制品供应链中的生产、加工和销售一体化，才能保证真正的利益最大化。奶业合作社成员经过层层选举，选出代表和管理者，奶农作为体系的主人，扮演多重角色参与各个环节中，与合作社形成利益共同体，大家利益共享，风险共担。相比之下，我国的奶业仍是加工企业占主导地位，与分散的奶农只是短期合同的买卖关系，仍然存在利益冲突和矛盾，在一定程度上阻碍了奶业的健康发展。

具有完善的服务体系和法治保障制度。合作社体系不但完成原料奶生产、加工和销售工作，为了变相促进生产，合作社还重视会员的技术培训，提供育种、人工授精等技术支持。金融组织还为奶农提供信贷和保险服务，让分散的农户感受到组织的力量，也推动了印度奶业发展。印度奶业合作社模式的发展离不开政府的支持，印度政府借助外援力量建立奶业发展基金，促进合作社发展；专门设立国家奶业研究院等机构，向基层提供技术支持。政府不但根据实际情况制定一系列发展计划，制定适合合作社发展的优惠政策，还建立健全相关法律法规给合作社提供保障。不仅为奶农提供技术支持和教育培训，还给予资金支持。我国奶业合作社发展的主要瓶颈就是资金短缺，且缺少专业技术和管理人才，还需要有关部门加大对农业投入的力度。

具有健全的奶制品质量安全管理体系。印度的奶制品质量安全监管体系主要包括3部分；一是政府建立国家乳业发展委员会（NDDB），主要负责根据本国国情制定奶业发展规划，指导和扶持奶业合作社组织发展，推动合作社组织通过质量控制体系（ISO9000）和安全管理体系（HACCP）认证，提高奶制品质量。二是2006年颁布实施《食品安全和标准法》并组建印度食品安全与标准局（FSSAI）负责制定质量标准和监督实施。三是奶业合作社建立奶制品检测体系，在生产—加工—销售过程中把好质量的第一关。通过质量安全监管体系在各个层面上对奶制品质量严把关，不断提高印度奶制品质量水平。

第五章
路径与策略：创新活力源泉，谋划产业跃迁路径

在当前加快推进新质生产力发展背景下，围绕"新技术诞生—关键生产要素变迁—基础设施、产业、生产组织形式、商业模式、制度框架等适应性改变—社会经济变革"发展路径，以优质安全、绿色发展为目标，以推进供给侧结构性改革为主线，以降成本、优结构、提质量、创品牌、增活力为着力点，从创新体系、标准规范、消费培育、政策扶持等角度出发，加快构建现代奶业技术体系、生产体系、经营体系和质量安全体系，大力推进奶业现代化，不断提高奶业发展质量效益和竞争力，做大做强民族奶业。

一、提升乳业协同创新能力

（一）推进协同创新载体建设

加强科技创新基础平台设施建设。推动建设国家级奶畜品种改良中心、国家级奶业生物安全实验室、国家级乳制品加工技术研发中心等一批国家级奶业科技创新平台，为科技成果转化提供支撑。加强与相关科研院所、高校、企业的合作，推动奶业科技成果转化和产业化。推动科研院所、高校、企业之间建立合作机制，深化产学研合作，构建协同创新体系。

提升数智化新型基础设施建设。一是推进大数据平台建设。推进全国奶业大数据平台建设，构建奶业大数据通路，实现生产、运输、加工、检测、销售等环节的全覆盖、动态化、精准化监控。鼓励和支持各省（自治区、直辖市）建立奶业大数据平台，推进信息互联互通，实现奶业大数据价值挖掘和管

理支撑。二是加速数据要素价值释放。建立统一规范的数据管理制度以及技术标准和参考规范，推动跨地区、跨部门数据共享。三是加大互联网、人工智能、第五代移动通信（5G）、大数据等数字基础设施规模化部署与建设力度，鼓励企业内外网改造，优化数字化转型外部环境。四是加强对奶业数智化涉及的技术标准建设，特别是国家标准、行业标准等顶层制度的设计，以及数据标准、产品标准、市场准入标准等产业标准，分阶段推进标准体系贯标。

⬇

专栏5-1 奶业数据库建设

伊利携手中国奶业协会共同启动"中国奶业大数据平台数据互联互通"项目，这一举措预示着中国奶业产业链数智化的全面升级。该平台将以其强大的数据整合能力，为整个奶业生态的参与者提供前所未有的数据洞察力和决策支持。作为"中国奶业大数据平台"的重要参与者和推动者，伊利积极整合上下游产业链数智化资源，构建了适合中国牧场的"伊起牛·智慧牧业生态系统"，免费提供给合作牧场使用，让牧场管理更加智慧高效、奶牛养殖更加轻松。

伊利自2003年正式启动母乳研究工作，至今已经22年。这期间，伊利不仅建立了中国企业首个"母乳成分研究数据库"，还斩获了10大核心配方专利及73项中国发明专利授权。

（二）攻关乳业育种关键技术

1. 构建奶牛自主育种体系

一是建立现代奶牛自主育种体系。构建由管理部门、行业协会、科研院所、性能测定中心、基因组检测实验室、数据中心、遗传评估中心等专业机构共同组成的，涵盖品种登记、性能测定、体型鉴定、技术研究、基因组检测、遗传评估、种质资源贸易等多个功能的现代奶牛自主育种体系。二是完善自主育种长效运行机制。充分发挥管理部门管理指导职能，做好顶层设计和统筹；发挥行业协会组织协调职能，做好业务调度和支撑；发挥各环节参与主体的主观能动性，在体系筹下，依据标准规范开展工作，实现体系内、环节间育种业务流高效运转。三是引导商业化联合育种模式。鼓励种公牛站自建育种基地，支持企业创建奶牛核心育种场，探索核心育种场和种公牛站的合作模式，创新开展核心种源自主培育，建立种牛拍卖等遗传资源交易方式，逐步引导实现奶牛的商业化育种。四是加快建设国家奶牛遗传评估中心。以全面提升我国种牛遗传评估行业公信力为目标，组建第三方专业化专职技术团队，建立种牛联合遗传评估与定期发布机制，开展应用推广和专业技术培训，指导全国奶牛群体改良。五是健全中国奶牛数据中心职能。加大对中国奶牛数据中心的建设投入力度，完善安全、智慧的育种数据第三方服务平台。提高育种数据采集力度和分享程度，开展大数据深度挖掘，提升数据应用水平。

专栏5-2 奶牛育种工作

全国奶牛遗传改良计划（2021—2035年）提出：

计划以中国荷斯坦牛为主，以提高奶牛生产性能测定、体型鉴定、品种登记的比例和质量为基础，以国家奶牛核心育种场和种公牛站建设为依托，以分子育种技术创新应用为支撑，坚持高产、高效和健康的育种目标，在持续提升奶牛产奶性能的同时，不断优化育种目标，加强对繁殖、健康和抗病力等性状的选育。构建国际一流的育种技术支撑平台，重点通过核心种源自主培育体系建设和良种扩繁技术应用，显著提升核心种源自主培育能力，实现奶牛群体遗传改良。

伊利做法：

联合产业链伙伴在全球建设了三座行业领先的奶牛核心育种场，在内蒙古建设了全国规模最大、遗传品质最高、技术集成要素最全的国家奶牛核心育种场与胚胎工程中心，并携手国家乳业技术创新中心建立了胚胎工程实验室，持续攻坚高产、高性能奶牛繁育项目，通过创新集成奶牛种用胚胎高效生产核心技术，2022年已生产20 000枚14t以上的高产奶牛性别控制胚胎。此外，伊利引进全球排名前十的优质种公牛冻精，在全国推广应用奶牛性别控制冷冻精超过600万剂，累计为我国繁育良种奶牛母犊260万头。伊利率先启动"良种奶牛品质升级工程"，实施奖励补贴政策，累计发放奖励补贴1.5亿元，推广应用优质性控冻精，服务牧场繁育良种奶牛母犊300多万头，为奶业高质量发展提供了有力的支撑。

2. 提高育种基础工作质量

一是加快制修订技术标准和规范。制定奶牛品种登记技术规程、良种登记标准和奶牛健康、繁殖、长寿等表型及基因型数据标准，修订生产性能测定规范、体型鉴定规程等。二是提升育种数据规模和质量。引导行业共同扩大数据规模、性状覆盖度，研究推广表型性状测定智能装备，提高表型数据采集效率和数据质量。三是完善中国奶牛性能指数更迭机制。确立适合中国奶业发展的平衡育种方向，适时调整中国奶牛性能指数，逐步增加繁殖、产犊、长寿、健康、饲料转化率等性状的遗传评估，保障指数的科学性、可行性和先进性。四是提高种公牛选择强度。运用基因组选择技术实现早期选育，利用人工授精、胚胎移植等技术扩繁优秀遗传物质，提高种公牛选育强度，持续开展种公牛后裔测定工作。五是加强基因组选择参考群建设。拓展覆盖不同气候类型区域，不同养殖模式的基因组参考群体，扩大基因组选择参考群体规模，提高基因组选择准确性。六是开展遗传种质提升技术服务。以服务促增量，为奶牛场量身定制育种方案，开展牛群遗传评估服务，建立核心群筛选标准，提供选种选配建议，全面提升奶牛场遗传种质水平。七是建立奶牛育繁技术专业化人才梯队。开展体型鉴定、繁殖配种、DHI采样检测等系统培训，建立育繁技术人才技能考核制度及交流机制，持续培养一流专业技术人才，满足生产一线的需求。

3. 加强优质种子母牛群精准选育

一是全面开展奶牛良种登记。实施优质种子母牛登记，完善性状记录收集，增加奶牛育种资源群体数量和质量，为良种扩繁提供基础群。二是推动良种扩繁技术产业化应用。建立高效率、专业化扩繁技术产业服务模式，搭建高效扩繁技术与选种选配技术之间的桥梁，充分发挥高效扩繁技术在种牛培育、种母牛家系建立中的作用。三是加大种子母牛群筛选范围和选择强度。利用自主研发遗传评估平台，开展第三方评价，扩大种子母牛群数量，提高母牛个体选择强度，提高种子母牛质量。四是因地制宜发展特色母牛家系。选育并构建分布于不同地区的地方品种或品系，利用特殊性状优势培育各具特点的地方母牛家系，并广泛开展宣传，推广特色种子母牛家系。

4. 提升育繁关键技术自主创新能力

一是研究开发具有自主知识产权的遗传评估软件系统。结合国内奶牛育种现状和发展方向，研究符合我国国情的奶牛遗传评估模型和算法，开发具有自主知识产权的遗传评估软件。二是开展生物育种技术研发。持续开展功能基因挖掘与验证，积极布局奶牛干细胞、基因编辑、配子工程等前沿性技术开发，为奶牛繁育技术创新发展储备技术动能。三是研究开发具有自主知识产权的基因组检测芯片。基于国内平台和技术，自主开发高通量SNP检测芯片，实现国产替代，保障基因组选择技术使用的独立性和完整性。四是研究建立种公牛个体鉴定和遗传缺陷认证技术。应用种牛基因信息库，建立种公牛个体鉴定和遗传缺陷的认证方法，提高国产种公牛的公信度。五是深入开展扩繁关键技术研究。对性控分离、活体采卵、体外受精等关键技术进行深入研究，配套研制具有自主知识产权的国产扩繁设备和试剂。

5. 健全生物安全防控体系

一是健全生物安全防控体系。完善国家奶牛核心育种场和种公牛站环境控制和健康管理配套技术标准，加快国产疫苗研发进度，建立覆盖种子母牛、种公牛全生命周期的疫病防控技术体系，提高奶牛行业整体预防疫病的能力，确保核心种质和遗传物质生物安全。二是加强疫病监测。建立对种牛冻精、胚胎等遗传物质的常态化疫病监测体系，对从境外引进的种牛及遗传物质，严格按照双边检疫和卫生要求开展疫病及相关遗传缺陷、免疫缺陷、生产性能缺陷等检测。

↓

专栏5-3　生物安全法

十三届全国人大常委会第二十二次会议表决通过了《生物安全法》（2021年4月15日起正式施行）。本法明确了生物安全的重要地位和原则，完善了11项生物安全风险防控基本制度，全链条构建生物安全风险防控的"四梁八柱"。《生物安全法》共十章八十八条，主要针对重大新发突发传染病、动植物疫情，生物技术研究、开发与应用，病原微生物实验室生物安全，人类遗传资源和生物资源安全，生物恐怖袭击和生物武器威胁等生物安全风险，分设专章作出针对性规定。同时，《生物安全法》提出，要建立生物安全风险监测预警制度、生物安全风险调查评估制度、生物安全信息共享制度、生物安全信息发布制度、生物安全名录和清单制度、生物安全标准制度、生物安全审查制度、生物安全应急制度、生物安全事件调查溯源制度、国家准入制度、境外重大生物安全事件应对制度，以及重大新发突发传染病、动植物疫情联防联控机制，对生物技术研究、开发活动实行分类管理制度，对病原微生物实验室实行分等级管理制度，对外来入侵物种实施名录和管理办法等。

（三）加强乳制品加工技术创新

一是深入开展乳品营养成分与人体健康作用机制研究。充分挖掘乳成分中有助于人体健康的功能成分，实现乳成分的精细化和最大化利用。重点研究乳品中不同营养成分如蛋白质、脂肪、乳糖、维生素、矿物质等对人体生理功能的影响，研究乳品中乳铁蛋白、免疫球蛋白、益生菌等生物活性物质对人体健康的影响及其作用机制，探究乳品对心血管疾病、糖尿病、骨质疏松症等慢性疾病的预防和改善作用以及其机制，为乳制品的功能开发、健康指导和疾病预防提供科学依据。

二是推进乳制品加工技术创新，重点突破乳制品高品质高效能、绿色加工关键技术。提高乳制品加工效率和产品品质研究，开发低温杀菌、超高压处理、膜分离、酶制剂等新型加工技术，提高乳制品营养保留率和安全性；开发节能环保的乳制品加工设备和工艺，降低生产成本，减少环境污染；开发新型乳制品加工技术，如冷冻干燥、微胶囊化等，提高产品附加值。

三是提升乳品深加工自主研发技术。重点研究突破婴幼儿配方乳粉核心配料如乳清蛋白、乳铁蛋白、乳糖等问题，推动奶酪、黄油、乳蛋白以及各类功能性蛋白原料的国内自主生产与供应。加快突破发酵乳及奶酪中的生产菌种及各种益生菌菌种的研发技术攻关，形成系统的核心技术体系。尽快实现乳成分深加工的技术突破，优化原料品质，节约加工成本。

四是加速智能化设备研发与推广，提升加工生产线智能化水平。加强智慧奶业关键技术基础研究与应用示范，加快实施智慧养殖与智能制造重大项目工程。强化装备设备系统集成，加强关键共性技术研究，开发重大成套智能设备装备，提高数智化设备设施的自给率。在牧场推广使用新一代信息化设备、应用软件及智慧养殖相关设施设备，实施设备能效对标，及时淘汰老旧设备，提升核心装备和关键环节智能化水平。重点推动乳品加工环节工业机器人、工业控制、传感与检测等生产线智能化改造，推动企业从单节点智能制造单元向智能配料、智能检测、智能加工、智能包装、智能仓储等整条生产线的工程化改造。更新面向特定场景的智能成套生产线和柔性生产单元，推广面向柔性生产、个性化定制等新模式的智能化生产线。打通生产线上的数据链，实现设备间实时数据交互与协同生产，形成全过程数字化管控。

↓

专栏5-4　全产业链创新体系

伊利积极投身于全产业链创新，以消费者需求为导向，深化管理创新，建立起覆盖上、中、下游全产业链的创新体系，完善"前瞻研究—基础研发—支持保障"三级研发管理体系，最终与消费者和产业链合作伙伴共享创新价值。一级研发平台开放式创新平台，通过持续整合全球资源，联合全球顶尖高校及科研机构，推动产品创新研发与国际化发展战略；二级研发平台集团创新中心，是基础研发平台、应用开发平台、研发支持平台"三维合一"的国内顶尖研发平台；三级研发平台事业部应用创新平台，承接事业部业务范围内的研发工作，为事业部产品开发和维护提供强有力的保障，深耕产品个性技术研究。

伊利牵头建设国家乳业技术创新中心，积极推动建立了内蒙古乳业技术研究院、内蒙古自治区乳品深加工技术与乳品安全企业重点实验室、内蒙古自治区食品工业设计中心等研发机构，与中国农业大学、中国科学院大连化学物理研究所等权威院所建立联合研究机构，扩大研发团队规模，深化产学研合作交流。国家乳业技术创新中心已吸纳行业企业、高校和科研机构等102家成员单位，汇聚了10多位两院院士和100多位高级行业专家、20多位海外专家、1 000多位核心科研人员和超过5 000人的全产业链创新队伍，组建了中国规模最大的顶尖乳业智库，充分发挥乳业科技枢纽作用，携手引领产业升级。

伊利主动把握乳业高质量发展战略机遇，聚焦行业关键核心技术领域，推动前沿技术突破与创新，围绕不同年龄阶段以及特殊人群的健康管理诉求，开展深度研究和产品定制化开发，升级功能性健康新品。2023年，公司率先打破业内关于提取活性乳铁蛋白的技术壁垒，首创乳铁蛋白定向提取保护技术，有助于开发提升免疫力相关功能的产品。打造拥有自主知识产权的核心益生菌专利技术，推出了益生菌健康解决方案品牌"全佳益"，为国人健康提供产品解决方案；控股子公司澳优乳业旗下的锦旗生物科技集团有限公司，在自主研发出中国第一株婴幼儿菌株MP108鼠李糖乳杆菌的基础上，又研发出乳双歧杆菌CP-9，该成果已获得了国家卫生健康委员会的婴幼儿菌株申请受理，成为婴幼儿配方乳粉益生菌中国制造的新标杆。2023年11月，由澳优乳业联合江南大学共同承担的国家"十四五"重点研发计划——锦旗生物集团有限公司江苏淮安益生菌智能工厂正式投产，该工厂为国家级益生菌产业化示范标杆，未来将打造成为世界领先的功能性益生菌菌种研究、生产和应用的智能制造基地。在"母乳及母婴营养研究""乳糖水解技术""减糖、零糖""原生高蛋白＋原生高钙"等领域，在关键技术上突破创新，精准满足消费者对健康食品的多样化需求。

2023年10月16日至19日在国际乳联（IDF）2023年世界乳业峰会期间，伊利凭借产品品质和创新实力，成功斩获"以食品安全和消费者营养为核心的新品创新研发""可持续包装创新"两项大奖，成为唯一获奖中国乳企，也是全球获奖数量最多的企业。

二、提升奶牛养殖综合效率

围绕饲料高效利用、奶牛健康养殖等方面,加大示范项目应用推广,提高奶牛单产和饲料转化率,实现并带动奶牛生产增产增效。

(一)优化奶源区域布局

一是突出重点,巩固发展东北和内蒙古产区、华北和中原产区、西北产区,打造我国黄金奶源带。抓住重点区域、突出重点环节,支持主产省加强优质奶源基地建设,启动实施奶业牛产能力提升整县推进项目,立足于河北、内蒙古、黑龙江等3个实施千万吨奶工程的省份,打造奶业发展优势产区,推动奶业生产提质增量。二是发挥垦区产业集群优势,加强奶源基地建设。支持南方主销区奶源产能开发,重点支持适度规模养殖场发展,加强奶牛热应激技术服务支撑,开展饲料资源多元化综合利用技术研发,提高养殖场标准化管理水平,总结形成一批可复制可推广的南方奶业发展模式。以荷斯坦牛等优质高产奶牛生产为主,积极发展乳肉兼用牛、奶水牛、奶山羊等其他奶畜生产,进一步丰富奶源结构。三是加强基地与科研院所合作,构建奶牛高产高效技术集成模式,通过院地联动、院内协同、院企合作,开展分区域、分类别的技术研发、集成和示范应用,集成应用高产高效生产技术模式,打造示范基地。

(二)增加优质饲草料供给

一是研发高效、安全、环保的奶畜饲料和添加剂。加强本土饲草生物学性状研究,驯化培育本土优势饲草品种,探究饲草光能高效利用、碳素高效固定等分子机理,研究开发高效微生物制剂和酶制剂等新型饲料添加剂,提高饲料综合利用率,降低生产成本,提高奶畜生产性能,改善奶畜产品品质。二是加强奶畜营养代谢、繁殖生理、疾病防控等基础研究,阐明奶畜生长发育、乳汁分泌和健康状况的机理,研究不同饲料配比对奶畜营养代谢的影响,探究奶畜繁殖生理机制,开发高效安全的疾病防控技术,提高奶畜的健康水平和生产性能。三是提升饲草料的供给能力。实施振兴奶业苜蓿发展行动,支持内蒙古、甘肃、宁夏建设一批高产优质苜蓿基地,提高国产苜蓿品质,推广青贮苜蓿饲喂技术,提升国产苜蓿自给率。推进农区种养结合,探索完善牧区半舍饲模式,推动农牧交错带种草养畜。推广粮改饲,发展青贮玉米、燕麦草等优质饲草料产业，全面普及奶牛青贮玉米饲喂技术，支持粮改饲政策实施范围扩大到所有奶牛养殖大县。推进饲草料种植和奶牛养殖配套衔接，总结推广粗饲料就地就近供应典型技术模式，降低饲草料投入成本，实现农牧循环发展。

专栏5-5　全国饲草产业发展的第一个专项规划

　　农业农村部印发《"十四五"全国饲草产业发展规划》，是针对全国饲草产业发展的第一个专项规划。《规划》明确，到2025年，全国优质饲草产量达到9 800万t，牛羊饲草需求保障率达80%以上，饲草种子总体自给率达70%以上，饲料（草）生产与加工机械化率达65%以上。

　　《规划》从四方面明确举措：推进重要饲草生产集聚发展，在重点区域建成一批优质高产饲草基地；大力培育规模化集约化新型经营主体，引导龙头企业向饲草优势产区集中；推进良繁体系建设，加快培育一批饲草新品种；加快构建现代化加工流通体系，开发多样化饲草产品。

（三）支持标准化、数字化规模养殖

　　一是突破奶畜精准饲养、疾病智能诊断、智慧牧场等关键技术。实现奶畜养殖全过程自动化、智能化，开发智能化饲喂系统，根据奶畜个体状况进行精准饲喂，提高饲料利用效率。研发智能疾病诊断系统，实现早期疾病预警和快速诊断，降低疾病发生率。建设智慧牧场，实现养殖过程的自动化、智能化管理，提高生产效率和产品质量。二是培育壮大家庭牧场、奶农合作社等适度规模养殖主体，支持养殖场开展"智慧牧场"建设，对饲喂、挤奶、保健、防疫、粪污处理等关键环节设施设备升级改造，推动基于物联网、大数据技术的智能统计分析软件终端在奶牛养殖中的应用，实现养殖管理数字化、智能化。三是开展奶牛养殖标准化示范创建，支持奶牛养殖场改扩建、小区牧场化转型和家庭牧场发展，引导适度规模养殖。支持奶牛养殖大县整县推进种养结合，发展生态养殖。四是加强奶牛口蹄疫防控和布病、结核病监测净化工作，做好奶牛常见病防治。

（四）打造绿色低碳牧场

一是积极研发绿色可替代能源，提升资源循环利用空间，构建"饲草种植—奶牛养殖—粪污处理—沼气发电—粪肥还田"的绿色循环产业链条；利用信息技术实施粪肥还田全流程管控、施肥过程精准化控制，推广"牛—沼—草""牛—沼—茶""牛—沼—菜""牛—沼—果"等生态循环经济模式，多层次利用和开发自然资源，实现产业链内再生能源的循环利用。二是打造"种养加"全程有机产业链模式，一方面加强草原生态环境治理，尤其是提升牧场奶牛粪污处理和环境保护力度；另一方面通过种养结合的方式，合理利用奶牛粪便还田，增加有机肥的施用量，提高作物产量，保证高质量饲草饲料的可持续供应，为生产高品质有机奶奠定基础。三是搭建数字化管理平台，建立科学的生产流程，从饲料、养殖、废弃物处置全过程实现节能减排，进一步稳定和扩大低碳牧场的优势产能，推广高效无污染养殖技术。

⬇

专栏5-6　畜牧业绿色发展模式

我国畜牧业绿色发展有多种路径选择：

1. 集约化经营模式。主要适用于都市圈或东部发达地带。主要内容是加大产业发展的基础设施建设力度，加快推进相关基础设施；重点加强关键领域的科技研发，集中力量突破关键性的技术制约，尤其是在养殖环保科技领域做出新突破；继续巩固和推进产学研深度融合，密切生产与研发之间的合作关系；加强资金支持力度，保障集约化经营的资金需求；关注畜禽养殖卫生防疫，建立可追溯的动物养殖与食品安全监管体系。

2. 种养结合循环利用模式。主要应用于农区和半农半牧区。农牧结合的作用机制体现为农牧系统养分循环利用，即把种植业生产的粮食、饲草等资源投入畜牧业生产系统，然后畜牧业所产生的粪污等废弃物经加工处理返回到种植业系统，从而实现二者要素双向流动。农牧结合具有广泛的发展实践，秸秆过腹还田、稻田养鸭、稻—草—鹅、青贮玉米—奶牛、牧区放牧—农区育肥和猪—沼—果（茶）等。模式的核心是提升粮草作物及农作物秸秆的利用效率，实现秸秆资源的高效利用；降低畜禽粪污集中排放带来的农业面源污染风险，提升畜禽粪污资源化利用水平；粪污还田可以丰富土壤有机质含量，有效提升土壤生产力，提高固碳能力。

3. 划区轮牧。在牧区应用的绿色畜牧业发展模式，是以草定畜确定适宜的放牧规模，进行具体的牧区放牧单元划分，根据牧草生长能力在不同放牧单元轮流放牧的发展模式。

4. 综合治理生态发展模式。应用于生态脆弱区和畜禽养殖吸纳能力有限的区域。综合治理重点围绕三个方面，环境整治，通过对水体、土壤开展环境修复从而恢复其生态功能；资源整合，重新整合区域各项资源条件，优化资源与畜禽养殖的匹配关系；养殖监管，加强对畜禽养殖环境友好行为的政策与法律约束。模式实施内容主要是开展畜禽养殖综合治理专项行动，优化养殖审批评价机制，实施养殖技术专业培训与扶持，完善畜禽养殖环境约束的制度框架，推广生态养殖的具体模式。

伊利做法：2022年4月，伊利联合43家全球战略合作伙伴组成行业首个"零碳联盟"，倡议合力打造一个共创降碳技术、共享降碳成果、共担降碳责任的合作平台。2023年1月10日，伊利携手全球46家战略合作伙伴及低碳转型成功供应商召开乳品行业内首届"零碳联盟"峰会。截至2023年底，伊利"零碳联盟"规模已达88家，推动71家供应商实现低碳转型，推动6家供应商完成碳中和核查认证。牧场端产生的碳排放是伊利产业链碳排放的重要来源之一。伊利持续加强牧场端温室气体排放管理与规划，全面开展牧场端碳盘查，并积极探索养殖业减碳方案。与此同时，伊利推行以养带种、以种促养的"种养一体化"生态农业模式，充分利用畜牧养殖和粗饲料种植业务板块之间的协同效应，打造绿色低碳牧场，实现从源头降低温室气体排放。伊利针对牧场端开展碳排放管理规划，从生物碳减排、化石碳减排、农林碳汇三个角度出发，推进牧场八大核心举措落地，加快推动牧场低碳转型（图5-1）。

生物碳减排	研发优化饲料成分	开展流粉酶、植物精油、低蛋白日粮、反刍添加剂等试验，研发引进反刍减碳核心技术、产品，增加奶牛单产量，减少奶牛肠道甲烷排放。根据体外试验发现，使用淀粉酶、植物精油试验，日单产水准在30~40kg的牛群，添加淀粉酶单产可提升0.27kg。添加植物精油单产可提升0.28kg。
	管理优化牛群结构	开展奶牛低碳排放与选育研究，建立奶牛甲烷排放量的预测模型，利用生物繁育技术优化牛群结构，培育低碳、高产、长寿核心牛群。
	拓展粪污低碳处理技术	拓展应用粪污低碳处理技术，牧场引进40套智能一体化粪污处理系统，每年预计可实现温室气体减排约9万t。
	研发应用粪肥还田技术	推行以养带种、以种促养的"种养一体化"生态农业模式，充分利用畜牧养殖和粗饲料种植业务板块之间的协同效应，实现粪污资源化利用。改良滴灌式液肥还田系统、推广水肥一体化液肥还田模式，推广种养一体化牧场295座，种养一体化模式覆盖率已达到38.2%，种植面积达626.67km²，牧场产生的固、液肥经还田后可代替约8.46万t的氮肥，减少人工化肥使用。
化石碳减排	引入光伏新能源	推动9座牧场引进光伏项目，实现绿电自用；光伏建成后，牧场的综合能耗发电量能够解决牧场40%的发电量，提高可再生能源使用，有效减少温室气体排放。
	优化能源结构	推广电动装载机、自动推料机器人、全混合日粮（TMR）一体化饲喂设备等动力电气设备的应用，19座牧场升级电机驱动车辆。18座牧场将原有燃油退奶车更换为电动车。减少化石能源使用，加速能源结构转型。
	加大节能改造力度	通过节能技术改造升级等方式，提高能源利用效率。50座牧场生物质钢炉更换为电铜炉或空气源热泵，38座老旧牧场完成余热回收改造。新建项目配置节能风机、LED节能灯具等，全面提高能源利用效率。
农林碳汇	研究引进农林碳汇技术	加快农林碳汇技术研究。进一步扩大农林免耕种植面积，累计完成免耕种植59.87km²，实现免耕固碳。

图5-1

三、强化产业链供应链保障能力

（一）引导产业链前伸后延

一是推进奶业一二三产业融合发展，支持乳品企业自建、收购养殖场，提高自有奶源比例，在有条件的地区通过奶牛养殖持股乳品加工的方式，加强双方的利益联结，并通过与奶农相互持股、二次分红、溢价收购、利润保障等方式，稳固奶源基础。二是鼓励有条件的奶农在确保质量安全的条件下，依靠自有奶源有序发展乳制品加工，自建乳品企业实现一体化经营，推动奶牛养殖向乳品加工和流通领域拓展，重点发展巴氏杀菌乳、低温发酵乳、奶酪和民族特色乳制品，通过直营、电商等渠道服务当地和周边社区居民，提高奶牛养殖效益，提升奶农市场地位。三是在内蒙古、河南、山东等北方奶业主产省和部分乳制品消费人口集中区域，支持一批有乳制品加工和销售经验基础的奶牛规模养殖场（奶农合作社）发展乳制品加工试点，拓宽增收渠道，稳固奶牛养殖环节在产业链的基础地位。四是发挥行业协会行业管理以及规范社会服务的功能，鼓励奶农加入不同类型的合作社，规范奶牛合作社等协作组织在不同经营环节与奶农的合作模式，提升奶农在产业链上下游环节的参与度，提升经营效益与产业化发展水平。

⬇

专栏5-7 奶农＋合作社＋牧场＋工厂模式

巴林右旗"养殖＋建基地＋合作"： 一是奶业振兴，奶畜先行。积极落实草原生态保护补助、粮改饲、基础母牛扩群提质等惠农政策，将传统畜牧业小群体分散养殖为主，转变为"规模养殖场带头示范、中小型育肥场齐头发展、乳肉兼用型牛优先支持、广大养殖户积极参与"的产业化、标准化养殖模式。截至2024年1月，巴林右旗投入2 651万元，实施巴林右旗基础母牛扩群提质项目。全旗牲畜存栏297.3万头只，奶类总产量达到4.39万t。二是筹备资金，兴建项目。统筹推动牧业、奶业、产业三业同兴，建设标准化、集约化生产模式，有效衔接乳肉兼用牛养殖、乳制品加工、市场营销产业链各环节。截至 2024 年 1 月，巴林右旗投资 8.7 亿元在幸福之路苏木沙沁塔拉牧场新建奶牛养殖基地 1 处。落实中央和内蒙古自治区奶业振兴项目补贴 540 万元，提升改造完成 5 处奶畜养殖场生产设施设备，创建地方特色奶制品加工标准化试点 3 处。三是强化合作，构建联结机制。面向全旗择优选取 15 家奶制品生产加工经营主体入驻奶制品加工园区，鼓励加工企业与奶农采用互相持股、二次分红、溢价收购、利润保障等方式建立"奶农＋合作社＋牧场＋工厂"的新型利益共同体。截至目前，全旗共发展合作社 5 家、家庭式小微企业 50 余家，中小奶畜养殖场 50 余家，奶食品生产加工企业 2 家。

（二）稳定生鲜乳购销秩序

一是严格落实购销合同。规范生鲜乳购销行为，监督乳品加工企业与养殖场（户）签订长期稳定的购销合同，维护生鲜乳收购秩序。依法查处和公布拒收、限收合格生鲜乳等不履行购销合同，以及凭借购销关系强推强卖兽药、饲草料、养殖设备等行为。依托国家企业信用信息公示系统，建立乳企诚信记录，实行"黑名单"制度。二是提升检验检测能力。支持奶业大县、企业和有条件的奶农自建乳品检验检测体系。加强检测技术研发和资源共享，为奶农检测提供便利，做到节约成本、公平公正。加强国家级乳品质量检测能力建设，支持一批奶业科研基础扎实、技术服务支撑能力强、区域服务能力强的生鲜乳检验检测机构设备提升。以构建公平合理的生鲜乳收购价格机制、保障乳品质量安全为目标，探索生鲜乳第三方检测，推动形成以质论价、公平合理的生鲜乳市场购销秩序。三是建立奶价协商机制。鼓励奶业主要产区成立乳品企业、养殖者、行业协会参加的生鲜乳价格协商委员会，定期监测养殖成本，参照原奶与成品价格合理比例，提供生鲜乳收购参考价格，引导加工企业确定合理收购价格。

（三）建设乳制品先进制造集群

一是鼓励和支持乳品企业做优做强。发挥乳品龙头企业的引领带动作用，推动乳品企业在五大优势区域布局自有奶源和加工基地。支持大型乳品企业建设乳业创新园区，鼓励企业开展奶酪加工技术攻关，加快奶酪生产工艺和设备升级改造，提高国产奶酪的产出率，研发适合中国消费者口味的奶酪产品。推动乳品企业调整优化产品结构，因地制宜发展灭菌乳、巴氏杀菌乳、发酵乳等液态乳制品，支持发展奶酪、乳清粉、黄油等干乳制品，增加功能型乳粉、风味型乳粉生产，研究开发适合城乡不同消费群体的乳制品。支持大型乳品企业国际化发展，用好"本土"优势，打好"品质""新鲜"牌，打造世界级企业和国际品牌，提供一流的产品和服务，提高国产乳制品竞争力。

二是促进中小乳制品企业差异化发展。开发羊奶、水牛奶、牦牛奶、马奶、驼奶等特色乳制品生产，推动中小乳制品企业差异化发展。支持中小乳品加工企业进入食品产业园，加强与上下游中小企业配套合作，实施标准化生产，打造一批"专精特新"小企业。

专栏5-8　国家先进制造业集群

2022年，工业和信息化部正式公布45个国家先进制造业集群的名单。

45个国家级集群2021年主导产业产值达19万亿元，布局建设了18家国家制造业创新中心，占全部国家级创新中心数量的70%，拥有国家级技术创新载体1 700余家，培育创建了170余家国家级单项冠军企业、2 200余家国家级专精特新"小巨人"企业，成为推动制造业高质量发展的重要载体。

45个国家级集群中，新一代信息技术领域13个、高端装备领域13个、新材料领域7个、生物医药及高端医疗器械领域5个、消费品领域4个、新能源及智能网联汽车领域3个，覆盖制造强国建设重点领域，成为引领带动重点行业和领域创新发展的重要力量。

45个国家级集群涉及19个省（自治区、直辖市）、3个计划单列市，其中东部地区30个、中部地区8个、西部地区5个、东北地区2个，京津冀、长三角、珠三角、成渝4个重点区域集群数量达30个，占 2/3，国家级集群成为引领区域经济发展的重要引擎。

呼和浩特市乳制品先进制造业集群是其中唯一的一个乳制品制造集群，2023 年呼和浩特市出台了《呼和浩特市乳制品先进制造业集群培育提升三年行动方案（2023—2025 年）》，明确将呼和浩特乳制品集群打造成为产业实力雄厚、创新能力国际领先、制造水平国际前沿、企业群体梯队完备、服务水平现代化的世界级乳制品先进制造业集群的总体思路，提出建设国家乳制品保障基地、建设全球乳业科技创新高地、打造现代乳业安全绿色智能化示范区、打造国际乳业品牌文化中心集群发展的四大战略目标。

三是鼓励民族乳制品走特色化、国际化发展道路。支持开办民族特色乳制品工厂化生产试点，完善民族特色乳制品奶源、加工工艺、产品标准体系和 SC 认证，促进乳制品按标准生产和提档升级。鼓励地方及行业协会注册区域公用品牌或申请地理标志农产品保护，培育乳制品区域公用品牌，提高有机绿色高端乳制品市场认知度。发挥行业协会作用，培育一批示范带动行业发展、积极履行社会责任、具有影响力的国产乳品品牌，积极开拓海外市场，支持乳业走出去。

⬇

专栏 5-9　乳业走出去

在世界乳业十强中，中国乳企已经占据两席。中国乳业走出去正在从简单的海外买资源，转向利用全球产业链布局。

2014 年，伊利在新西兰建成了全球最大一体化乳业基地之一的大洋洲生产基地；2018 年在东南亚收购泰国本土最大冰淇淋企业 Chomthana；2019 年又完成对新西兰第二大乳业合作社威士兰乳业的收购。2019 年，伊利进一步提出构建"全球健康生态圈"，加速推动全球产业链合作，目前伊利全球合作伙伴总计 2 000 多家，遍及 6 大洲，分布在39个国家。针对国内外经济环境变化特点及乳品消费趋势，伊利通过持续完善、优化全球供应链网络布局，依托全球供应链协同运营平台，实现国内与海外基地的高效联动。2023年5月，伊利旗下 Westland Dairy Company Limited 的乳铁蛋白工厂投产，目前该工厂乳铁蛋白年产能位居全球前三。近年来，全球健康食品消费需求不断增加，其中东南亚、中东及北非等地区的乳品消费规模保持增长趋势。公司以此为契机，积极开拓海外市场。报告期，随着海外业务规模的不断扩大和盈利能力持续提升，公司国际化业务保持良好发展态势。公司旗下泰国子公司凭借领先的质量管理水平，获得了泰国2023年度"最高质量奖"（Best of The Best Thai FDA Quality Award），成为首个获得"最高质量奖"的中资企业，也是泰国本年度唯一荣获"最高质量奖"的食品企业。2023年11月，泰国子公司被泰国劳工部授予2023年度"劳动关系与福利杰出单位"荣誉称号，目前已连续三年获此殊荣。

（四）数智赋能产业链供应链

一是加强供应链数字化管理。搭建数字化采购与供应链管理系统，优化原材料采购、排产计划、库存安排、生产执行等业务流程，实现供应商、制造商、分销商、零售商跨区域、跨行业一体化运营管理。基于数据分析和模型驱动，打通各环节数据流与信息流，畅通采购、生产、销售与库存业务流程，预测潜在的供应链风险。基于数字技术推动智慧供应链云端协同，实现多条供应链之间的整合、共享与协同，共同打造"互联网＋供应链"生态圈。二是深化奶业企业内部精细化管理。引导奶业企业加强数据资源汇聚和数据管理能力建设，通过业务数据化实现数据在生产全过程、业务全环节、流程全周期流通共享，提高工作效率。应用互联网平台推动工作流程化，实现各部门、各环节任务综合集成和协同办公，优化企业经营管理决策。应用数字化工具或产品实现任务监控可视化和智能分析，助力财务、办公、人力资源等管理部门监控和执行任务规划，提升企业管理精细化水平。三是推进产业链上下游利益联结。利用大数据、云计算等数字技术打通奶业产业链的各个环节，实现信息共享和资源优化配置。推进牧草种植、原料奶生产、乳品加工、仓储物流与市场营销数据信息的深层次对接，实现奶业产业链以畜定草以奶定畜、以销定产，形成良性发展。通过数字化转型实现饲草料、奶源、生产加工、物流、销售不同单位间资源协调运行，为规范生鲜乳价格协调机制提供数据基础，推动上下游利益联结，促进共赢共享。

专栏5-10　数字化赋能智慧乳业

伊利紧跟社会数字化发展趋势，全速启动数字化战略，基于"以消费者为中心"的理念，在乳制品行业率先全方位推进数字化转型，通过建立和完善先进的数字技术平台、优质的数字资源体系、专业的数字化人才队伍，不断提升全产业链的数字化水平，持续构建"全周期、全流程、全渠道、全链条、全域运营"的数字化平台，赋能"全球健康生态圈"建设，推动乳制品行业高质量发展。2023年5月29日，由中国上市公司协会组织开展的《2023年度上市公司数字化转型典型案例》公布入选名单。伊利凭借《领跑乳业全产业链数字化转型持续夯实业务成果》项目入选"产业链建设"类典型案例，彰显了伊利在数字化、智能化方面的领先风范。

为打通数据壁垒，实现各牧业系统间的业务数据流转，2023年，伊利完成牧业数据中台基础建设并统一指标分析体系，完成牧场繁育、牛群、饲喂、保健、质量、后备、服务、经营8个业务模块的216项指标的数据分析。同时，中台挖掘牧场生产运营、奶源管理、创新研发等业务的共性与特性问题，为青贮收储制作、牛群结构优化、青贮品种选育、种养一体化模式推广、高产牧场服务等重点工作提供数据服务，助力牧场实现数字化精益管理。

伊利组建了数字科技中心，搭建了消费者数字化运营平台、产品创新平台、全渠道数字化运营平台和供应链数字化运营平台，建立了完善的数字化产品、系统和工具，更高效、更直接、更准确地实时洞察消费者需求，并将数字化成果应用于研发、生产、流通、服务等环节，实现降本增效，提升全产业链数字化水平。一是打造智慧牧场。赋能合作伙伴构建智慧牧场管理系统，利用物联网设备，实现科学、高效的养殖管理模式，并通过全方位数字化系统对牧场进行奶牛健康信息分析和精准饲喂养殖，确保原奶品质。二是引领智慧生产。伊利已在全国的所有工厂实现了智能化布局，结合物联网、人工智能等技术，实现了所有环节的密封无菌自动化智能生产。此外，伊利建立高度自动化产线及一物一码追溯体系，对生产进行全链路管理，实现产品的全生命周期追溯。三是赋能消费生态。伊利搭建了端到端大数据消费者智能洞察平台，洞察需求、收集反馈、预测市场，提升产品和服务品质，满足消费者所需所想。此外，伊利深化"全域、全场景、全生命周期"消费者运营模式，推动线上社群开拓、线下奶站改造、本地社群零售模式探索，吸引消费者参与体验共创，全面升级消费者体验。

四、促进乳制品消费扩容提质

从产品供给结构、消费群体需求、业态模式创新以及消费环境提升等角度出发，提升乳制品消费空间，从需求侧拉动产业高质量发展。

（一）优化消费供给结构

一是推进原制奶酪等干乳制品生产消费。抓住奶酪作为乳制品消费新的增长点和突破口，以国产原制奶酪的生产和市场开拓为突破口，开发适合国人口味的奶酪产品以及功能型、风味型乳粉等干乳制品，丰富乳制品产品种类，满足消费升级需求，研究奶酪等干乳制品消费新趋势，引导消费者选择符合自身需求和健康需求的高品质干乳制品。二是满足液体乳制品消费升级需求。在发展灭菌乳的基础上，大力发展巴氏杀菌乳、发酵乳等其他多种液体乳产品，鼓励乳制品企业发挥本土优势，提升产品品质、营养价值和口感等指标，积极开发有机、绿色、活性蛋白等高科技、高品质、高附加值产品，提高液体乳制品产品差异化和竞争力，实现乳制品产品结构优化。二是积极引导乳制品深加工产品开发。增强乳清粉、乳糖等婴幼儿配方乳粉核心基料和乳配料等乳制品深加工产品的研发和生产力度，打造乳制品深加工产业生态，提升国产乳制品深加工产品的自给能力。充分挖掘乳成分中有助于人体健康的功能成分，实现乳成分的精细化和最大化利用，为乳制品消费开拓新动能。四是加强对其他赛道的扩张渗透，积极布局烘焙领域、宠物市场等新赛道。

（二）拓展消费受众群体

一是加大国家"学生饮用奶计划"推广力度。扩大学生饮用奶计划覆盖学生人数，提升"学生饮用奶计划"受益学生普及率，增强学生饮用奶供应能力，科学、合理推进巴氏杀菌乳、发酵乳等新增加学生饮用奶品种推广工作，稳妥推进奶酪试点推广，倡导学生饮用营养健康乳制品，培养学生健康饮奶习惯，培育扩大乳制品消费群体。二是积极推进乳制品健康养老消费。根据老年人营养需求和健康状况，积极开发针对老年人的营养均衡乳制品产品，为老年人健康养老提供全面营养保障，向老年人普及乳制品营养健康知识，提升老年消费者乳制品消费意愿。三是激发农村居民乳制品消费潜力。建立完善以县城为中心、乡镇为重点、村为基础的乳制品消费商业体系，推进乳制品进村进乡等工程，推动大型商贸流通企业、电商平台和现代服务企业向农村延伸，促进乳制品营销渠道和服务下沉，推动乳制品品牌消费和品质消费进农村，努力提高农村居民乳制品消费量。

（三）培育新消费业态模式

一是积极培育数字技术驱动的乳制品消费新模式。运用大数据、云计算、人工智能等数字化技术，精准挖掘乳制品个性化消费需求，形成基于数字决策的新型智慧营销模式，探索构建消费驱动型组织体系。加快培育个性化定制乳制品生产企业和公共服务平台，推进数字化手段对乳制品消费的赋能、赋值、赋智。二是加快培育乳制品消费新业态。支持和引导新型乳制品消费方式健康发展。推进乳制品消费在智慧超市、智慧商店、智慧餐厅、智慧景区等新零售业态的普及与推广，鼓励开拓"互联网+"、体验消费等新型乳制品营销模式，促进乳制品消费场景的拓展和升级。三是促进乳制品消费线上线下融合发展。鼓励互联网平台企业向线下延伸拓展，传统线下业态进行数字化改造，支撑民众消费升级需求，促进乳制品消费向"产品＋服务"转变，提升乳制品消费体验。

（四）加强消费环境建设

一是建立现代乳制品流通体系。发展智慧物流配送，鼓励建设乳制品配送信息化平台，支持整合末端配送网点，降低配送成本。促进乳品企业、流通企业和电商企业对接融合，推动线上线下互动发展。支持低温乳制品冷链储运设施建设。二是加强国产乳制品品牌建设。引导乳制品生产企业加强产品品质和品牌形象的打造，传播品牌发展理念，凝聚品牌发展共识，培育享誉世界的中国乳制品品牌，提升国际影响力。培育和发展中华老字号和特色传统文化乳制品品牌，打造一批特色鲜明、竞争力强、市场信誉好的区域乳制品品牌。树立全球乳业品牌战略观念，建立具有中国特色的现代化乳业发展文化体系。三是创新乳制品营养健康宣传。加大乳制品消费宣传力度，创新宣传手段，联合乳制品生产企业、营养健康科研机构、第三方公益组织机构、新闻媒体等，打造有影响力、有号召力、有吸引力的精品宣传活动，开展营养科普、食育教育，普及牛奶营养健康知识，培养和树立健康积极的乳制品消费理念。四是融合乳制品文旅消费。着力引领国潮文化和民族特色文化乳制品消费趋势，乳制品消费引入国潮文化元素和民族特色文化元素，如传统食药物质、传统美食、少数民族传统节日等。培育地域特色鲜明、文化内涵丰富、旅游色彩浓厚的乳制品工业旅游，重点发展生态牧场、数字化加工厂、奶业文化博物馆、研学科普、体验互动等乳制品工业旅游模式，持续创新旅游体验，通过组织参观考察、商务交流、研学旅游、健康体验、文化品鉴、休闲观光等各具特色的乳制品工业旅游产品，有效拉动乳制品消费。五是营造乳制品放心消费环境。推进奶业诚信体系建设，倡导行业诚信自律，引导企业积极履行企业社会责任，畅通消费者维权渠道，保障消费者合法权益，推动形成良好的乳制品消费环境。

五、加强乳制品质量安全保障

着力加强质量安全监管，在技术创新、标准体系、企业责任以及监督管理方面积极布局，深入推进奶业振兴工作，不断提升乳制品质量安全水平。

（一）加强乳品安全技术保障

一是创新乳制品安全与质量控制技术。研发快速、准确、灵敏的乳品检测技术，加强乳品质量安全检测技术和标准体系建设，建立从原料乳生产、加工、流通到销售的全过程质量追溯体系，确保乳品质量安全可控。二是开发绿色、高效、安全、便捷的奶业生产技术。研究应用碳减排和碳中和技术，提高资源利用效率，推广应用畜禽粪污资源化利用技术，将畜禽粪污转化为有机肥、沼气等，实现资源循环利用，降低环境污染。

（二）强化法规标准体系建设

一是围绕落实国务院关于推进奶业振兴保障乳品质量安全的有关要求，积极推动修订《乳品质量安全监督管理条例》，构建更加科学、合理的监管法规体系。二是积极配合农业农村部、国家卫生健康委修订生乳、灭菌乳、巴氏杀菌乳、婴幼儿配方食品等食品安全国家标准，制定完善加工工艺标准、检测方法标准。鼓励行业协会制定团体标准，提升乳品安全指标、品质指标。三是研究修订乳制品生产许可审查细则，支持企业采用新技术、新工艺生产新产品，鼓励企业使用生鲜乳生产乳制品，强化奶酪、黄油等干乳制品研发。四是组织研究制定乳制品生产企业食品安全信息记录规范，督促企业真实、准确、完整记录进货、投料、生产、检验、贮存、运输、销售、自查、召回等关键环节和关键岗位食品安全信息，推动企业建立食品安全追溯体系。五是推动乳制品消费标准体系建设。深化乳制品流通领域标准化建设，编制乳制品冷链物流配送团体标准。完善乳制品服务质量标准体系，研究制定乳制品服务管理规范。加快对乳制品新型消费业态规范和标准的研究制定，推动平台企业、行业组织、研究机构等研究制定支撑新型消费的服务标准。

↓

专栏5-11 标准体系建设

伊利积极推动行业生态共建，参与多项国家、行业、地方标准的制修订，涉及畜牧养殖，乳及乳制品、运动营养、饮料、冷冻饮品相关产品标准，食品原辅料标准，检测方法标准，产品生产工艺标准，生产规范和储存运输标准等。伊利以标准化工作推进乳品营养健康高质量发展，积极参与制修订《食品营养强化剂使用标准》《儿童乳制品》《预包装食品血糖生成指数标示规范》《预包装食品营养成分图形化标示指南》《A2型β-酪蛋白生牛乳质量控制规范》《巴氏杀菌乳工艺》等标准，并参与《乳品与儿童营养共识》《乳品与成年人营养健康专家共识》《母乳低聚糖（HMOs）的科学共识》等专著编制，引导乳品科学消费，规范并促进乳品行业多元化创新发展。

2023年5月24日，金领冠珍护婴幼儿配方奶粉获得了国内领先专业机构全球绿色联盟（GGU认证）首个"A2β-酪蛋白"认证，成为中国婴配粉A2奶粉品质标杆，通过对牧场A2奶牛筛检、终端产品认证等方式全链路确保A2奶源品质，引领行业创新。截至2023年底，伊利已完成珍护婴配全系列、珍护儿童、榛高儿童、榛高铂金儿童品类等6款产品的认证，为行业技术转化提供指引。

伊利参与编撰《乳品与成年人营养健康专家共识》。2023年10月24日至25日，伊利参与编撰的中国首个《乳品与成年人营养健康专家共识》（以下简称《共识》），在2023中国食品科学技术学会第二十届年会上重磅发布。《共识》分析了当前我国成年人膳食营养结构现状，系统梳理了乳品营养与成年人健康的关联，从优化膳食模式、提高乳品健康效应、加强乳品有效供给及科普教育等角度提出了可行措施，有效提升成年人乳品摄入，对促进国民健康具有重要意义。

（三）强化落实企业主体责任

一是督促企业加强食品安全管理。乳制品企业主要负责人要增强全面负责食品安全工作的责任意识，有效落实食品安全管理制度，建立健全食品安全管理机构，设立食品安全管理岗位，配备专业技术人员和食品安全管理人员，并组织培训、考核合格。

二是督促企业加强全过程控制。加强奶源管理，提高自建自控奶源比例，开展牧场审核，严格奶牛养殖环节饲料、兽药等投入品使用管理，尽量缩短生鲜乳运输距离，对生鲜乳收购、运输实行精准化、全时段管理。加强原辅料管控，建立供应商审核、原辅料验收贮存管理、不合格原辅料处置等制度，强化进口商资质、原辅料合格证明等文件审核。加强过程管理，全面实施良好生产规范、危害分析与关键控制点体系，加强生产过程中原辅料称量、投料、杀菌、灌装等关键点控制。

三是督促企业加强风险防控。加强食品安全自查，定期对产品研发、原辅料采购贮存、生产条件、设备状态、产品检验、标签标识、生产记录等方面食品安全状况进行检查评价并报告食品安全事故潜在风险。婴幼儿配方乳粉生产企业还要定期对质量管理体系运行情况进行自查，并提交自查报告。集团公司应定期对所属工厂进行检查。鼓励企业选择食品安全专业机构开展第三方检查评价。加强食品安全突发事件处置，对监督检查、抽检监测、媒体报道、投诉举报等反映的问题立即进行排查分析，及时消除风险隐患。加强食品召回演练，对上市销售的不符合食品安全标准或者有证据证明可能危害人体健康的乳制品，立即停止生产销售并实施召回，及时告知消费者，最大限度地减少食品安全危害。

四是督促企业加强检验把关。严格落实原辅料把关和产品出厂检验义务，加强原辅料、半成品、成品以及生产卫生状况的检验检测。鼓励生产企业探索基于产品研发、原料把关、过程监控、定期监测等控制措施，合理设定低温短保质期乳制品微生物等检验项目和频次。鼓励集团公司设立中心实验室，对所属乳制品工厂统一进行检验把关，提高效率、节约资源、降低成本。婴幼儿配方乳粉生产企业要对出厂产品按照食品安全标准实施全项目逐批检验，不得实施委托检验，重点加强对质量安全风险指标的检验检测。

五是引导企业加强创新研发。鼓励企业加大研发投入，加强产品创新，增品种提品质，不断优化加工工艺，做大做强主打产品。鼓励集团公司整合技术力量统一设立研发部门，独立或者通过产学研相结合的方式开展科研创新。

（四）强化质量安全监督管理

一是加强乳制品企业许可审查。加强乳制品生产许可审查培训，提高材料审查与现场核查质量。严格新建工厂、生产条件发生变化工厂的现场核查，强化生产场所、设备设施、设备布局和工艺流程、原辅料采购与使用管理、人员管理、管理制度及其执行等方面检查，督促乳制品生产企业持续符合食品生产许可条件。加大对婴幼儿配方乳粉生产许可的审查力度，重点审核与产品配方注册内容的符合性，特别是产品配方注册申请的设备设施、生产工艺是否发生变化，审核企业食品安全管理制度以及质量管理体系建立情况。

二是加强婴幼儿配方乳粉产品配方注册。修订《婴幼儿配方乳粉产品配方注册管理办法》，明确不予注册的情形，要求企业具有完整生产工艺，不得使用不符合食品安全国家标准的婴幼儿配方乳粉作为原料申请配方注册；进一步加强对婴幼儿配方乳粉产品配方科学性、安全性材料和研发报告的审查，对配方科学依据不足、提交材料不支持配方科学性、安全性的一律不予注册；加大现场核查和抽样检验力度，重点核查申请人是否具备与所申请配方相适应的研发能力、生产能力、检验能力，以及与申请材料的真实性、一致性。

三是加强乳制品企业监督检查。将乳制品生产企业作为监督检查重点，根据企业风险等级合理确定检查频次，重点检查进货查验、原辅料使用、产品检验记录和标签标识等是否符合规定要求。建立健全婴幼儿配方乳粉生产企业体系检查制度，重点检查企业生产质量管理体系建立运行、按配方注册和生产许可要求组织生产等情况。省级市场监管部门原则上对辖区内婴幼儿配方乳粉生产企业每年至少开展一次体系检查，并督促企业对体系检查发现问题整改到位，指导基层加强日常监管。加大对农村、城乡接合部等重点区域和超市、批发市场、母婴用品店、网络等乳制品经营场所的日常监督检查力度，重点检查进货查验、产品标签标识、温度控制和记录等，以及婴幼儿配方乳粉专区专柜销售、标签说明书是否与注册批准的一致等内容。

四是加强乳制品抽检监测。加大乳制品抽样检验和风险监测力度，以问题为导向，加强对不合格产品生产企业的抽检。监督检查人员对乳制品生产企业开展监督检查时，根据需要可对原料、半成品、成品进行抽样检验。婴幼儿配方乳粉的抽检，按照"企业和检验项目全覆盖"的原则开展，每月在流通环节对已获配方注册且在售的全部国产和进口婴幼儿配方食品企业生产的产品进行抽检，及时公布抽检结果。加大乳制品抽检监测后处置工作力度，及时消除食品安全风险，督促企业整改到位，实现食品安全闭环管理。加强风险监测数据收集、分析、研判，开展乳制品风险交流工作，及时向相关部门通报监测情况。

六、增强国家政策支持力度

从政策体系、基础支撑、人才队伍以及对外交流合作等角度打造良好产业发展保障体系，为产业健康有序发展保驾护航。

（一）加大政策支持

一是引导出台支持奶业科技创新发展的优惠政策，加大对奶业科技创新项目的资金投入，引导社会资本参与奶业科技创新，建议设立奶业科技创新专项资金，支持奶业科技创新项目的研发和产业化；鼓励金融机构加大对奶业科技创新项目的信贷支持，引导社会资本参与奶业科技创新。

二是加大政策扶持力度。在养殖环节，重点支持良种繁育体系建设、标准化规模养殖、振兴奶业苜蓿发展行动、种养结合、奶牛场疫病净化、养殖废弃物资源化利用和生鲜乳收购运输监管体系建设；在加工环节，重点支持婴幼儿配方乳粉企业兼并重组、乳品质量安全追溯体系建设。地方人民政府要统筹规划，合理安排奶畜养殖用地。设立市场化政府产业引导基金，充分发挥财政资金的放大作用，引导社会资本加大对奶业育种等重点领域和关键环节的投资。强化金融保险支持，鼓励金融机构开展奶畜活体抵押贷款和养殖场抵押贷款等信贷产品创新，推进奶业保险扩面、提标，合理厘定保险费率，探索开展生鲜乳目标价格保险试点。参考国外乳业发达国家成功经验，探索增值税税率改革。

三是加强奶业市场调控。完善奶业生产市场信息体系，开展产销动态监测，及时发布预警信息，引导生产和消费。充分发挥行业协会作用，引导各类经营主体自觉维护和规范市场竞争秩序。顺应奶业国际化趋势，实行"引进来"和"走出去"相结合，促进资本、资源和技术等优势互补，增强自我发展能力。

（二）加强人才培育

一是加强科技人才培养。构建多层次、多类型、多形式的人才培养体系，包括建立健全奶业科技人才培养基地、创新平台，加强国际合作交流，提升我国奶业科技人才队伍的整体水平，为奶业科技发展提供人才保障。开展国际科技交流合作，引进先进理念和技术，高校与科研院所、龙头企业建立联合培养机制，共同培养具有实践能力和创新意识的奶业科技人才，加强奶业科技人才的继续教育和培训，提高人才的专业技术水平和创新能力。建立健全奶业科技人才评价体系，设立科技创新奖励机制；对人才的科研成果、技术创新能力、产业化推广能力等进行综合评价，建立与人才贡献和价值相匹配的薪酬体系，吸引和留住优秀人才，激励人才干事创业。二是坚持面向奶业、聚焦数智，加大对奶业数智化转型相关人才的培养力度。商请由政府主导，行业协会参与，相关高等院校设立系列培训课程，为行业培养具备更强理论素养、职业技能、数字化思维和智能化应用能力的高素质人才，提高人才供给力。

（三）深化交流合作

一是加强"种养加"技术交流合作。一方面持续引进优质奶牛品种，优质苜蓿饲料，引进精细化饲养技术。另一方面，与新西兰、阿根廷、荷兰、澳大利亚等国家就奶业发展建立长期合作交流对话机制，联合举办专业论坛、研讨会、培训班等，共同推进全球健康生态圈发展。二是面向奶业数字化转型、智能化升级的切实需求，加强与奶业发达国家的交流与沟通，借鉴其先进数智化技术与转型经验，提高产业贡献力。加强奶业企业与高校、科研机构的合作，开展人才联合培养、项目合作等，促进技术交流，共同提高研发实力。行业协会积极组织举办数智化专题研讨和展览展示相关活动，打造专业化、国际化、高水平的数字化转型和智能化升级合作交流平台，共享发展成果，构筑和谐共赢的行业生态。

参 考 文 献

[1] 联合国粮食及农业组织，国际农业发展基金，联合国儿童基金会，等.2023年世界粮食安全与营养状况[R].（2023-12-07）.

[2] 联合国粮食及农业组织，联合国世界粮食计划署，等.全球粮食危机报告2024[R].（2024-4-24）.

[3] 中华人民共和国国务院新闻办公室.携手构建人类命运共同体：中国的倡议与行动[M].北京：人民出版社，2023.

[4] 任金政，龙文进.树立大农业观把农业建成现代化大产业[N].光明日报，2023-12-22.

[5] 赵振华.新质生产力的形成逻辑与影响[N].经济日报，2023-12-22.

[6] 林万龙，纪晓凯.深刻理解和践行大食物观[N].人民日报，2024-05-06.

[7] 刘彤.以大食物观为指引推动食业高质量发展[N].中国食品报，2024-05-15.

[8] 中国营养学会.中国居民膳食指南2023[R].（2024-05-16）.

[9] 中国奶业协会.中国奶业质量报告2024[M].北京：中国农业科学技术出版社，2024.

[10] 程广燕，彭华，陈兵.奶业振兴中国奶业发展启示[M].北京：研究出版社，2021：46-47.

[11] 南京神农智慧农业研究院.欧盟智慧农业发展经验及其借鉴[J].世界农业，2022（5）：27-36.

[12] 祝文琪，等.2023年牛奶市场形势分析与2024年展望[J].中国畜牧杂志，2024（4）.

[13] 习近平.发展新质生产力是推动高质量发展的内在要求和重要着力点[J].求是，2024（11）.

[14] 陈文胜.农业新质生产力是什么？怎么发展？[J].中国乡村发现，2024（2）.

[15] 罗必良.加快发展农业新质生产力[N].南方日报，2024-03-18.

[16] 李海青.从新发展理念视角理解和推进新质生产力[N].中国经济时报，2024-07-09.

[17] 中国国际发展知识中心.全球发展报告2023 处在历史十字路口的全球发展[M].北京：中国发展出版社，2023.

[18] 联合国经济和社会事务部.2024年世界经济形势与展望[R].（2024-01-04）.

[19] 清华大学中国经济思想与实践研究院（ACCEPT）宏观预测课题组.稳中求进以进促稳先立后破：当前中国经济形势分析与2024年展望[J].改革，2024（1）：23-39.

[20] 联储证券.乳制品行业深度：筑基已成，潜力犹存[R].（2024-05-27）.

[21] 国务院发展研究中心.中国发展报告2023[M].北京：中国发展出版社，2023.

[22] 苏楠.抓住新一轮科技革命和产业变革机遇加速形成新质生产力[J].区域经济评论，2024（2）：29-31.

[23] 毕美家，刘亚清，王加启，等.中国奶业高质量发展战略研究报告[J].中国奶牛，2023（11）：1-15.

[24] 亿欧智库.2024中国数字经济产业机会深度洞察报告[R].（2024-04-30）.

[25] 中荷奶业发展中心.中国奶业数字化发展现状及未来趋势展望[R].2020.

[26] 贝恩公司.探索中国乳业低碳可持续转型之路报告[R].（2023-11-02）.

[27] 泽平宏观.中国人口形势报告2024[R].2024.

[28] 亿欧智库.振兴乡村经济，构建美好生活2022产品下乡洞察研究报告[R].（2023-06-26）.

[29] 育娲人口.中国人口和粮食安全报告2023版[R].（2023-02-17）.

[30] 刘长全，张鸣鸣.2022年中国奶业经济形势回顾及2023年展望[J].中国畜牧杂志，2023，59（3）：307-315.

[31] 抖音商城.2024食品营养健康趋势报告[R].（2024-05-15）.

图书在版编目（CIP）数据

中国奶业新质生产力发展路径研究 / 国研网《中国奶业新质生产力发展路径》课题组编著. -- 北京：中国农业出版社, 2024. 12. -- ISBN 978-7-109-32930-0

Ⅰ. F426.82

中国国家版本馆CIP数据核字第20246CZ506号

中国农业出版社出版

地址：北京市朝阳区麦子店街18号楼

邮编：100125

责任编辑：姚　佳　于　博

版式设计：杨　婧　责任校对：吴丽婷

印刷：北京中科印刷有限公司

版次：2024年12月第1版

印次：2024年12月北京第1次印刷

发行：新华书店北京发行所

开本：700mm×1000mm 1/16

印张：12.25

字数：206千字

定价：88.00元
